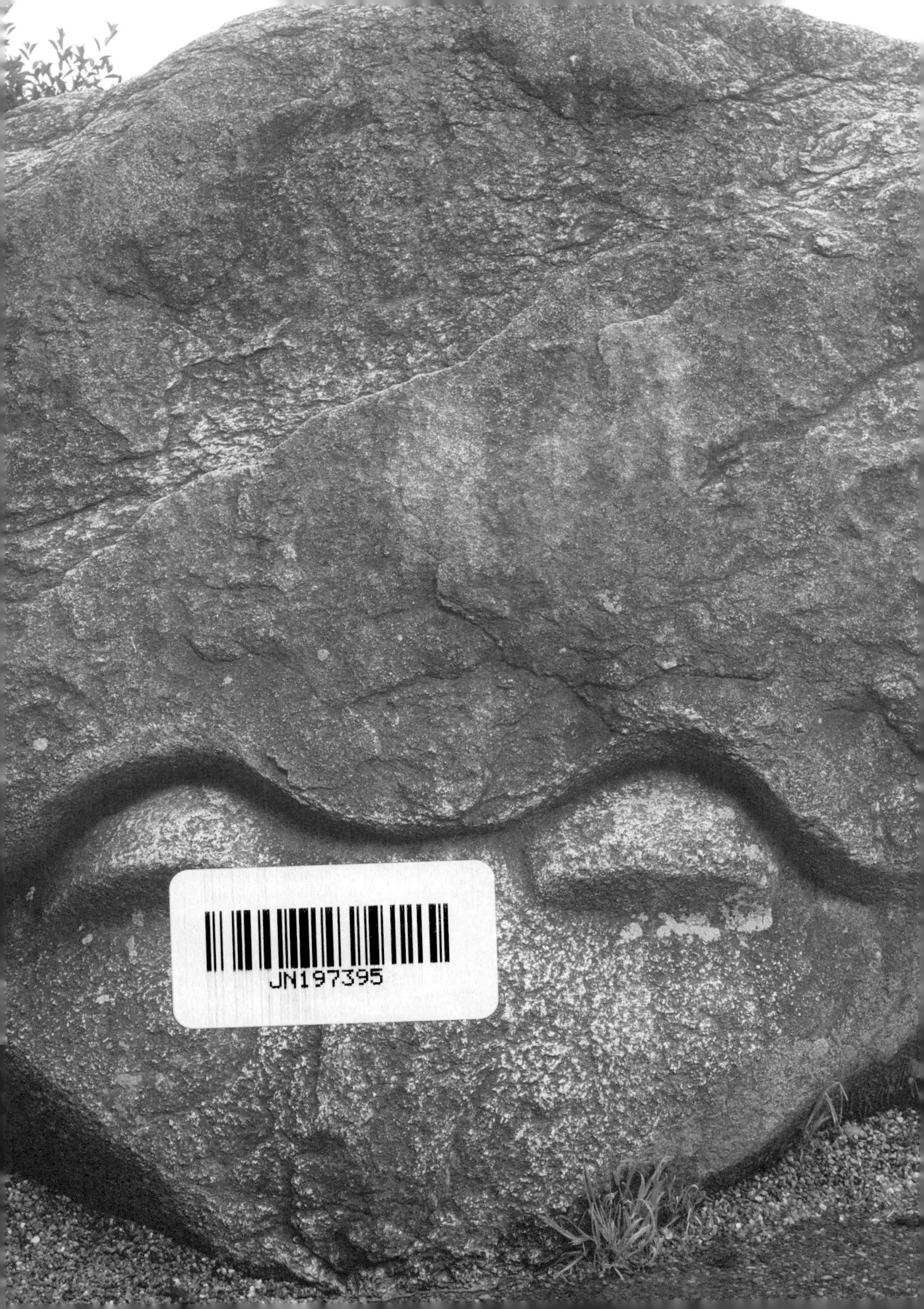

古代氏族の研究⑭

蘇我氏

権勢を誇った謎多き古代大族

宝賀寿男

青垣出版

目次

資料編

装幀／松田晴夫（クリエイティブ・コンセプト）
見返し写真／亀石（明日香村）

一　序論

蘇我氏とはなにか―本書の目的

本古代氏族シリーズは、前回に出した第十三冊目の『天皇氏族』で、一応の区切りをつけたとも思ってもいたが、これまで取り上げきれない重要氏族がまだ残ることも十分自覚している。そのなかの筆頭が本書で取り上げて検討対象とし、以下に書き述べる「蘇我氏」である。大化前代のこの一族の勢威が天皇家（大王家）を凌ぐものではなかったか、という見方があるように、蘇我氏の大きな政治的役割を無視しては、大化前代の歴史は語り得ない。そのように私も認識しているにもかかわらず、敢えてこれまで取り上げてこなかったのにはいくつかの事情がある。

その最も大きな理由の一つは、蘇我氏はその重要性の故に、これまで多くの研究者から様々な点でずいぶん論究されてきていることである。それ故に、本シリーズで新味を出した記述がなしうるのかという問題認識がまずある。蘇我氏が歴史上で大活躍をするのは、欽明朝の稲目から乙巳の変で滅亡した蘇我氏本宗の蝦夷・入鹿親子までのわずか四代であって、時代期間としても百年余ほどにすぎない。だから、これまでにも学界等で多くの論究があったことであり、そこで主な問題は殆どが取り上げられてきて、主な問題もほぼ解決したことになっている。

その一方で、この氏が栄えた「蘇我四代」を挟む、その前後の時代では、また蘇我氏関係の史料が殆どなくなる。すなわち、稲目より前の祖系についてはまるで史料に乏しく、関連する論究もほとんど推定の域を出ないし、大化以降の子孫や一族諸氏の末流のなかでは、嫡流の石川朝臣氏でも六国史以外の史料に乏しい。こうした事情から、蘇我氏の系譜関係では、きわめて多くの妄想・空想が出される基ともなる。これは、学究・在野の研究者を問わずという感じでもある。また、津田学説亜流に頻りに見られる「系譜擬制」という表現にも気になるものが多い。

関係する史料の乏しさは中世以降でも同様である。この時期の中下級官人では、江戸時代末期頃まで後裔の宗岡氏の活動が『地下家伝』などの断片史料に僅かに見えるが、その程度にとどまる。武家関係では、記録に残るような目覚ましい活動を中世史に刻むような氏が、蘇我一族や同族諸氏の後裔からまるで出なかった。こうした事情だから、先祖からの系図史料も後世へは殆ど伝えられなかった。これでは、新視点からの歴史研究を行おうとしても、その材料に乏しすぎると言わざるをえない。

蘇我氏一族については、一方で論究がなされすぎであるが、そこでの主流的な見方がすべて妥当するとしてよいのかという問題意識もあり、もう一方では、それでも不明な点や謎とされるが多すぎるということである。だから、多くの著作・論考を見るにつけ、「蘇我四代」についてはともかく（だから、本書では、この蘇我氏が勢威をもった時期については、基本的な点を除き、あまり詳しくは言及しない）、それ以外の部分についても、実のところ、従来の研究・通説に対して様々な不満を感じざるを得ないところがある。

とくに戦後の歴史学界で、蘇我氏の百済からの渡来説がかなり言われ、それが加藤謙吉氏らの反論で現在、ほぼ下火になっているとはいえ、蘇我氏の祖系や出自という問題については、この氏族の最大の謎となっている。その原因の一つが「武内宿祢」の非実在説であり、私は本シリーズの『葛城氏』で、非実在説は誤りで、同人が韓地（本書では、朝鮮半島南部地域を主に指す）の経営で活躍したことが史料「新羅本紀」に見える「ウチスクネ（于道朱君）」にも当たると記述したが、その一方で、武内宿祢が実在した場合でも、蘇我氏はその後裔ではなかった、すなわち葛城氏支族の流れではない、とも記述した。

「蘇我四代」の活動の源泉の手掛かりを探る意味でも、その祖系の問題はゆるがせにできないはずである。それなのに、これまでの歴史学界の研究アプローチでは、その切っ掛けさえつかめていない。総じて言えば、渡来系ではなく、国内に先祖が在って葛城氏の支流の出かくらいの曖昧な見方が多い模様だが、この見方が必ずしも妥当なわけでもない（武光誠氏の著『古代史を知る事典』には、波多氏・蘇我氏が葛城蟻臣の後裔という系譜提示もあるが、根拠がなく、まったくのデタラメである）。

これは、文献等への取り組み方に問題があるということにもなり、これでよいのだろうかという問題意識が当方には強くある。戦後の歴史学界で、井上光貞博士が葛城襲津彦《そつひこ》の実在性を認める一方、その父とされる「武内宿祢」が架空の人物だと戦後の歴史学界の圧倒的な多数派からみられてきた。しかし、襲津彦が実在であるならば、その父はいったい誰だったのかという論究がないのはまことに不思議である（この辺は、応神の大王位簒奪による「王朝交替説」が唱えられても、その父祖・出自について論究しない学界の姿勢に相通じる）。その辺にも、武内宿祢が架空だとはいい難い事情があり、これまで管見に入っているかぎり、学界関係者で稲目より前の蘇我氏歴代についての祖系を具体的に論究して妥当性をもつ見解はまったくない、と言っても良い。『日本書紀』（以下では、『書紀』とも表記する）に見える満智宿祢や韓子宿祢を伝承ないし虚構の人物と片づけてそれでよいのだろうか。馬子当時の蘇我氏の主張・活動で、葛城高宮が蘇我氏の本居・故地だという主張・自称に依拠したものが、葛城臣氏の流れという系譜認識の根拠でしかない模様である。これも、具体的な歴代や系譜を示さないし、実際にはまるで論拠がない。だから、この問題は依然として深い闇のなかにある。

実は、蘇我氏の祖系については、本古代氏族シリーズの『阿倍氏』や『息長氏』ではごく簡単に触れて拙考の一端を示してある。これらを丁寧に読んで理解してもらえれば、著者として、この問題をないがしろにしたつもりではまったくなかった。だから、『天皇氏族』で本シリーズが終わった場合には、それでもよいと考えてもいた。ただ、一段落がついて考え直してみると、この辺をもうすこし丁寧に書く必要があるのではないかとも感じるし、武内宿祢後裔と称する諸氏族関係の取りまとめも足りないとも考える。

平安期以降の石川朝臣氏の後裔についても、拙著『古代氏族系譜集成』編纂の後に新たな系図の発見もあって、こうした新知見も含めて中世関係の蘇我一族の活動についても検討し記述したい気がある。

本古代氏族シリーズでは、焦点をあてる中心氏族について、大きな歴史の流れのなかで総合的に多面的具体的に考え、広く一族諸氏を長いスパンで見て検討する姿勢で記述してきた。蘇我氏についてもこの立場を徹底させれば、祖系については、同じ武内宿祢後裔と称する諸氏関係などで手掛かりも得られそうである。それが、『蘇我氏』を表題としつつも、関連しそうな波多氏や巨勢氏を本書で併せ取り上げた次第でもある。そして、こうしたアプローチをするための前置き的な記事も、本書ではかなり多くなったが、その辺はご寛恕をいただきたい。

記紀等にみえる蘇我氏の概観

蘇我氏の活動について、記紀（『日本書紀』と『古事記』。適宜、個別に『書紀』『記』とも表示）等に見える主な記事の概略を最初に紹介しておく。ここでの記事の全てが正しいわけでもなく、細部を含めた具体的な内容検討は、本書で順に行っていきたいが、全体的な流れや氏族動向のあらましを頭に入れておくのが総合的な理解に資すると考えるからである。実のところ、古代氏族関係の辞典類でも、蘇我氏関係の記事はこの概観の項で書かれる程度にとどまるものが多い。

蘇我氏の由来・起源については、関連して葛城氏についても内容の検討が当然必要になることにも留意される。だから、まず**葛城氏**について、併せて基本的なことを記しておく。その初祖たる葛城襲津彦については、武内宿祢の子とされ、『日本書紀』の神功皇后紀から仁徳紀にかけて韓地派遣の将軍としての記事がいくつかある。例えば、新羅征討をめぐり俘虜《ふりょ》を倭国に連行したり、天皇の命に背いて加羅《から》（朝鮮半島東南部の地域）を討伐したり、弓月君《ゆづき》の率いた人夫を加羅から召したなどである。これらは、『書紀』に所引の『百済記』の「沙至比跪（サチヒコ）」の記事と対応させたとき、史実原型に基づいた可能性が大きい。ただ、サチヒコが史料に見えるのは専ら外事関係であって、内政関係の活動は史料に見えず、分からない。だから、葛城氏の大族ぶりを想像する基礎で、この辺を考えるべきではない。

その娘、磐之媛については、仁徳天皇の皇后とされ、履中天皇など三天皇を含む仁徳の主要な皇子四人を生んだと記紀に伝える。彼女は、夫を愛するあまりか、嫉妬深く気性も激しい女性として描かれる。仁徳が寵愛する吉備海部《あまべ》直出身の女を吉備へ追い返したり、仁徳異母妹の八田《やた》皇女を后妃に迎えたのでこれを怒って宮居に戻らず、山城の筒城《つつき》に留まったりもした。奈良時代の聖武皇后、藤原光明子の皇后冊立の詔のなかでは、磐之媛が臣下出身の皇后の先例としてあげられる。この磐之媛に続いて葛城一族から応神王統の后妃を輩出して諸天皇を生んだと伝え、五世紀代では和珥《わに》氏と並ぶ有力な外戚氏族であった。

　磐之媛の兄弟の玉田《たまた》宿祢は、允恭朝初期に反正天皇の殯《もがり》宮築造の職務を怠けて地元での酒宴が見つかり、関連する無礼行為とも相まって天皇に誅伐された（実態は、玉田の子が行為者で誅伐対象か）。その子の円大使主《つぶらおおおみ》は、既に履中朝では国事を執る地位にあり、安康天皇を殺害して逃げ込んできた眉輪《まよわ》王を匿ったことで、即位前の雄略天皇に攻められ、娘・韓媛《からひめ》と葛城の宅七区を献じて贖罪を請うも許されず、眉輪王らとともに家族が焼き殺された、とされる。葛城本宗家はここで滅亡したから、実質三代で滅んだことになる。

　支系の葛城葦田宿祢の娘ともいう黒媛は、履中皇后で市辺押羽《いちのべのおしは》皇子らを生んだとされ、黒媛の姪の荑《はえ》媛は同皇子に嫁いで顕宗《けんぞう》・仁賢の両天皇を生んだと伝える。両天皇の登場や継体天皇の登場に関して、葛城氏がなんらかの関与をしたとみる説もある。以上の葛城氏の活動事績については、実態が記紀等に伝えるものでよいか、記紀の裏読みの必要があるのかなど、個別に真否を判断する必要がある（詳しくは拙著『葛城氏』を参照されたい）。

　六世紀代になると葛城臣氏の勢力衰微は甚だしく、推古朝の葛城烏那羅《おなら》が物部守屋討伐や征新羅等で活動が見えるのみである。その後は、なぜか国史にまったくと言ってよいくらい現れない。平安前期の『新撰姓氏録』には、左京に葛城朝臣が掲載されるが、現存の六国史には賜姓記事が見えない。葛城氏の活動地域は、韓地のほかは、国内ではきわめて限定的で西日本に偏しており、地方の国造や地方に展開した有力豪族も出さず（「国造本紀」には三河の穂国造について関係記事があるが、これは疑問が大きい）、残存する『風土記』にも一切現れない事情にも留意しておきたい。

欽明朝以降に大きく現れる蘇我氏が、上古の葛城氏との同族性を主張し、その本居だとして「葛城県」の割譲要求などを推古天皇に対して行うが、この辺は史実原型の是否も含めて十分な検討を要する。


さて、**蘇我氏**については、葛城氏と同様に臣姓の古代大族で、ソガの表記は多く、蘇賀・宗我・宗賀・巷宜・巷哥・巷奇・曾我などでも見える。初祖を、武内宿祢の子という石川宿祢（『書紀』『上宮聖徳法王帝説』など。『古事記』には「蘇賀石河宿祢」と表記）と伝える。

石川宿祢は、『書紀』応神天皇三年是歳条の記事に拠ると、百済の辰斯王が天皇に礼を失したので、石川宿祢は紀角宿祢・羽田矢代宿祢・木菟宿祢とともに遣わされ、その無礼を責めた。これに対して百済は辰斯王を殺して謝罪し、新しく王を立てて派遣者が帰国したという。この伝承に見える将軍は皆、武内宿祢の子息と伝える者たちだから、原型の一部がその記事にあったとしても、全てをそのまま信頼できず、石川宿祢らの掲名は後世の追記ではないかとみられて、実際の行動があったとは認められていない（だからといって、彼らの実在性が直ちに否定されるわけでもない。ここに巨勢氏の祖先が見えないことにも留意）。

この石川宿祢の父祖がどのような者かは確かなものはなく、武内宿祢のほかは名があげられない。ところが、一般には武内宿祢の実在性が否定されており、蘇我氏の故地・出身地についても、大和の高市郡曽我説、同国葛城郡説や河内国石川郡説がこれまで主に唱えられ、そして百済系渡来人説までもあるが、これらの是否は本書で詳説する。

次ぎに、石川宿祢の子とされる蘇我満智については、『書紀』履中天皇二年条に、平群木菟宿祢や円大使主とともに執政官となったと見える。『古語拾遺』にも記事が見えて、雄略天皇朝に蘇我麻智宿祢が三蔵（斎蔵・内蔵・大蔵）を検校したという。その子の韓子も『書紀』に見えて、雄略天皇朝に新羅征伐のために将軍として韓地に渡った。そこで、同じ陣営内の紀大磐と揉め事が生じ、大磐が射返した矢が当たって韓子は落馬し河でおぼれ死んだ、と伝える。その孫が稲目とされ、初期段階の系図は、「武内宿祢―石川宿祢―満智―韓子―高麗―稲目」として、「蘇我石川系図」や『尊卑分脈』『公卿補任』等に見える。記紀や『姓氏録』など各種史料の記事でも、この初期歴代の系譜に異伝はない。ところが、高麗以前の蘇我氏の世系は、全てが石川氏（蘇我倉家）による後世の創出とみる有力な推論がある。

稲目の代になると、過去の雄族の葛城氏や平群氏はそれぞれ本宗家の滅亡により勢力がかなり衰えており、蘇我稲目は宣化朝に大臣となって、大連の大伴氏・物部氏にならぶ大勢力となっている。それが、韓地問題での大伴金村の失脚とともに、大連の物部尾輿と大臣の蘇我稲目が二大勢力となった。過去の葛城氏の例と同様、蘇我氏は娘たちを欽明天皇に嫁がせて天皇家の外戚となる。馬子らの本居と称する地が葛城県（御所市一帯）だということ（推古紀三十二年条）から、それより先の稲目の先祖あるいはその妻が葛城氏の出で、その血統に連なることにより、天皇へ妃を輩出する氏族になったとみる説もある。

稲目の娘たちは欽明天皇との間に用明・崇峻・推古の三天皇を生み、物部氏との二大政治勢力対立の構図は次代の馬子まで引き継がれる。用明天皇崩御後には、大王後継者をめぐる争いのなかで、物部氏側に擁立される穴穂部皇子を蘇我氏は暗殺し、物部守屋を討ち滅ぼすと、その後は他の豪族から大連になる者も出ず、実権は大臣蘇我氏の一極体制となった。馬子は敏達～推古の四代にわたり大臣をつとめる。こうした状況のもと、崇峻天皇の暗殺があり、推古天皇への葛城県の割譲の要求、蝦夷による専横行為、入鹿による上宮王家（山背大兄王一族）の討滅などがあって、馬子・蝦夷・入鹿の蘇我氏三代にわたる勢威が天皇家をも凌ぐような形で続き、遂には皇極四年（六四五）の乙《いっ》巳《し》の変による蘇我本宗家滅亡に至った。

この辺が蘇我氏全盛期で、「蘇我氏三代」とも括られる（稲目を入れて「蘇我氏四代」とする括りもある）。蘇我氏主導のもとで、仏教をはじめとする多くの新しい文化・技術を海外から受容した事情もあり、この辺をどのように評価するのかという問題もある。

蘇我入鹿が中大兄皇子・中臣鎌足らにより宮中の大極殿で暗殺されるとともに、父の蝦夷もその孤立・敗北を悟り自殺して、蘇我氏本宗家が滅亡する。当該乙巳の変には、支流の蘇我倉麻呂の子の倉山田石川麻呂らも、中大兄皇子側の協力者として関わった。石川麻呂は、娘の遠智娘・姪娘が共に中大兄皇子の妃となり、この新体制では右大臣に任じられたものの、その四年の後に彼の長男・興志など近親とともに冤罪で自害した。その讒言者で異母弟の日向も筑紫大宰帥となったが、これは左遷ないし「隠し流し」とみられた。

それでも、他の弟の連子と赤兄は、天智天皇の時代にそれぞれ大臣に任じられて、蘇我氏一族は高い政治的地位を保持した。連子の死去の後では、左大臣赤兄・御史大夫（大納言）果安の兄弟と子孫は壬申の乱で大友皇子側について敗れて、多くは流罪され、自害した者もでた。赤兄の甥の蘇我安麻呂（連子の子）の近親は、蘇我氏の地位を継ぎ、石川朝臣の姓氏を賜った。このように乙巳の変後も、倉麻呂の流れ（蘇我倉家）がなお政治の中心的な位置にあり、相次ぐ政争のなかで衰退していきつつも、連子の系統が石川朝臣氏として長く続いた。

蘇我氏・石川氏の一族からは、飛鳥・奈良時代にはその血を引く持統天皇と元明天皇を出した（それぞれが石川麻呂の娘、遠智娘と姪娘が生母の女帝）。これも、文武天皇の嬪の石川刀子娘《とすのいらつめ》がその身分を剥奪される事件なども起き、併せて刀子娘の生んだ二皇子の皇籍剥奪（臣下として石川朝臣姓の付与）もなされた。これ以降は、石川一族から后妃が出ていない。

藤原不比等の正妻は安麻呂の娘の娼子で、武智麻呂・房前・宇合兄弟を生んだ（『藤氏家伝』など）。娼子の兄弟の左大弁従三位で権参議の石川石足《いわたり》と子の石川年足は、藤原氏嫡流の武智麻呂を家祖とする藤原南家と結びつく。石足は藤原氏兄弟による長屋王排斥に協力し、その子の年足は、武智麻呂次男の仲麻呂が設立した紫微中台の大弼としてその補佐に当たり、御史大夫正三位にまで昇進して、上流貴族としてその命脈を保った。石川氏出身者としては大納言級という最も高い官職である。その死後千年以上経過した文政三年（一八二〇）に、摂津国嶋上郡白髪郷（現・大阪府高槻市真上町）からその墓誌が発見され、後に「金銅石川年足墓誌」として国宝に指定された。

藤原南家が恵美押勝（仲麻呂）の乱で衰えていくと、石川氏も次第に衰え、平安京遷都後に亡くなった正四位上参議、石川朝臣真守（馬子の六世孫。中納言豊成の子。年足の甥で、連子の四世孫）を最後にして、一族から公卿は出なくなる。その後は、さらに衰えて次第に歴史の表舞台から姿を消した。

それでも下級官人として石川一族の流れは続き、元慶元年（八七七）には、石川朝臣木村及び箭《や》口《くち》朝臣峯業が宗岳朝臣姓を賜わる。これが後に平安後期頃には宗岡朝臣に表記が変わり、中世を経て江戸時代まで後裔が下級官人として長く細々と続いた。この後裔には地下家の青木氏、三宅氏などがあり、史料には「宗岡宿祢」とも記される。この系統は『地下家伝』に略系が見えており、鎌倉初期頃の宗岡包延から後は系図がほぼ伝わる。

蘇我氏の血統は、藤原不比等に嫁いで武智麻呂、房前、宇合の三男子を儲けた娼子を通して諸公家の血のなかで現代にまで伝わる。蘇我氏女系の血を皇族に残した稲目の娘・堅塩《きたし》媛の流れも長くあり、その生んだ桜井皇子から吉備姫王、皇極天皇を通じて、天智・天武天皇や以後の歴代天皇につながっている。

蘇我氏の主な一族諸氏としては、川辺臣・田中臣・高向臣・小治田臣・桜井臣・岸田臣・田口臣などがあげられ、これらの一部は平安時代中期あたりまで動きが見える。

蘇我氏関係の系図史料

武内宿祢後裔と称する諸氏族については、本宗家が大化前代の早くに滅亡・衰微した葛城氏・平群氏という大族もあって、紀氏をのぞき、現在に残る系図史料がきわめて乏しいし、良質な系譜は殆ど残されない。記紀や『姓氏録』などのほかでは、平安時代前期に成立の『上宮聖徳法王帝説』（以下に『帝説』とも記す）などの史料に見える記事があり、江戸末期の『紀氏家牒《かちょう》』という逸文の文献（無窮会神習《かんならい》文庫所収『玉籠《ぎょくろく》』七三から見出した史料として、田中卓《たかし》氏が報告）もある。系図の形では、『諸家系図纂』及び『続群書類従』に所収の「蘇我石川両氏系図」がよく知られるが、これら記事もあまりに簡単である。

明治期の系図研究の大家・鈴木真年でも、葛城氏や蘇我・石川氏についてはその系図集のなかに殆ど記載しないので、その僚友の中田憲信が編纂した『皇胤志《こういんし》』の関係部分が現存系譜史料のなかでは最も詳細なものといってよいくらいである。それでも、これらがかなり不十分な系図であることは言うまでもなく、残念ながら原典も不明である。ところで、最近、鈴木真年がその活動初期に収集・記録した『真香雑記』という著作が早大図書館にあることが分かり、そこには戦国時代末期までつながる石川氏支流の系図が割合簡単なものながら記載がなされる。

蘇我氏の一族諸氏の系図としては、鈴木真年・中田憲信が明治期に採録してそれらの系図集のなかに見えるものがある。具体的には、田口氏に関する『百家系図』巻五五に所収の「田口朝臣系図」や、『百家系図稿』巻三・巻四及び巻十七に所収の「牧野系図」、高向氏に関する『百家系図』巻五二及び巻五三に所収の「高向系図」であるが、それらの原典は不明である。波多氏関係では、長谷部氏の系図が『百家系図稿』巻四及び巻五に「長谷部宿祢系図」(『諸系譜』第十五冊にも所収。能登の中世豪族長氏につながる系図)として見える。

ともあれ、当初に蘇我氏の系譜関係を頭に入れておくために、『記・紀』の記事を主にして、上記の系図史料を踏まえた概略系図をまずここに掲げておくことにする(本書の検討を踏まえた系図を、もう少し詳しい形で巻末に掲載する)。

第1図　蘇我氏関係系図の概略

※掲載順は兄弟姉妹順とは異なるものあり

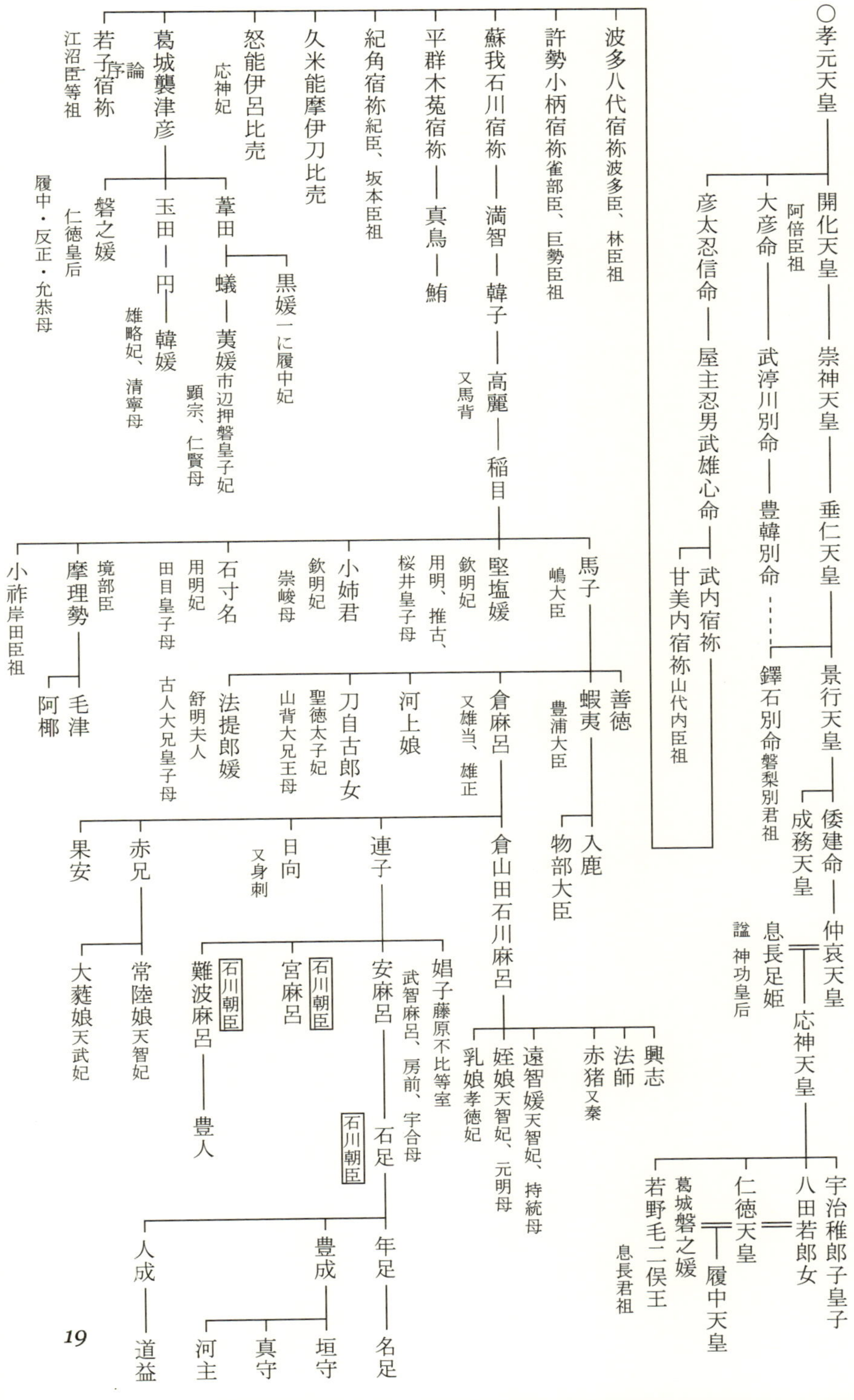

蘇我氏及び同族諸氏関係の主な研究

戦後の古代史学界を主導してきた津田左右吉博士の流れを汲む学説にあっては、記・紀の上古の記事やそこに現れる人物の実在性をほとんど否定する傾向が多く見られる。それでも、応神天皇は古代で実在が確認できる最初の帝王であり、葛城氏が「大和政権を構成する中央諸豪族のうちで確実な史料によってとらえ得る最古の氏族」だと井上光貞博士が把握しており、応神ないし仁徳天皇以降の天皇は、総じて実在性、史実性が考えられてきた。それより前の崇神～景行天皇という三代は、宮都を大和の纏向に置いたと伝えることから、この辺からの実在性を考える研究者もかなりいるし、神武天皇の存在を認めたほうが歴史の流れとしてむしろ合理的とする見方もないわけでもない。

本古代氏族シリーズでは、これまで十三冊の刊行を通じて、神武天皇の存在、さらにはその遠祖にも通じる諸氏の始源期段階（いわゆる「神統譜」段階）の系譜を検討してきて、これらが合理的な歴史大系のなかに「生物的な人間」として位置づけられることを示してきた。とはいえ、蘇我氏が登場するのは、早くて五世紀中葉頃の履中朝頃からと一般にみられているから、応神天皇より前の時期はこの氏族と無関係のようにも受け取られよう。しかし、蘇我氏の祖系を考えるにあたっては、崇神天皇あたりまでの年代を視野に入れることが基礎的に必要になる。こうした長期的な観点がこれまでの研究には欠けているから、蘇我氏について祖系・出自の誤った把握になる可能性がある。

ともあれ、蘇我氏研究の主なものをあげることにするが、武内宿祢後裔のなかの宗族・葛城氏に関連するものは、その代表作である井上博士の論考「帝紀からみた葛城氏」のほかは、拙著『葛城氏』で掲載した諸著作・研究を参照されたい。また、拙著『紀氏・平群氏』でも武内宿祢後裔氏族関係の諸研究をあげており、これらと重複することもあって、蘇我氏と関連するものでも、武内宿祢・神功皇后・聖徳太子や崇仏・排仏論争、大化改新、古代の官人制・戸籍の関係論究はここでは基本的に省略する。だから、これらを除いて、ここでは蘇我氏を主に取り上げたもの（そのうち個人を主に取り上げげたものは除く）を中心に管見に入ったものを次ぎにあげておく。蘇我氏関係の論究はきわめて多く、ここで研究史を書くわけではないので、網羅し切れていないことにご留意されたい（ここで掲載した諸研究は順不同。掲載順に評価をしているわけでもないし、すべてが良い評価をしているものでもない。在野の研究者のものも適宜、掲載した。出版元はネット情報などで分かるので省略）。

太田亮博士の『姓氏家系大辞典』ソガ・イシカハやハタなど関係条項、佐伯有清氏の『新撰姓氏録の研究』及び「蘇我氏と古代大王国家」（『日本古代氏族の研究』所収。一九八五年）。

日野昭氏の『日本古代氏族伝承の研究』（論考「武内宿禰とその後裔」「蘇我氏の部民支配」も含む、一九七一年刊。この『続篇』も一九八二年に刊）や「日本書紀における蘇我氏」（『龍谷史壇』三九。一九五五年）、「日本神話と蘇我氏」（『日本神話と氏族』に所収。一九七七年）、「蘇我氏と天皇家」（『古代天皇のすべて』に所収。一九八八年）、「蘇我氏の本貫」（『史心』第九号。一九八六年）、「推古女帝と蘇我氏」（『明日香風』六。一九八三年）、「蘇我三代」（『明日香風』七。一九八三年）など数多い。黛弘道氏の関係著作も多く、「ソガおよびソガ氏に関する一考察―古代歌謡を手懸りに―」（『律令国家成立史の研究』所収。一九八二年）、「蘇我大臣家の滅亡と女帝の退場」（『明日香風』七。一九八三年）、『物部・蘇我氏と古代王権』（一九九五年年刊）及びその編著の『古代を考える　蘇我氏と古代国家』（一九九一年刊。同氏の論考「古代国家と蘇我氏」を含む）、などある。

星野良作氏の「蘇我石川両氏系図の成立の時期について」（『法政史学』十七。一九六五年）及び「蘇我石川両氏系図の一考察―氏族関係記事をめぐって―」（『法政史学』十八。一九六六年）、「蘇我氏の改姓」（『法政大学工業高等学校紀要』二号。一九六五年）。志田諄一氏の「蘇我臣」（『古代氏族の性格と伝承』。一九七一年刊）、新野直吉氏の「蘇我氏の出自とその抬頭」（『歴史』三三号。一九六六年）、前川明久氏の「蘇我臣氏と大和川」（『日本歴史』四三三号。一九八四年）及び「蘇我氏の東国経営について」（『続日本紀研究』十の六・七〔合〕。一九六三年）、阿部武彦氏の「蘇我蝦夷・入鹿」（『日本古代の氏族と祭祀』所収）及び「蘇我氏とその同族についての一考察」（『北海道大学文学部紀要』十二所収。一九六四年三月。後に『日本古代の氏族と祭祀』所収）、黒田達也氏の「蘇我政権成立前史の一研究」（『大阪府立工業高等専門学校研究紀要』十八。一九八四年）、肥後和男氏の「蘇我氏の滅亡をめぐって」（京都大学読史会編『五十周年記念　国史論集』一所収。一九五九年）、安井良三氏の「物部氏と仏教」（『日本書紀研究』第三冊所収。一九六八年）、直木孝次郎氏の「族長権の相続をめぐって―天智天皇と蘇我氏―」（『奈良時代史の諸問題』所収。一九六八年）。

加藤謙吉氏の『蘇我氏と大和王権』（一九九一年刊）、『大和の豪族と渡来人　葛城・蘇我氏と大伴・物部氏』（二〇〇二年刊）など、平林章仁氏の「忌部氏と蘇我氏」（『古代文化』三八巻三号所収。一九八六年）、「推古朝の蘇我氏」（『古代文化史論攷』第十四号所収。一九九五年）及び『蘇我氏の実像と葛城氏』（一九九六年刊）、『蘇我氏の研究』（二〇一六年刊）、『蘇我氏と馬飼集団の謎』（祥伝社新書。二〇一七年刊）、篠川賢氏の「乙巳の変と蘇我倉山田石川麻呂」（『日本古代政治史論考』所収。一九八三年）、熊谷公男氏の「蘇我氏の登場」（『継体・欽明朝と仏教伝来』所収。一九九九年）、大脇潔氏の「蘇我氏の氏寺からみたその本拠」（『堅田直先生古稀記念論文集』所収。一九九七年）。

和田萃《あつむ》氏の「紀路と曾我川―建内宿祢後裔同族系譜の成立基盤―」(『古代の地方史3』所収。一九七九年)や『日本古代史大辞典』(二〇〇六年刊)での蘇我氏についての記事も示唆が大きく、飛鳥関係の著作もある。

最近では、水谷千秋氏の『謎の豪族　蘇我氏』(二〇〇六年刊)及び「僧旻と蘇我氏」(『仏教史学研究』三六巻二号所収。一九九三年)、「蘇我氏―中央における熾烈な権力争いに挑み続けた一族」(『歴史読本』二〇一一年八月号)、遠山美都男氏の『蘇我氏四代』(二〇〇六年刊)及び『蘇我氏と飛鳥』(二〇一七年刊)、西川寿勝氏等の『蘇我三代と二つの飛鳥―近つ飛鳥と遠つ飛鳥』(二〇〇九年刊)、吉村武彦氏の『蘇我氏の古代』(二〇一五年刊)、倉本一宏氏の『蘇我氏―古代豪族の興亡』(二〇一五年刊)や「壬申の乱と蘇我氏」(『古代を考える 蘇我氏と古代国家』所収。一九九一年)、客野宮治氏の『蘇我氏の研究』(二〇一五年刊)、坂靖氏の『蘇我氏の古代学―飛鳥の渡来人』(二〇一八年刊)及び「奈良盆地の遺跡が語る有力豪族の実像」(『古代豪族』所収。二〇一五年)、「蘇我氏の遺跡学」(『古代学研究』第二一二号所収。二〇一七年)、橿原考古学研究所附属博物館編『蘇我氏を掘る』(二〇一六年刊)、前田晴人氏の『蘇我氏とは何か』(二〇一一年刊)、武光誠氏の『蘇我氏三代』(一九九三年刊)及び『蘇我氏の古代史』(二〇〇八年刊)、藤田和尊氏の「葛城縣における蘇我氏と巨勢氏の考古学的動向予察」(『塚口義信博士古稀記念日本古代学論叢』所収。二〇一六年)、関裕二氏の『蘇我氏の正体』(二〇〇九年刊)など。

小林幹男氏の「蘇我氏と外来文化に関する研究」(『長野女子短期大研究紀要』八号。二〇〇〇年十二月)、門脇禎二氏の「蘇我氏の出自について―百済の木劦満致と蘇我満智―」(『日本のなかの朝鮮文化』十二号。一九七一年)及び人物叢書『蘇我蝦夷・入鹿』(一九七七年刊)、『葛城と古代国家』(一九八四年刊)、鈴木靖民氏の「蘇我氏は百済人か」(『歴史読本』二六巻七号。一九八一年)及び「木満致と蘇我氏―蘇我氏百済人説によせて―」（『日本のなかの朝鮮文化』五十一号。一九八一年）、山尾幸久氏の『日本国家の形成』（一九七七年刊）や「蘇我氏の発展」（黛弘道編『蘇我氏と古代国家』に所収。一九九一年）、坂元義種氏の「木満致と木（劦）満致と蘇我満智」（『韓』一一六号。一九八九年）、塚口義信氏の「葛城県と蘇我氏」（『続日本紀研究』二三一・二三二号所収。一九八四年）、「葛城の一言主大神と雄略天皇」（『堺女子短期大学紀要』第二〇巻所収。一九八五年）及び「蘇我氏は渡来系の豪族か」（別冊歴史読本『続謎の歴史書』所収。一九八七年）、「蘇我・物部崇仏排仏論争」（『四天王寺』六四一号所収。一九九五年）、松本清張氏の『清張通史4　天皇と豪族』（一九七八年刊）、笹川進二郎氏の「白猪史と白猪屯倉」（『論究日本古代史』所収。一九七九年）、金錫亨氏の『古代朝日関係史』（一九六九年刊）など。

奈良時代の石川氏については、高島正人氏の「奈良時代の石川朝臣氏」（『奈良時代諸氏族の研究』所収。一九八三年）や木本好信氏の「藤原南家と石川氏―不比等・武智麻呂と石川石足」（『甲子園短期大学紀要』二〇号所収。二〇〇二年三月）、「藤原不比等・武智麻呂と石川石足」（『奈良時代の藤原氏と諸氏族』所収。二〇〇四年）、村上弘子氏の「奈良時代の石川朝臣氏―石川年足を中心に―」（『日本古代史論輯』所収。一九八八年）、などがある。

飛鳥関係では、門脇禎二氏の『飛鳥―その古代史と風土』（その新版が一九七七年刊）、網干善教氏の『飛鳥発掘』（一九八八年刊）、和田萃氏の『飛鳥』（二〇〇三年刊）、門脇禎二氏等編の『河内飛鳥』（一九八九年刊）、河上邦彦氏の『飛鳥を掘る』（二〇〇三年刊）、奥田尚氏の『古代飛鳥「石」の謎』（二〇〇六年刊）及び「蘇我馬子と葛城の石」（『東アジアの古代文化』一三七号所収。二〇〇九年）、靍井忠義氏の『日本書紀の飛鳥』（二〇一一年刊）、市大樹氏の『飛鳥の木簡』（二〇一二年刊）、横田健一氏の『飛鳥の神がみ』（一九九二年刊）、奈文研飛鳥資料館『飛鳥寺』（一九八六年刊）、などがあって、数多い。

また、波多臣氏についての研究はほとんど見えず、大和岩雄氏の「秦氏と波多氏」（『東アジアの古代文化』一一一号所収。二〇〇二年）くらいか（中世武家の松浦党波多氏関係が多い）。

巨勢臣氏では、直木孝次郎氏の「巨勢氏祖先伝承の成立過程」（『近畿古文化論攷』所収。一九六三年。後に『日本古代の氏族と天皇』所収）、今井啓一氏の「巨勢氏について」（『日本書紀研究』六所収。一九七二年）、高島正人氏の「奈良時代の巨勢朝臣氏」（『奈良時代諸氏族の研究』所収。一九八三年）、和田萃氏の「紀路と曽我川」（『古代の地方史』三所収。一九七九年）、小杉則義氏の「古代巨勢氏に関する一考察」（『政治経済史学』二八四所収。一九八九年）、西尾禧麿氏編纂の『巨勢氏と其郷土』（一九三三年刊）などがある（巨勢派画家の関係を除く）。

竹内理三等編『日本古代人名辞典』全七巻やこれを踏まえた『日本古代氏族人名辞典』（坂本太郎・平野邦雄監修。一九九〇年、吉川弘文館刊）の記事にあっても、井上光貞博士の論考が基礎となっている。しかし、今から半世紀超も前の井上博士の見方が全てに正しいわけではなく、多くの文献や現在までの考古学知見などを踏まえて、十分な吟味のうえでの再検討が必要なものも多々あるように思われる。

考古学関係は基本的に省略するが、白石太一郎氏に「葛城周辺の古墳からみた蘇我氏の本拠地」（『古墳の被葬者を推理する』所収。二〇一八年、なお初出は二〇一三年）など関係論考がいくつかあり、西川寿勝氏の「蘇我氏の墓域に関する諸問題」（『日本書紀研究』第三一冊所収。二〇一六年）がある。小笠原好彦氏の『古代豪族葛城氏と大古墳』（二〇一七年刊）は蘇我氏一族にも関連する。

『日本古代史大辞典』（大和書房、二〇〇六年刊）でも、上記のように和田萃氏からは、蘇我氏への詳しい言及があり、加藤謙吉氏も執筆して葛城氏・巨勢氏関係の記事がある。
こうした諸論考や諸事情を踏まえ、本書は、現時点までの考古学知見も含め、できるだけ具体的、総合的に長い歴史の流れのなかで蘇我氏関連の諸研究の整理と再吟味という試みを行うものである。本書の記事にはいくつかの試論提示も含むが、読者ご自身の頭で読みとってご検討、ご評価をいただけたら幸いである。

蘇我氏と同族諸氏に関する問題点

蘇我氏についての動向の概要を考えると、これまでの学究の検討は、総じて記紀の古いほうの記事の史実否定を前提とするものが多く、韓地からの渡来説は、出されては否定され、忘れかけては再浮上する。こうした傾向は、この関係のわが国古代氏族の基本的な調査・検討がやはり疎かで、基礎となる大和王権、政治諸制度や古代のウヂ（氏）の実態の把握にも問題があって、総じて上古史関係の認識に疑問があると言わざるをえない。

この蘇我氏を中心とする同族氏族の検討の問題点として、考えられるのは次のような諸点であろう。それぞれ、多少とも重複する面もあるかもしれないが、とりあえず問題意識としてあげておく。

(1) 蘇我氏の最大の問題は、やはりそのルーツ・祖系ではないかとみられ、先祖はどのようなもので、その氏の発生過程はどうだったのか。上古から葛城地方に住した葛城氏（葛城臣氏）や葛城国造（葛城直氏）との関係は具体的にどうか。韓地からの渡来説についても、十分な検討を要する。

(2) 先祖とされる満智が実在だとして、この者に至るまでの遠祖からの系譜はどうだったのか。蘇我氏が実際に皇別の出自か、稲目より前の歴代は分かるのか、その名はどうか、という問題点もある。武内宿祢から稲目に至る現伝の歴代の名が、後世に創出され系譜架上されたという見方の是否ということも基礎問題にある。

関連して、「葛城氏」は、蘇我氏がつくりあげた祖先伝承だという論（倉本一宏氏の見方）は妥当なのか。武内宿祢が実際の先祖ではない場合には、なぜこの者に架上されたのか。これらの意味で、検討が関連、波及するものが多い。

(3)蘇我氏の本拠地や故地はどこか。大和国の高市郡曽我、同じく葛城地方、河内国の石川郡地方などがの説がこれまでに出ているが、どれが妥当なのか。また、河内と大和の関係はどうなのか。両地域の交流はどうだったのか。この辺の問題は、具体的な根拠を十分に検討する必要がある。

(4)蘇我氏の先祖や一族の韓地における活動はどうか。記紀などに伝えるものでよいか。百済系の韓地に居た人々で、蘇我氏の先祖にあたるような者は現実にいたのか。

(5)蘇我氏の活動基盤を、最近までの考古学知見で考えるとどうなるのか。分かってきた考古学知見で、その祖系・出自を探ることができるのか。蘇我氏関係の墳墓・被葬者はどこまで分るか。蘇我氏同族関係の祭祀はどうだったのか。

(6)蘇我一族から出た后妃やその所生の子女は、記紀の伝えることでよいのかという史実検討も必要である。稲目以降の時期に、一族から后妃をなぜ輩出できたのか。それが何時まで后妃を出し続けたのか。

(7)蘇我氏の同族・一族にはどのような姓氏があって、どのような地域分布であったか。武内宿祢後裔と称する雄族諸氏は、その男子七人がそれぞれの祖とも伝えるが、それら諸氏は実際に蘇我氏と血統がつながる同族だったのか（本古代氏族シリーズでは、葛城氏や紀氏・平群氏を　その表題で刊行し、江沼氏は『息長氏』で既に取り上げてきた。残る蘇我氏、波多氏と併せて巨勢氏について、本書では主に考察してみる）。系譜仮冒を考える場合、武内宿祢後裔という同族系譜は、いつ頃に形成されたか。

(8)後世に残るような蘇我氏一族の後裔はなかったのか。具体的に中世の武家や中下級官人として顕著な活動をした末流はなかったか。中世以降の蘇我氏族裔はどのように活動したのか。蘇我氏の同族諸氏では、中世の武家などにつながる流れはなかったか。

(9)蘇我氏族がどのような祭祀・習俗あるいは特殊技術をもち、それが祖系からの流れという系譜をなんらかの形で示唆するものなのか。

(10)なお、蘇我氏が「逆賊」か「忠臣」かなど、その果たした政治的・経済的な役割の評価、心裏的な面にわたることは、「蘇我氏四代」に焦点を当てない本書ではあまり取り上げず、系譜や事件などの史実原型の探索につとめる。

これら諸問題点については、総じて乏しい現存する史料からは判じがたい難解なものもかなりある。そうした認識のもとでも、できるかぎり具体的に問題を追求し、些少な事象にまで注意深く目を向けて、総合的多面的な検討を行い、史実原型の探索につとめたい。

二　武内宿祢の実在性とその後裔と称する諸氏族

蘇我氏などの祖と称された武内宿祢は、景行、成務、仲哀、（神功）、応神、仁徳の六朝（神功皇后を除くと五朝となる）にわたり大臣または棟梁の臣として朝廷で重きをなした人物と伝えられる。韓地遠征にあたり良き補佐役をつとめ、韓地経営に参画し、忍熊王反乱の鎮圧にあたり応神の即位を助けた知慮ある理想的な重臣として記紀に描かれる。ここでは、『書紀』の表記である「武内宿祢」の表示を主とするが、『記』では建内宿祢と記される。

第八代孝元天皇の子孫で、異例の長寿を保ち、三百歳超（「紀氏家牒」には二百八十余歳と記すなど諸伝ある）で薨じたが、その七男子から葛城・蘇我・巨勢など多数の氏の祖先となったという系譜伝承もある。『記』は葛城氏を除く二十七氏を具体的に掲載するが、『書紀』では諸氏の先祖として武内宿祢をあげない。その後の六国史では、先祖としてこの者の掲名があるのは、『続日本後紀』承和二年（八三五）条や『三代実録』においてであることに留意される。

武内宿祢が六朝に仕えた期間について、合計で約二百四、五十年とする算え方もある。記紀の記事に見える年代を単純に受けとれば、三百年ほどの生存期間があったことにもなり、世に例の無い長寿等の事情から、武内宿祢は非実在の人物とみられがちである。併せて、その諸子が古代七雄族の祖となったというのも後世の系譜架上とか擬制的な同族系譜だと受けとめられがちである。とはいえ、蘇我氏等の系譜を論じる場合、武内宿祢や蘇我氏初期段階の人物の実在性などは十分に検討されねばならない対象と言えよう。古い所伝を切り捨てればそれで科学的歴史観だというのは、妄論にすぎない。

武内宿祢の実在性—井上光貞博士の葛城ソツヒコ実在論

武内宿祢（又の表記が建内宿祢）の実在性の問題は、本著においても前提として触れねばならない。ただ、拙著『葛城氏』で、この問題について先に詳述したこともあり、重複して書く気もあまりないので、要点を中心に記しておく。

武内宿祢の実在性の検討に際しては、その子とされる葛城氏の初祖、襲津彦が実在であったのかという問題が大きな基礎となる。そのため、井上光貞博士のソツヒコ実在論に触れる。井上博士は、論考「帝紀からみた葛城氏」で、記紀の原史料としての皇室系図すなわち帝紀の復元とその史料価値の検証、及び中国の『宋書』、朝鮮の『百済記』（『書紀』割注に所引）などの海外史料との対照などによって、葛城氏の興起、繁栄及び没落の過程を検討し、記紀に記された最初の確かな実在者として、皇室では応神天皇、氏族では同時期の葛城氏のソツヒコを位置づけた。

ソツヒコの伝承は『書紀』にだけ以下の四個所（③は二個所であって、その意味では合計五個所となる）に出てくる。

①神功皇后摂政紀五年三月条で、新羅の人質、微叱許智《ミシコチ》の帰還の物語……これは、ソツヒコの初出であるが、『三国史記』列伝第五に見える新羅の勇将・朴提上の物語と同じである（池内宏氏

の見解)。

②同六十二年条、特に分注の『百済記』……本文自体は簡単な新羅討伐であるが、分注の引用記事に注目される。木羅斤資《もくらこんし》の活動も見えるので、それも紹介すると、壬午年に新羅が叛したので、日本は「沙至比跪」を派遣して討伐させたが、沙至比跪は新羅献上の美女に惑って新羅のために加羅を討った。加羅国王の一族はこれを日本に訴えたので、木羅斤資《もくらこんし》を派遣してその社稷を復した、と見える。『百済記』は大方は史実を伝えている書とみられており、この辺の記事は史実で、年次の「壬午年」とは干支二巡(百二十年)引き下げた三八二年で、「沙至比跪」はソツヒコであって、年代的にもふさわしい、とみられている。

③応神十四年是歳条及び同十六年八月条で、弓月君とその人夫の来朝の話……新羅の妨害により加羅に留まる弓月君とその率いる人夫を、ソツヒコを派遣して召そうとしたがかなわず、応神十六年に平群木菟《づく》宿祢らを派遣して解決させた。上記②の『百済記』の話と主要部分が似ているから、一つの源から出た話だったか。

④仁徳四十一年三月条……百済の王族酒君《さけのきみ》が倭国に対し無礼を働いたので、ソツヒコを派遣して酒君をとらえ献上させた、と見える。捕虜を連れ帰ったという点で、上記①③に類似する。

以上の伝承では、②はおそらくほぼ事実に基づく所伝であって、残りその他の場合は、伝説そのものは事実に基づく場合でも、襲津彦がそこで実際に活動していたかどうかは確かめがたい。これら四点を通じ、四世紀末から五世紀初めの頃(広開土王碑に記事の見える時代)、日本の朝鮮進出に際して活躍した中心人物の一人だと記憶にとどめられ、いわゆるソツヒコ伝説が生まれたのであろう、と井上博士は考える。

以上の井上博士の検討は概ね妥当であろうが、それぞれに武内宿祢の後裔とされる者たちがともに活動したと伝えることに留意され、その辺に話が膨らんだ要素も感じる。これらに多少附記すると、次のような諸点も念頭におきたい（(3)～(5)には、先学の指摘もある）。

(1)『百済記』に見える「沙至比跪」が葛城襲津彦にあたるとしたら、『三国史記』の「新羅本紀」や巻四五「列伝于老」に見える新羅の重臣于老《ウロウ》の殺害事件に登場する倭の使臣「葛那古」も、同様にソツヒコにあたる可能性がある。三八〇年代頃に葛城襲津彦が実在して韓地での活動が確認できれば、百済に「沙至比跪」、新羅のほうには「葛那古」と、その名が少し変わってそれぞれの地に伝えられても、とくに不思議ではない。

(2)『百済記』の「壬午年」が干支二巡引き下げた三八二年に当たるかどうかは、概ねその頃と受けとられる。「新羅本紀」の「葛那古」の登場は、沾解《てんかい》王（第十二代新羅国王。この当時の王は「尼師今」とも表示）の三年（そのまま単純に年代換算すると、西暦二四九年にあたるが、この年代にとらわれてはならない）あるいは七年癸酉（同、二五三年）とされており、これも同様に干支二巡引き下げると三六九年か三七三年にあたり、年代が近似する。

(3)『百済記』の「沙至比跪」については後日譚も一伝として分注に見えており、沙至比跪は天皇の怒りを知って密かに帰国したが、妹が後宮にいて天皇の気持ちを探ったところ、ソツヒコへの許されないほどの怒りがまだ続いているのが分かり、岩穴に入って死んだと記される。ソツヒコの最期は日本側史料では見えず不明だが、『古事記』ではソツヒコの妹に怒能伊呂比売《ののいろひめ》がおり（孝元段）、同書の応神段に見える応神妃の葛城之野伊呂売と同人であるから、ソツヒコの妹が天皇の後宮にあったとする記事と符合する。

(4)　木羅斤資については、その子の木満致《まんち》との関係で、応神二五年条の分注に引く『百済記』に見える。すなわち、木羅斤資が新羅を討ったときにその国の婦を娶って生んだのが木満致であって、父の功により任那で専権を振るい、百済・日本に往来したと見える。木満致は、四七〇年代半ばの百済滅亡の頃の人であるから（『三国史記』百済の蓋鹵《がいろ》王二一年〔四七五〕条に木劦《もくら》満致と見える）、その父が実際に木羅斤資だとしたら、斤資の活動時期は五世紀中葉頃となり、実際には四世紀後葉にあたる『書紀』神功皇后摂政紀の四九年～六二年条の事件に登場するのは誤りとなる（あるいは、親子ではなく、子孫か）。

(5)　応神十六年にソツヒコ等とともに秦氏の祖・弓月君が率いていた人夫が来朝したとあるが、弓月君は大和の朝津間《あさづま》腋上《わきがみ》の地に居たと『姓氏録』（山城諸蕃・秦忌寸条）に見える。この朝妻・腋上は葛城氏の本拠地域のなかにあり、多くの俘虜を倭国に連れ帰ったという記事は、五世紀代の渡来系集団による鍛冶工房など、大規模な**南郷遺跡群**が葛城地方に残ることで裏付けられる。この辺の引率人夫の所伝について造作の可能性をいう見解もあるが、記事造作の必然性は考え難く、登場人物たちが実際にその通りかは確かめがたいとしても、基本的なことはほぼ史実と考えてよい。

(6)　仁徳紀の記事は、老年になってまだ韓地で活動したとは考え難く、応神天皇の治世時期に既に死去したのなら、武内宿祢の関係者か別人（同様な通称をもつか）であろう。

武内宿祢の実在性否定の論拠がない

武内宿祢は、戦後の古代史学界では、異例の長寿やその活躍ぶり・命名等の事情から、非実在の人物であって、後世（例えば「旧辞」の成立以降）に蘇我馬子や中臣鎌足など、一人ないし複数の人物をモデルに古代の七雄族の祖として創作されたものだとみられた。これが、津田亜流の学究の多くから当然のように考えられ、通説となってきていた。

要は、武内宿祢が実在的な存在とは受けとめてこられなかった。この場合、特定の個人名として「武内宿祢」という名を使うのは、やや問題がある。

しかし、これは、提唱者が著名な学究であったとしても、皮相的な見方にすぎず、合理的な解釈とは言い難い。記紀の記事をそのまま素朴に受け取り、全面否定につなげる例の手法である。自分の理解に合わないものは、すべてを造作とか非実在だと片付けてきたものである。しかるに、武内宿祢の明確な実在性否定論はこれまで見当たらない。その具体的な論拠も現実にはない。論理的に考えて、後世のモデル論や異例の長寿云々だけで、存在否定ができるはずがない。証明のできない前提ないし思込みで歴史上の物事を考える悪癖を、戦後史学の多数派が一貫してもってきたことに注意しなければならない。

武内宿祢が仕えた天皇は、実際には世代数にして三代ほどであり（この当時の皇室系譜は、記紀とともに、史実原型から見て直系に偏した変更がなされている故）、奉仕期間もせいぜいで五十〜六十年程度であろう（『書紀』では二百四十数年奉仕という計算もあり、一方で、仁徳朝以前の同書の紀年は「四倍年暦」で記されるという貝田禎造氏等の見解があって、この立場で実質年数を数えても殆ど同様の五、六十年という数値となる）。そうすると、活動期間が若干長いきらいがあるが、その実在性と事績原型の存在が相当高まる。山田平氏も、三百歳の長寿の誤りを修正すれば、実在性を疑う理由は殆ど消滅すると指摘する（「建内宿祢伝承の虚実」、『古代日本海文化』第五号所収）。

武内宿祢の前後に見える、葛城氏の系統の数世代の活動をとってみても、他の古代氏族諸氏の対応者と対比して、特に異常はなく、問題が殆どない。葛城臣や紀臣・平群臣など武内宿祢の後裔と称される諸氏については、武内宿祢以前の時期にはその活動の痕跡が見られないことも併せ考えると、武内宿祢の存在を認めた方がより合理的となる（これら諸氏の祖系が直ちに武内宿祢につながるということではないが、氏の発生が総じて遅かったのであろう）。

神功皇后の征韓を補佐したなどの大活躍は、傑物的存在であったのなら可能であり、神功皇后の実在性は拙著『神功皇后と天日矛の伝承』で詳述した（この女性については、記紀の記事は原型からの改変が大きく、そのため学究に誤解が多い。その実態は、成務天皇の皇后で実名は日葉酢媛〔丹波道主命の娘だが、垂仁皇后ではない〕といい、「息長足媛」という通称でもなく、仲哀皇后でもなかった）。武内宿祢が初代の「大臣」かは官職制度的に疑問が大きく、審神者という性格の有無も確認できないが、この辺は実在性の問題ではない。モデル論など、現実にこの者が実在したのであれば、問題外の議論で吹き飛ぶだけであって、津田流学究は総じて予断が多すぎ、視野が狭く、論理が粗雑である。

武内宿祢は大倭国葛城県五処里に居住したと伝えるが（『紀氏家牒』）、この本拠地は葛城襲津彦、さらにはその孫の円大使主にまで葛城本宗に承継されており、この意味でも葛城臣氏が武内宿祢系氏族のなかでの本宗家だと考えてよかろう。

ただし、武内宿祢関係の記紀、『姓氏録』等に見える多くの記事等を仔細に検討してみると、留意すべき点もいくつかある。それは、複数の人物が「一人の武内宿祢」という人物という集合形で、これら史料に現れている可能性が強いようでもある。その場合には、この者を応神紀以前（時期的には成務・神功皇后朝が中心）と仁徳紀以降（上記④の仁徳紀四一年条など）の二人に分けて、前者が葛城系の武内宿祢、後者が紀系の武内宿祢で、別人とみるのが妥当なのかもしれない（拙著『紀氏』参照）。

前者のほうが、成務と同日誕生の伝承をもつ征韓に重要な役割を果たした有名な人物である。そうすると、武内宿祢の生存期間は短縮し、年齢の合理性はますます高まる。一般に、偉人の伝承は後世に訛伝し、膨脹する場合も往々にしてあり、長寿だけを理由に武内宿祢の実在性を否定する議論は疑問が大きい。併せて、『三国史記』新羅本紀に見える「ウチスクネ（于道朱君）」にも留意され、韓地史料にも実在性の裏付けがある（後述）。

ところで、武内宿祢の実在の合理性を認めても、その後裔と称する諸氏について、実際に武内宿祢の後裔かどうかはまったく別問題である。この辺は十分検討する必要があり、これら諸氏の実際の出自を考えると、奉斎神や宮廷での食膳奉仕の任務、巨石信仰などがほぼ共通して見られることに留意される。これは、八幡大神（素戔嗚神、すなわちわが国の天孫族の始祖・五十猛命が実体か）の後裔に特徴的に見えるものであり、蘇我氏については後ろで別途検討する。武内宿祢の後裔と称した諸氏については、氏の名前と合致する地名が北九州の筑前及び肥前に多く見られる事情もある。

こうした諸事情も含め様々な角度から検討してみると、武内宿祢の子とされる七男子が実際にその実子であったことはまず考え難い。『書紀』には、この関係の記事がない。武内宿祢の後裔という系譜は後世になって編纂され、祖系が武内宿祢のもとに統合・接合され、その形でこの者に架上された可能性が強い。この辺は、通説とほぼ同じ見方である（それが、何時、誰の手に依るかは不明も、おそらく通説が考えるよりは時期が遅く、平安前期ごろに石川氏か紀氏の関係者が主な役割を果したものか。このようにみることが、諸氏の初期歴代の名前の造作を必ずしも考えるわけではないことに留意）。

その意味で、各々の氏族、諸氏の系譜については、個別具体的に多くの観点から十分に検討を重ねることが必要と思われる。蘇我氏や紀氏などについては、その先祖の系譜に仮冒、混淆がありそうでもあるが、そのことを基にしても、武内宿祢自体の実在性否定はできない。

于道朱君の実体は誰か

先に触れた新羅の重臣于老《うろう》の殺害事件に関し、登場するのが倭の使臣「葛那古」と将軍「于道朱君」である。上古の日韓通交史に登場する倭人は、韓地での現地表記（及びその訓み方）の指す者は難解であって、記紀等に見える人物に比定されにくいので、この二人はとかく無視されがちである。とはいえ、韓地の史料に見える「于道朱君」は重大な意味をもつものであり、韓地関係史料の取扱い法にも関連するので、確認的に触れておく。

まず、新羅の昔**于老**という者は、第十代新羅王とされる奈解王の子であり（「昔」は新羅三王家の姓氏の一つ）、于老の子が第十六代王の訖解《きっかい》王であって、当時の新羅の兵馬を握る重要人物であった。『三国史記』「新羅本紀」には、新羅第一位の官職である角干《かっかん》（舒弗邯《ソブラン》）の地位の大将軍であり、奈解王の太子とも見える。同書には于老が数々の軍功をあげたこと（その全てが史実だとはいえないかもしれないが）、及び沾解王のときにその戯れの言動が倭王の怒りを買って悲劇的な最期を迎えたことが見えており、『三国史記』巻四五には列伝が立てられる。

于老の最期に絡んで列伝に登場するのが倭国使臣の葛那古、将軍「**于道朱君**」であり、後者は倭王の命を受けて新羅を攻め、于老を火あぶりの刑に処したとの記事が見える。

于道朱君なる者の素性については、これまで不明であり、音が近そうな「宇土の君」「宇治の君」など多少の説があっても、あまり決め手がなかった。もっとも、古代史学界では、神功皇后をはじめとする日韓古代通交史については、研究対象としてほとんど取り上げられずにきたから、それだけ検討が進んでいない。新羅に関しては、四世紀後半から五世紀初頭にかけての時期に在位したと『三国史記』に記される奈忽王より前の諸王については実在性に乏しいとして、倭の初期諸天皇と同様、簡単に記事が切り捨てられ、実在性が否定されてきた。しかし、同書が相当に遅い時期に成立した後世の史書とは言え、自国ではない倭の将軍の名前を、編者が史実に拠らずに勝手に作り上げたとは考え難い。同書に見える韓地の初期の諸王だって、造作された者だとの立証はこれまでまったくない。

一連の事件のなかに見える葛那古・于道朱君の比定者は、これまで不明であった。というのも、韓地上古の年代が的確に把握されていない事情がその要因の一つにあげられる。『三国史記』の年代は、新羅本紀に限らず、これまでの研究者の取扱いではそのまま単純に年代換算されてきて、この取扱いに対しては、日韓（及び中国）の学界でもほとんど疑いが持たれなかった。そうすると、すべて単純な年代換算で事件を認めるか、まったく史実ではないとして受け入れないかの二者択一となりがちである。この双方の姿勢には、共に大きな誤りがある。日本の『書紀』紀年と同様に、『三国史記』でも適切な紀年換算（実年代の的確な比定）が史実原型の探究のために必要である。

新羅に関する『三国史記』記事の**単純な紀年換算の問題点**は、多くある。例えば、第十七代奈勿王とその妻のイトコにあたる同世代の第十五代基臨《きりん》王の治世期間が、それぞれ三五六～四〇二年、二九八～三一〇年と記されて同じ世代でありえないほど長いことや、于老自体が二〇九年から二四九年ないし二五三年にかけて長く活動したと記されるにもかかわらず、その死没時に嫡子の訖解王がまだ歩行できないほどの幼児であったという記述に現れる。『三国史記』の記事を照らし合わせると、特定の一世代で一〇四年間も王位にあったり、成人として活動した四十余年の後でも死没時に幼児しか持たないことにもなる。

　これら記事は、大雑把にいうと実際の年月の四倍ほどの紀年（「四倍年暦法」での表記か。『書紀』でも、上古諸天皇について同様な暦法が見られる）で同書の記事が表示される可能性が大きい（その場合、上記の数字を$\frac{1}{4}$にして、一世代が二六年、十年ほどの成人活動でも幼児ということになるのなら、不自然ではない）。その一方、年代がまったく不都合だとして、系譜や所伝を端から否定するのは乱暴な話である。従って、その中間をとって、系譜・所伝はひとまず信頼し、人間の一世代を約二五年くらいとみて、実際の年代を調整するのが穏当なところであろう。人間を「生物学的な存在」として捉え直すということである。

　このような年代調整をしたとき、倭が新羅内部まで攻め込むようになってきた時代の実質年代値については、倭の新羅王都・金城への大規模な侵攻があった助賁《じょふん》王三、四年や沾解王七年がいずれも西暦三七〇、八〇年代にあたるとみることができる。これが干老関係の事件が実際に起きた年代である。

　この時期は、高句麗の好太王と交戦した三九〇年代より少し前で、神功皇后が活動した時期にもあたる（具体的には、拙著『神功皇后と天日矛の伝承』第二章の記事を参照）。『書紀』神功皇后摂政前紀の分注に記す一伝には、征討を受けた新羅の王として宇流助富利智干（ウル・ソホリチカ）いう名が見え、「宇流」は干老に通じ、ソホリチカは舒弗邯 spurkan にあたる。わが国古代の天皇の治世年代でいえば、応神天皇（在位が三九〇～四一三年と推定）の前代にあたる時期である。この立場で、当該期に韓地で活躍した人物を探す必要がある。

上記の年代調整の前提で考えると、「葛那古」が葛城襲津彦に比較的容易につながる。『書紀』神功皇后六二年条（干支二巡繰り下げた場合には、西暦三八二年となる）には、新羅が朝貢せず、襲津彦を遣わして新羅を討たせたと記事があり、同書所引の『百済記』には沙至比跪の一連の事件が見えて、三八〇年代頃に葛城襲津彦が韓地で活動したとされよう。

問題は「于道朱君」である。これについての従来の解釈では、「于道」を宇土・烏奴（「魏志倭人伝」に見える「烏奴国」）、宇陀、宇治かと考える諸説があり、そのなかでは、当時の地名・人名・姓氏名から考えて「宇治」の可能性が大きい。ただ、「朱君」については見当がつかず、「宇治」も応神の皇太子、菟道若郎子に始まる御子代の宇治部の成立前の時期であり、あとは物部氏族の宇治連氏くらいかと思うが、これも該当しそうはない。肥後の宇土を氏の名にもつ姓氏は管見に入っておらず、肥後の阿蘇氏の宇治部君の活動前ということで、「于道朱君」については、これ以上は探索不能かと当初、考えていた。

ところが、「朱君」が「宿祢」ではないかとみる説がある。朱君は普通には「しゅくん」と訓むが、朱は「す」とも訓み、漢代古音ではこのほうが適切ではないか（藤堂明保氏の漢和大字典を参照）とみると、「すくん」「skhn」となる。そこから宿祢（すくね）に至るということで、いまでは「朱君＝宿祢」説が多いといわれる。その場合には、「于道朱君」は「宇治宿祢」となり、これが内宿祢すなわち武内宿祢その人であろうという説まである。

この説を卓見として、私は評価する。武内宿祢は建内宿祢とも書き、成務天皇と同じ日に生まれたと伝え、四世紀後半当時の大和朝廷の一番の重臣であった。この者が長寿であって五朝ほどの大臣を務めたという伝承はともかく、同世代の成務天皇やその皇后の神功皇后（彼女は実際には仲哀天皇の皇后ではなかったことに注意）、さらに次代の仲哀天皇朝ないし応神天皇朝（仲哀と応神とは親子ではなく、同世代であることにも注意）の頃まで活動をしたことは認めてよい。そうすると、年代的にはまったく問題がなく、しかも、この時期の倭国において、新羅第一の重臣于老を殺害させるだけの行動と判断がとれる地位にあった。

神功皇后紀四六年条には、「斯摩《しま》宿祢」という人物を倭国が北伽耶の卓淳《とくじゅん》国（慶尚北道の大邱《テグ》か）に派遣した記事があり、この頃すでに「宿祢」という称号もあった。その割注には、「斯麻宿祢は何れの姓の人かを知らない」とあるから、この名前の原典も百済史料にあったとみられる（「斯摩宿祢」はシマ（島）宿祢の意で、実態は紀・平群両氏の遠祖か）。

「武・建」は美称であるから、これを取り去ると主体が「内宿祢」となる（武内宿祢の弟に甘美内《うましうち》宿祢（味内宿祢）をあげられ、「建・美」で「大・小」「兄・弟」を区別したものか）。「宇治（宇智、宇遅）」が「内」に通じるのは、内真人という姓氏が宇治真人・宇智真人とも六国史に表記されるからである。武内宿祢は、孝元天皇の孫の屋主《やぬし》忍男《おしお》武雄《たけお》心《こころ》命が紀国造の祖・菟道彦（ウチヒコ。宇遅彦とも表記）の娘を娶って生んだ子という系譜が伝えられる。

大和南部の地名でも、武内宿祢に関連して大和国宇智《うち》郡（現・五條市の全域）という地があり、葛城郡の南隣に位置し、紀伊国に接していた。宇智郡には、式内社の宇智神社（五條市今井）が吉野川北岸に鎮座し、宇智野を貫流する川は宇智川と呼ばれ、于智川・内川とも記される。宇智郡の地名に因んで、武内宿祢の名が名乗られたとみられる（だから、これが通称であって、ソツヒコのような実名ではないことにも留意）。この者が、北隣の葛城地方の雄族・葛城国造家と通婚し、その地に入って子・襲津彦を生み、襲津彦の代には葛城地方第一の大豪族となって葛城を氏の名前とした。このような流れをみるのが自然である（以上のように考えれば、「たけしうち＋すくね」と多く訓まれるのは疑問で、「たけうち＋（の）すくね」と訓まれよう）。

武内宿祢は、来朝した諸々の韓人（高句麗・百済・任那・新羅からの渡来人）等を引率・指揮して池を造り、それが韓人池と名づけられたという。こうした記事も『書紀』応神七年条に見えており（『古事記』にも同種の記事）、神功皇后の韓地遠征随行とも併せて、韓地・韓人の経営に深く関与したことが示される。「韓人池《からひとのいけ》」とは、大和国城下郡唐古《からこ》村（現田原本町域）に在って、今の柳田池と呼ぶ池だとされる（『奈良県の地名』など）。武内宿祢の実在性を認めれば、その墳墓と伝える室宮山古墳も否定することはない。学究の多くは実在性を否定して、襲津彦の墓とするが、これは疑問である。室宮山からは三角縁神獣鏡と甲冑（三角板革綴短甲）・朝顔形埴輪Ⅲ式が出土しており、襲津彦の時代よりは少し古い。

以上の諸事情からみて、西暦三七〇、八〇年代の神功皇后朝及び仲哀朝（私見では、神功皇后朝が仲哀朝に先立つ。拙著『神功皇后と天日矛の伝承』参照）において、武内宿祢・葛城襲津彦親子が韓地でお

宇智神社（五條市今井町）

おいに活動したのは肯ける。従って、両者を「于道朱君・葛那古」に比定する見解は説得力が大きい（この両人についてセットでこうした比定をする見解は、現在のところ管見に入っていない）。だからと言って、国内的な大勢力に直ちにつながるものでもない。

戦後の古代史学界では、武内宿祢が、「荒唐無稽な長寿」という理由だけで存在を簡単に否定されてしまったが、これが、朝鮮半島の『三国史記』の記事を基に復活するとしたら、日本の古代史の見方に大変な衝撃のはずである。葛城襲津彦が歴史上確実に存在した人物であったのなら、その親とされる武内宿祢も、『三国史記』の記事を基に考えれば、同様に確実に存在した人物であった。

武内宿祢兄弟とその祖系──甘美内宿祢の後裔

武内宿祢には甘美内宿祢（味内宿祢とも表記）という異母弟がいたと伝える。『書紀』応神九年四月条には、兄の留守中に、応神天皇に対し兄の陰謀を申立てる讒言《ざんげん》をした記事も残る。この兄弟争いの伝承は類例が多いとの理由で、実在性否定論に使われるが、これは実在性論議に影響するものではないし、蘇我氏や中臣氏との関わりとも無縁である。

室宮山古墳（室大墓）。武内宿祢の墓との説がある。
背後に金剛山（御所市室）

甘美内宿祢は、『古事記』孝元段には、尾張連の祖・意富那毘《おおなび》の妹・葛城之高千那毘売《たかちなびめ》が生んだ子として、山代内臣《やましろの》の祖と記され、これに符合して『姓氏録』には大和皇別に内臣（孝元天皇の皇子、彦太忍信命の後、と記載）及び山公（内臣同祖で、味内宿祢の後、と記載）があげられる。

内臣氏は、韓地関係の記事でも『書紀』に見えており、欽明十四年六月には欠名の内臣が百済に対する使者とされた。同十五年五月にも同人は水軍を率いて百済に至ったことが見え、その年の十二月の聖明王の上表文には、「有至臣」の表記で見えて、新羅だけが相手なら有至臣の率いた軍士で足りるが、今回は新羅が高句麗と組んで行動しているので、更なる救援が必要だと述べられる。内臣が韓地で活動するとともに、その祖として武内宿祢をあげないということに留意される。こうした諸事情から、甘美内宿祢の実在性も認め、内臣・山公二氏は葛城臣氏の一族分流としてよい。

このように、武内宿祢や弟の名前が大和国宇智郡に拠るとしたら、兄弟の名前「うちのすくね」自体がいわゆる通称であって、これらの実名は不明だということになる。武内宿祢の訓みについても、素直に「たけうちのすくね」とされよう。

武内宿祢兄弟の先祖の系については、記紀等に二伝ある。ともに孝元天皇の後裔とされるが、孝元の曾孫が武内宿祢兄弟とする『書紀』の伝と、孝元の孫とする『古事記』の伝であり、孝元と武内宿祢との中間の世代について、前者が「彦太忍信命―屋主忍男武雄心命」の二代、後者では彦太忍信命に対応する「比古布都押之信命」の一代だけとする。要は中間に屋主忍男武雄心命なる者が入るかどうかの問題であるが、武内宿祢が成務天皇と同年の生まれと伝え、上古代諸豪族と天皇家との世代対比を考えると、『書紀』の記事のほうが妥当だとみられる。

そうすると、景行紀三年条に見えるように、屋主忍男武雄心命が紀伊国に遣わされ、そこで紀直の遠祖菟道彦《うぢひこ》の娘・影媛を娶って武内宿祢を生んだと理解してよさそうである。屋主忍男武雄心命は、活動年代を考えると、膳臣の祖・磐鹿六雁《いわがむつかり》の死没時において、景行天皇の宣命伝達役をつとめたと『高橋氏文』に見える「武男心命」にも当たるとみられる（「心」は一般に「こころ」と訓まれるが、「こり（＝凝。金属塊）」に通じるか）。このように、武内宿祢の父も、古代の重要史料に登場するのだから、この面からも武内宿祢の実在性は疑いない。その祖先系譜もほぼ信頼してよさそうである。

彦太忍信命の父については、記紀に孝元天皇として異伝がなく、これは世代的にも問題がなかろう。そして、孝元天皇の子の開化天皇が葛城氏（葛城国造の人）の垂見《たるみ》宿祢の娘・鸇《わし》比売を妃とした事情（『古事記』開化段）は、開化天皇兄弟の二世代後の武内宿祢が同じ葛城氏の荒田彦の娘・葛比売を娶って襲津彦を生んだという『紀氏家牒』の記事に通じる。これら諸事情から、武内宿祢が天皇家の一族の出だという系譜事情は認めてよい。

称武内宿祢後裔氏族の諸氏のグループ分け

記紀や『姓氏録』では、武内宿祢が生んだ七男子が、それぞれ葛城氏、蘇我氏など七姓大族の祖とされており、武内宿祢後裔と称する諸氏は、応神朝以降、大化改新頃まで、臣姓豪族の最有力者層を構成して大和朝廷内で大夫などの地位で勢威をふるい、大臣の位はみな武内宿祢の後裔と称する葛城臣（圓）、平群臣（真鳥）、巨勢臣（男人）、蘇我臣（稲目、馬子、蝦夷）が占めたとされる。

これら諸氏の初祖たる七男子の母については、記載が乏しいため、七姓大族の関係は不明であり、葛城氏が武内宿祢嫡統として、それ以外の六姓諸氏の関係はやはり不明である。だから、津田左右吉博士のように頭から系譜仮冒と決めつけ、武内宿祢後裔の系譜は、「蘇我氏が勢力を得てから、これらの家々を同族として取扱うとする意図の下に作られ」、それぞれの同族とする諸氏は「多分後から附会せられたものであろう」とみている（『日本古典の研究』）。ところが、こうした見方には具体的な根拠がないし、津田博士により立証されているわけではない。上記の者たちの「大臣」就任を否定する見方もあるが、具体的な根拠に乏しい。

称武内宿祢後裔氏族のなかでは、後世まで数多く系図を伝えるのは紀氏関係である。『尊卑分脈』や『群書類従』などにも系図所載があるが、管見に入った現存する紀氏関係系図のなかで比較的詳細なものとしては、中田憲信編の『諸系譜』第一冊に所載の「紀朝臣系図」（東大寺八幡宮祠官家、春日社神部の系図に詳しい特色がある）や宮内庁書陵部蔵の『続華族系譜』所収「浅野守夫呈譜」（明治三三年に男爵浅野守夫から「家譜略」として宮内大臣に呈譜）があげられ、これらのうち前者の「紀朝臣系図」には興味深い記事もある。

それが、当該七男子の母についての記事であり、この記事の信頼性は不明なものの、これに拠れば、七姓大族は次のようにグループ分けができる。田中卓博士が発掘した史料『紀氏家牒』でも、葛城襲津彦及び紀角宿祢の生母についての所伝が同じくなっている。

A葛城国造荒田彦の女、葛比売を母とする諸子の系統……葛城襲津彦、巨勢男韓宿祢
B紀直宇豆彦の女、宇乃姫を母とする諸子の系統……紀角宿祢、平群木菟宿祢
C物部連祖建新川命の女、大矢刀自を母とする諸子の系統……羽田矢代宿祢、蘇我石川宿祢
D不明……若子宿祢、女二人（このうち、怒能伊呂比売はおそらく襲津彦と同母）

これら諸氏の具体的な検討は、本古代氏族シリーズでは、すでに『葛城氏』『紀氏・平群氏』『息長氏』で行ってきたが、本書では、残る蘇我氏及び羽田氏、それに巨勢氏について行うこととしたい。上記のグループ分けは、巨勢男韓宿祢を除くと概ね妥当な模様である。上記七男子について、その子孫の活動時代と比較してみると、武内宿祢が成務世代に位置づけられるのに対し、その次の応神世代に葛城襲津彦と若子宿祢が属し、更に次の仁徳世代に羽田矢代・蘇我石川・紀角・巨勢男韓が属して、平群木菟はもう一つ遅い世代の履中～允恭朝の世代に位置づけられるのが妥当な模様である。ただ、『紀氏家牒』には、平群木菟は仁徳天皇と同日誕生と記されるから、これが正しければ仁徳世代になる。

そうすると、『書紀』応神三年是歳条に紀角・羽田矢代・石川・木菟の四人が一緒に百済に派遣されたというのは、年代的に追記の可能性が考えられ、これらが武内宿祢の諸子とする伝承にも疑問が生じることになる（『書紀』には、武内宿祢の子女について記載がない）。ここにも見えない巨勢男韓宿祢から言って、巨勢氏の登場はすこし遅れよう。本書の課題には、襲津彦を除く六男子がなぜ武内宿祢の子に位置づけられたかという点の探求もある。

和田萃氏は、紀路や曾我川を通じ、更にはともに朝鮮経営にあたったことから同族意識が醸成され、武内宿祢を共通の祖とするに至ったという推定をされるが（「紀路と曾我川」）、これればかりではなく、以下に記載の諸事情もあり、現実に蘇我・波多、紀・平群及び巨勢の諸氏が同族であったと考える事情がある。安易な系譜擬制論は疑問が大きい。

北九州の地名と称武内宿祢後裔氏族

北九州の筑紫・肥の地域には、武内宿祢の後裔と称する諸氏の名と合致する地名が多い。それを『和名抄』掲載の地名等を基にあげると、次のようなものがある。

A葛城グループ

①三根郡葛木郷（肥前）……葛城（大和、葛上郡・葛下郡）、葛城臣

②生葉郡（筑後）……津名郡育波郷（淡路）、的臣

B紀・平群グループ

③基肆郡（肥前）……紀伊国、紀臣

④早良郡平群郷（筑前）……平群郡平群郷（大和）、平群臣

⑤早良郡早良郷（筑前）……讃良郡（河内）、早良臣

⑥早良郡額田郷（筑前）……河内郡額田郷（河内）、平群郡額田郷（大和）、額田首

C波多・蘇我グループ

⑦松浦郡波多（肥前）……高市郡波多（大和）、波多臣

⑧早良郡曾我郷（筑前）……高市郡曾我（大和）、蘇我臣

⑨志麻郡川辺郷（筑前）……十市郡川辺郷（大和）、石川郡川辺（河内）、川辺臣

⑩志麻郡久米郷（筑前）……高市郡来目郷（大和）、久米臣

D巨勢グループ

⑪佐嘉郡巨勢郷（肥前）……高市郡巨勢郷（大和）、巨勢臣

これらの北九州にある地名に因む氏の名を名乗る集団について、山田平氏は、建内宿祢より発する皇別ではありえず、出自が神別で、神武東遷の前後に北九州から大和付近に移動した集団だと考えた。これは示唆深い指摘ではあるが、十分に検討を要しよう。

この山田説が成立するためには、北九州から大和周辺への集団移動は神武東遷に限られることが必要となるが、その移動の時期もこれに限られるものではなかろう。また、地名だけで、直ちに氏の系譜・出自が解明されるものでもない。とくに、葛城グループについては問題がある。葛城臣氏は、神別の葛城国造葛城直氏が臣氏より早い先住者として大和国葛城地方に居住しており、これを母系の祖とする（この母系氏族の故地も、北九州にあったものか）。ほぼ同様な例は、紀臣氏についても言え、その母系の祖として紀伊先住者の紀国造紀直氏があった。葛木郷の地名は備前国赤坂郡にもある。的臣氏についても、氏の名が生葉や育波と記された例は管見に入っておらず、やや結びつきが弱そうでもある。

葛城グループを除く残りのグループについては、筑紫・肥の地域との関連が一応考えられる。波多・蘇我、紀・平群、巨勢の三グループの氏族群について、その起源と関連の深そうな地域として筑紫・肥地方が考えられるということは、筑紫国造及び肥国造の共通の祖であった建緒組命の流れとして、これら諸氏が位置づけられる可能性を示唆する。とすれば、これら諸氏族は、皇別そのものでなくとも、息長氏と同様に広く天孫族の流れをひいていた可能性があることにもつながる。

称武内宿祢後裔氏族の食膳奉仕

称武内宿祢後裔氏族の諸氏にあっては、食膳奉仕という職掌で共通するものがあるとの指摘がある。これは、前之園亮一氏が「ウヂとカバネ」という論考（『日本の古代十一　ウヂとイエ』一九八七年刊に所収）のなかで、「武内宿禰後裔氏族と食膳奉仕」などの項で指摘する（さらに、『古代を考える蘇我氏と古代国家』にも前之園氏の同様な論考が掲載）。

その概容を述べると、武内宿祢後裔氏族にあっては食膳奉仕の任務につく者が多く見られ、律令時代の食膳官司（内膳司、大膳職、大炊寮、造酒司、主水司、園池司）の補任例から見て、高橋朝臣（膳臣の後身）・安曇宿祢ばかりではなく、皇親・元皇親などとともに任務にあたったとされる。

たしかに、『姓氏録』左京皇別上の雀部朝臣条に、巨勢朝臣と同祖で建内宿祢の後で、先祖の星河建彦宿祢が応神朝に御膳を掌監したので、大雀臣の名を賜ったと見えるほか、平群氏が大王の食用の塩を管理したことが平群真鳥の各地の塩を呪詛した逸話に窺われる。蘇我氏一族には御炊朝臣という氏もあり、波多氏一族には食《はみ》朝臣（播美朝臣、波弥臣）という氏もあった。

武内宿祢後裔氏族からの食膳官司の補任例が、六国史には数多く見える。具体的には、主に六国史を出典とする武内宿祢後裔氏族の関係では、内膳司に雀部朝臣真人・雀部朝臣祖道、大膳職に紀朝臣犬養・川辺朝臣薬・紀朝臣継成・平群朝臣清麻呂・石川朝臣越智人・紀朝臣当仁、大炊寮に紀朝臣鹿人・紀朝臣伊保・小治田朝臣水内・紀朝臣佐婆麻呂・林朝臣真永、造酒司に巨勢朝臣総成・田中朝臣浄人・田中朝臣大魚・巨勢朝臣康則の補任が知られる。

この例に限らず、大化以前から大王の食膳に奉仕する役割・伝統をこれら諸氏が持っていたとみられる。それを、「代表的な食膳奉仕氏族の阿倍・膳氏と同祖関係に結ばれ、現実に親密な交わりを有していた」が故と前之園氏は考えている。武内宿祢後裔氏族と阿倍・膳氏一族とは、記紀などでは、孝元天皇を共通の祖として、系譜的に親縁関係に結ばれているが、これは、いずれも大王の食膳に奉仕するという共通点があったからだとする。蘇我氏が勢力を伸ばした基盤に食膳奉仕も関わったともみる。この食膳奉仕の観点からいって、韓地からの渡来説は成立しがたいともする。

前之園氏のこうした着眼はきわめて興味深いが、その一方で、孝元天皇は架空の天皇であり、彼らが臣を称するようになった五世紀後半には、いまだ存在せず、六世紀前半頃における「帝紀」編纂の際に同族系譜が創作された公算が大きいとする見方には、大きな疑問がある（この問題は後ろでも若干触れる）。武内宿祢後裔氏族は、孝元天皇の後裔に位置づけられる以前から臣姓を称していたが、もともと皇別ではないともみるが、この「非皇別」の出自という点では妥当であろう。

すなわち、阿倍氏族が皇別の出自は認めて良いが、系譜は記紀等に伝えるような孝元天皇の後裔ではなく、多臣氏の支流とみられる（拙著『阿倍氏』を参照）。また、武内宿祢後裔氏族の殆どの諸氏は、実際には九州に在った建緒組命の後裔にあたり、息長氏と同族ということで、大王家とも同族（天孫族系統）であったから、律令時代以降の時期にも多く見える皇親及び皇親氏族の食膳官司補任に相通じるのかもしれない。建緒組命は御食津神（気比大神、食井神）たる素戔嗚尊後裔として、また酒造神たる少彦名神後裔として、その子孫の流れに食膳奉仕氏族や酒部（大和宇陀、讃岐、和泉、紀伊など）を出したとみられる。

具体的に名が見える食膳奉仕者に蘇我氏一族があまり多くないのだから、「御炊朝臣」が出たとはいえ、この任務が蘇我氏勢力基盤とみるのは過大ではなかろうか。ただ、蘇我氏一族の境部首が阿倍氏の系譜のなかに入り込んでいる事情もあって、武内宿祢のみならず、孝元天皇の後裔という系譜は、蘇我氏にとって魅力的なのかもしれない。

『紀氏家牒』とその内容の是非

武内宿祢後裔氏族の上古代部分の系図史料について、代表的なものと受けとめられているのが『**紀氏家牒**』である。これが、無窮会文庫に所蔵の『玉籠』七三に所収されるのを、田中卓氏が発掘して論考「『紀氏家牒』について」で紹介した（『田中卓著作集2』等に所収）。この家牒は、「恐らく、奈良時代末より平安時代初期の頃に「家牒」として、いまの姿の完本が撰定せられたのであらう」と田中卓氏は評価する。同書は簡単な逸文記事にすぎず、具体的な成立時期も、出典や編者も知られない。しかも、紀氏族を含む武内宿祢後裔と称する諸氏に及ぶものであって、なかには信頼しがたい記事もいくつかあるので、十分注意のうえ使用する必要がある。それでも、蘇我氏などの初期段階部分の系譜については参考になろう。

そのうち、蘇我氏に関する記事について、いくつかの重複・混乱を除去してあげると、以下のようなものがある（以下の記事では、「家牒曰」はすべて省略する）。

①蘇我石河宿祢家、大倭国高市郡蘇我里、故に名を蘇我石河宿祢と云う。蘇我臣・川辺臣の祖なり。

②蘇我稲目宿祢は、蘇我石河宿祢の玄孫、満智宿祢の曾孫、韓子宿祢の孫、馬背宿祢（亦曰高麗）の子。宣化・欽明両朝に歴事して大臣となる。

③蘇我石河宿祢男（この次に満智の名が欠落か）、履中・反正・允恭・安康・雄略五代朝に奉仕。

④馬子宿祢男、蝦夷宿祢家、葛城県豊浦里。故に豊浦大臣と曰う。亦家多く兵器を貯う、俗に武蔵大臣と云う。母は物部守屋大連の妹、名を太媛と云う。…（以下は略）…

以上の蘇我氏関係の記事は概ね妥当そうであるが、いくつか問題点・留意点がある。すなわち、蘇我石河宿祢の時期において、家居が大倭国高市郡蘇我里にあったかどうかの確認はできない。石河宿祢が蘇我を名乗ったことについても、確認ができない。葛城県豊浦里は、高市郡豊浦里の誤記とみられる（葛城県に豊浦の地名があっても、蝦夷がそこに住んだわけではない）。蘇我石河宿祢の父祖についての記事も、同書には見えないこと（父が武内宿祢とも書いていない）に留意される。なお、蘇我氏歴代の母やその母系についても、『旧事本紀』を併せても、蝦夷・入鹿二代の母の出が物部氏一族であったこと以外は、所伝がないから、母系に葛城氏があったという推測はしないほうが無難だと思われる。

称武内宿祢後裔氏族の概要

武内宿祢が葛城国造家と通婚して生んだ葛城襲津彦の嫡系たる葛城臣氏が、この後裔一族の本宗家的存在とみられる。これに加え、紀国造家と通婚して生んだという紀角・平群木菟兄弟もあり、所生の男子という七人がそれぞれ雄族の祖とされて、それら後裔と称する諸氏から氏姓時代の大和朝廷の大臣・高官を輩出した。主に奈良盆地西南部の地域に本拠が在った事情もある。ただ、武内宿祢の実在の合理性を認めても、その後裔と称する諸氏について、実際に武内宿祢の後かどうかは、個別具体的に多くの観点から十分検討する必要がある。

その検討の結果を言うと、他書でも述べたように、武内宿祢の子とされる七男子すべてともが、実際にその実子だとは考え難く、武内宿祢後裔系図は後世になって編纂された可能性が強い。これは通説にほぼ同じである。先にも記したが、『書紀』には武内宿祢の後裔諸氏は記載がなく、『古事記』（成立・編者が不明の私撰書と評価）に見えるだけである。平安前期の『新撰姓氏録』では、江沼臣氏（大和皇別。「石川同氏」の記事あり）も含め、個別に「武内宿祢後裔」を称している。

本書では、七つの各系統別の姓氏（苗字は省略）について、簡単に現在までの私の結論（試論）を記しておきたい。詳しくは、拙著『葛城氏』『紀氏・平群氏』などをご覧いただくこととして、本書であまり触れないこれら雄族（葛城氏、紀氏、平群氏及び江沼氏）について概要をあげておき、蘇我氏・波多氏及び巨勢氏については、本書で検討した後に、巻末に苗字も含めて記載することにする。

葛城臣、平群臣という両氏の本宗家は各々五世紀後半に滅ぼされ、一族は早くに衰えて、律令期には石川朝臣（蘇我臣の支流一派）、巨勢朝臣、紀朝臣が参議以上の議政官を出した。蘇我氏族の繁栄は平安初期までであり、平安朝以降は紀朝臣系のみが勢力を保持したものの、平安中期の中納言紀長谷雄以降は衰えていき、わずかに下級官人で続いたにすぎない。

(1)**葛城長柄襲津彦宿祢後裔**と称する諸氏……武内宿祢の子は、実際には男子は葛城襲津彦のみのようであり、外祖葛城国造（葛城直氏）の勢力も受け継いで大和国葛城郡を本拠とした。なお、表記はもとは「葛木」か。葛城臣一族と称した諸氏は、具体的な系譜が知られないものが多く、的臣、生江臣、玉手臣、阿支奈臣、塩屋連などでは、それぞれの系譜に疑問や不明点があって、実際の葛城臣一族は仮に存在したとしても、ごく僅かか。

葛城臣（葛木臣）、葛城朝臣（葛木朝臣。録・左京）。

阿祇奈君（録・大和）、三統阿祇奈君、阿支奈臣（阿芸那臣。録・摂津）、玉手臣、玉手朝臣（録・右京）、的《イクハ》臣（録・山城、河内、和泉）、的宿祢、贄首、忍海原連（忍海連）、朝野宿祢、朝野朝臣、塩屋連（録・河内）、與等連（録・山城）、小家連（録・河内）、原井連（録・河内）、布師首（布敷首、布忍首。録・摂津、河内）、布師臣（布敷臣。録・和泉）、忍阪臣、下神（録・摂津未定雑姓）。

生江臣（録・左京）、生江宿祢、生江朝臣。

(2)**紀角宿祢後裔**の諸氏……武内宿祢が紀国造の祖・菟道彦の娘（宇乃媛）を娶って生んだ紀角（都怒）宿祢を祖とすると伝え、水軍を組織統括して朝鮮半島経営などで勢力を伸長した。本来の居地は紀伊国名草郡と近隣の和泉南部地域で、次いで大和国平群郡に進出した。その実際の出自は難解であるが、筑紫国造の一族から出たものとみられ、神功紀に朝鮮外交の活動が見える斯摩宿祢の後裔かと推される。一族に周防の都怒国造（周防国都濃郡）を出したが、そこから四国北部の讃岐に分れて四国内に発展した流れもあった。

紀臣（木臣）、紀朝臣（録・左京）、紀宿祢、紀祝（録・河内）、紀部（録・河内）、紀堤臣。角臣（都奴臣）、角朝臣（都努朝臣、都濃朝臣。録・左京）、佐婆部首、岡田臣、苅田首（刈田首）、苅田宿祢。曰佐《ヲサ》（訳語。録・山城、大和）、紀野朝臣、紀山村臣、曰佐宿祢。

坂本臣（録・摂津）、坂本朝臣（録・左京、和泉）、韓鉄師毘登（韓鍛冶毘登）、紀辛梶臣（録・和泉）、大家臣（録・和泉）、掃守田首（録・右京、和泉）、丈部首（録・和泉）。越智直（伊予の紀臣の流れ）。

(3)**平群木菟宿祢後裔**の諸氏……祖の平群木菟宿祢は紀角宿祢と同母兄弟とも伝えるように（世代的に見て、実際には甥か）、紀臣と同系近縁の氏族であった。大和国平群郡平群郷を本拠として、真鳥・鮪親子は雄略朝以降、大きな勢威をもったが、顕宗天皇兄弟の命を受けた大伴金村に討伐されたと伝える（武烈天皇の時に討伐とするのは訛伝）。平群臣氏は、その後も細々と見えるが、大きく衰えており、支族が入って跡を継いだように伝える。その場合、伊勢在住の支族が入ったものか。一族には河内に起った馬飼首の流れがある。

平群臣、平群朝臣（録・右京）、平群宿祢、平群文室朝臣（録・右京）、都保臣（都菩臣）、都保朝臣（録・右京）、韓海部首（録・摂津未定雑姓）、早良臣（佐和良臣。録・河内）、平群豊原朝臣（早良臣改姓）、味酒首、巨勢朝臣（味酒首末流）、味酒部、平群味酒臣。

額田首（録・河内）、馬工連（馬御織連。録・大和）、河内馬飼首（川内馬飼首）、河内馬飼造、河内馬飼連。壬生部（安房国平群郡人）、平群壬生朝臣。

(4)**若子宿祢後裔**の諸氏……若子宿祢は榎宿祢とも号したと伝えるが、この系統は越前・加賀などの北陸道に発展しており、一般に、比較的遅い時期に武内宿祢の後裔系譜に追加されたとみられている。若子宿祢の後裔諸氏の実際の系譜はきわめて難解である。江沼臣は石部（礒部）神・気多神の奉斎等からみて、能登国造ないし但馬国造に近い海神族系（彦坐命・丹波道主命親子の同族の流れ）の可能性を考えつつも、その一方で、息長氏系の三尾君同族の可能性もあるという立場にかなり傾いている。なお、越中の利波臣・射水臣のほうは、孝霊記にも記すように実際には角鹿国造同族で吉備氏族と推される。

江沼臣（江渟臣。録・大和）、江沼宿祢、財造（財部造）、財連、財朝臣。江沼首も同族か。坂名井臣、榎臣、品治部公、味真公。

三　初期段階の蘇我氏一族

ここではまず、稲目より前の初期段階の蘇我氏歴代について具体的に検討をしておく。戦後の古代史学界では、蘇我氏初期の歴代の実在性を否定されがちだが、これらの否定にはどうも先入観が強すぎる感がないでもない。論理的に考えて、合理的な判断が求められるところでもある。

石川宿祢の実在性の検討

『書紀』応神天皇三年是歳条には、蘇我氏の初祖とされる石川宿祢が韓地に派遣された記事がある。これに拠ると、百済の辰斯王が即位したが、貴国の天皇に礼を失したことがあり、それ故に、紀角宿祢・羽田矢代宿祢・石川宿祢・木菟宿祢がともに遣わされ、その無礼を責めた。これに対して百済は辰斯王を殺して謝罪し、新しく阿花王を立てて派遣者が帰国した、という。

この伝承に見える事件は、西暦四世紀末頃の時期のことである。派遣の将軍たち四名はいずれも、『古事記』孝元段に武内宿祢の子息とされる者たちだから、後世に創られて『書紀』に挿入されたとみる見解が多い。あるいは、原型の一部がその記事にあったとしても、全てをそのまま信頼できないから、蘇我氏関係の石川宿祢らの掲名は後世の追記ではないかとみられており、彼らが実在してその実際の行動があったとは認められていない。

しかし、こうした見方は推測にすぎない。『記・紀』の安易な否定論、造作論に基づくもののようである。応神天皇三年是歳条に記事があり、これを積極的に否定する具体的な根拠がない以上、事件そのものも、関与した人名の実在性についても、直ちに否定するのは行き過ぎである。当該事件の傍証らしき事件が『三国史記』の記事に見えており、この意味でも、彼らの実在性が直ちに否定されるわけでもない。

辰斯王については、その短期治世を示唆する記事が『三国史記』百済本紀にある。

同書によれば、西暦三八五年十一月に先代の枕流王が死去したとき、その太子(後の阿莘王)が幼かったために、辰斯王が王位についたとある。『書紀』にも『百済記』の引用として、枕流王の薨去の際に王子の阿花が年少であったので、叔父の辰斯が王位を簒奪したとある。その時期は、神功皇后六十五年条に見えるから、これを干支二巡引き下げれば三八五年のこととなり、年代的に符合する。ところが、『三国史記』ではその治世はわずか七、八年にすぎず、不審な死去が記される。

辰斯王が東晋・百済の連携で高句麗に対抗しようとする態勢を整えようとしたものの、高句麗の広開土王が大軍の兵を率いて侵攻してくると百済は敗戦を続け、漢水(漢江)以北の諸城はほとんど高句麗に奪われることとなり、ついで三九二年十一月に死去したとある。百済本紀には、冬十月に狗原まで田猟に出て翌月になっても帰らなかったことで、狗原行宮で薨去した(薨去の扱いで処理されたという意味か)、と記される。

応神天皇三年は、私見では別途に推算して三九二年頃にあたるとみており(応神元年が三九〇年頃と見る前提)、百済本紀の辰斯王三年と符合する。辰斯王の死因不明が『書紀』とは異なるが、年代が符合することから考えて、百済本紀が死因をぼやかしたくらいかもしれない。辰斯王がなんらかの形で倭国の信頼を裏切って、（このため、身内関係者の手により）殺害され、王が交替したことは考えられる。そうすると、この事件に関与した人物が誰かという問題はあるが、倭国が将軍を派遣して、その意向を及ぼした可能性はあろう。

石川宿祢は名前から見て、倉山田石川麻呂もしくはその一族子孫が創作した架空の人物とみる説もあるが、ともに「石川」の地名に因むものであれば、共通性があっても不思議ではない。石川宿祢のほうは河内石川に縁由が深く、後者のほうは大和の石川に縁由があったものか。あるいは、石川宿祢のほうは訓みが「イハカハ」であれば、河内石川に拘ることもなく、偶々の合致となる。

敏達天皇十三年（五八四）に蘇我馬子が「石川宅」に百済伝来の仏像を安置した仏殿「石川精舎」がわが国最初の寺とされ、橿原市石川町にある本明寺か大歳神社の付近がその遺址かといわれる。本明寺あたりからは古瓦など遺物が出ず、大正七年（一九一八）に大歳神社周辺から礎石・瓦が発見されたものの、

仏殿「石川精舎」跡に建つと伝える本明寺（橿原市石川町）

この瓦が七世紀後半の川原寺式であったことから、問題も残る。倉山田石川麻呂の石川も、河内ではなく、大和のこの地に因むものか。この者を含む蘇我倉家が河内石川に縁由をもったことは、具体的にあげられない。

石川宿祢の実在性を前提に考えて行くと、宿祢の上の名詞「石川」は姓氏の名なのか、名前なのかという問題もある。この辺は判断しがたいが、「石川」という地名が河内や大和にあるので、これが姓氏的なものか、あるいは石川宿祢が「地域名に関連した通称的なもの」ととらえておくのが妥当なようである。そう考えると、九世紀後葉、元慶元年（八七七）の石川朝臣木村らの奏言に見えるように、宗我石川が河内国の石川の別業で生まれたので石川を名とし、後に大和の宗我の大家を賜って宗我宿祢の賜姓があった（『三代実録』）ということは、すべてが後世に造作されたものとは言いがたいのかもしれない。「石川」の訓みも、奈良時代の「石川石足」が「イハタリ」と訓まれる事情から、当時の名について「イハカハ」としておくのが無難であろう。

その場合、石川は河内の地域名、「石川」という川の流域ととらえるのが多いが、この地域に拘るものでもない。ともあれ、この一族が河内南部の石川流域にまず遷り、次いで、大和の高市郡石川村（現・橿原市石川町一帯）あたりに遷って落ち着いたものか。この初期段階の蘇我氏は、まだ氏の名「ソガ」を名乗っておらず、この一族の遷居にともない、河内から「石川」の地名も併せて大和へ遷されたものであろう。

こうした大和への遷居が石川宿祢の代にあったかは不明で、おそらくその子の満智のときまでに遷居がなされた可能性がある。

この石川宿祢の父祖についても、現存の各種史料では、武内宿祢のほかは名があげられない。天平宝字六年（七六二）の石川朝臣年足墓誌にも、「武内宿祢の子宗我石川宿祢命」と見える。だからと言って、石川宿祢の実在性を考えても、ただちにそれが武内宿祢につながるものではないが、葛城氏の系譜などを見ても、襲津彦に兄弟がいたことは具体的に窺われない。だから、とりあえずは、両者の実在性を考えつつも、その間に血のつながりがなかった可能性が大きいのではないかということで考えておく。

履中朝の満智宿祢と活動・居住地

蘇我満智宿祢は、『書紀』履中天皇二年十月条には、平群木菟宿祢・物部伊莒弗宿祢や円大使主とともに国事を執れり、すなわち執政官となると記される。ここで史料に初めて蘇我という姓氏名が現れてくる。『古語拾遺』にもこの者が見えており、雄略天皇の長谷朝倉朝に諸国からの貢物が年々、増大することに対応すべく、さらに大蔵が立てられ、蘇我麻智宿祢をして三蔵を検校せしめた（斎蔵・内蔵・大蔵のことを管理させた）、という。これにより、秦氏及び東西の文氏（東《やまと》漢氏・西《かわち》文氏）をこの関係の部下として使役したが、これがいま（平安初期当時）秦氏・漢氏が主鎰・蔵部となる縁由だ、と記される。

　これらを史的信憑性を含む記事とみれば、満智宿祢の実在性が高まる。少なくとも蘇我氏本宗家滅亡まで、この一族が渡来人系氏族諸氏と密接な関係を有しており、とくに漢氏（東漢直氏）を隷従する忠実な部下として用いたことは、『書紀』の随所に記事が見える。その縁由を蘇我氏の三蔵検校とするのも、きわめて自然である。

『古語拾遺』という書は、平安初期の大同二年（八〇七）二月に、神祇を職掌とする忌部氏（当時は斎部宿祢姓）が中臣氏（同、大中臣朝臣姓）に対して巻き返しを図るべく、正六位上斎部広成の手により編纂、著述された書であり、一方、蘇我氏が忌部氏とは地域的に近在とはいえ、利害関係もとくにない氏族であって、それだけ筆録には忌部氏の造作が加わりにくい個所と判断される。同書成立当時の石川朝臣氏も衰退期に入っていて、忌部氏の編述に影響を及ぼしたとは考えにくい。これらの事情も、三蔵検校の記事の信憑性を高めるものとみられている。

この見解に対して、加藤謙吉氏は次の二点から疑問を提起する。

その第一は、斎蔵についてであり、斎蔵は神武天皇朝に設置され、忌部氏がその管理を所掌したと『古語拾遺』に記されるが、斎蔵は同署の記事以外には見えず、それを管理する氏族名も具体的に現れない（一方、内蔵を氏の名とする姓氏には内蔵伊美吉等、大蔵については大蔵直等があり、後に宿祢・朝臣の上級の姓を賜った）。斎蔵に関する所伝は、忌部氏がその家の権威を誇張して説こうとしたものなどとみて、記紀以前のことを知るための史料としては価値がないと評価する津田左右吉博士の指摘もある（『日本古典の研究』下）、とする。忌部氏の創作にかかる疑いが濃厚だとの論拠は的確ではない。

第二に、履中朝に内蔵が、雄略朝に大蔵が設置されたという経緯も、内蔵については『記・紀』の記事（履中記に「天皇、於レ是以二阿知直一、始任二蔵官一、亦給二粮地一」、履中紀六年条に「始建二蔵職一、因定二蔵部一」と記す）、大蔵については、『姓氏録』の秦氏の家伝（山城諸蕃の秦忌寸条、左京諸蕃上の太秦公宿祢条に引用）を参照した記述が大であり、それを斎蔵→内蔵→大蔵という発展過程で説明、再構成しようとした意図が窺え、オリジナルな古伝に基づく記述とは到底考えられず、構成的な所産の可能性が強い、とする。

三蔵の設置についてこうした疑問を挟めば、蘇我満智の三蔵検校の史実性も疑わしくなるとする。つまり、その結論は次のような表現をされる。

『古語拾遺』の記事を、雄略朝という特定の時期に、蘇我満致という蘇我氏の実在の人物が、朝廷のクラを検校した史実を伝えたものとうけとることは必ずしも当を得た見解とはいえず、むしろ朝廷のクラの制度が整う六、七世紀の段階に、クラの水稲・管鎰保管・帳簿勘録などの庶務を担当する渡来人集団を率いてその職務を遂行した蘇我氏の活動が、のちに成立した蘇我氏系譜の中の雄略朝前後の時代の人物に仮託され、溯源的にその史実を反映する形で伝承化されたとみる方が合理的である。

こうした加藤謙吉氏の第一・第二の疑問とそれに基づく結論は正しいのだろうか。私には説得力に乏しいと思われる。しかも、その前提にある津田博士の評価、忌部氏の創作にかかる疑いが濃厚だということの論拠は、具体性を欠き、的確ではない。

まず第一の疑問についてであるが、斎蔵はこれを継承する律令官司が存在しないのは確かだが、まさに忌部氏が神祇に供する物品の格納庫として専担管理した蔵であった。令制の施行により内蔵とともに内蔵寮に発展的解消をしており、こうした事情のもとでは、斎蔵を姓氏の名とする氏族がなくても特に不思議ではない。「内蔵、大蔵」を名とする姓氏は、大化以降に（奈良時代の令制施行頃から）東漢氏一族から改氏姓で現れる事情もあって、古く大化前代から存在したものではない。神祇関係の建物・物具に「斎」の付けられる命名が「斎服殿、斎柱、斎竹（忌竹）、斎火（忌火）」

などの例で史料に見え（『神道大辞典』）、忌部氏が私的に管理した倉蔵かもしれないが、斎蔵自体を否定することは難しい。

神武天皇の実在性を否定する津田学説流の考えにあっては、神武天皇朝の設置伝承は当然のこととして否定されよう。しかし、その前提たる神武非実在説も疑問が大きいので、斎蔵の存在を否定するには不十分である。たんに神武朝という時期が古すぎると言っても、斎蔵否定の根拠にはならない。

第二に、『古語拾遺』の成立時期が大同二年（八〇七）であることからいっても、記紀や『姓氏録』の基となる氏族伝承を、『古語拾遺』の編者が参考にしなかったとはいえない。だからといって、記事にオリジナルな点がないとは言えず、却って、斎蔵や雄略朝の三蔵検校は、その例としてあげられる。加藤氏の言う記紀の履中条や秦氏の家伝は、むしろ『古語拾遺』の記事との整合性がとれていると評価すべきではなかろうか。『古語拾遺』の記事を、忌部氏の伝承によるものではなく、後世的造作と考えるには無理がある。いわゆる「造作論」は、予断に基づくことが多く、総じて論拠が弱い傾向がある。

かりに三蔵の設置が時期などの点で正確ではないとしても、それだけでは蘇我満智の実在性否定にはつながらない。このことは、論理的にすぐ分ることである。三蔵または二蔵（内蔵・大蔵）がそろったのが雄略朝だとしたら、その検校者蘇我満智の晩年期とみられ（『紀氏家牒』の記事）、履中朝にその端緒があったことも考えられよう。

『古語拾遺』の記事に信憑性があるとみれば、蘇我満智の活躍時期はともかく、この者が実在して、大和朝廷の中枢かその近くに位置したとしてもよかろう。これは、五世紀後半頃に蘇我氏が朝廷財政を統括していた史実の一端を伝えていると言えよう。後に、蝦夷の兄弟の倉麻呂（雄正子）の子孫から「蔵大臣」と号される者を出し、この流れが蘇我倉家と呼ばれることが多い。

それより早い欽明天皇朝には、その皇子に「宗賀之倉王」（『書紀』には「倉皇子」）がいたことも指摘される。この皇子の母は日影皇女（宣化天皇の娘。倉稚綾姫皇女ともいい、おそらく小石姫皇女とも同人で、母は皇后の橘仲皇女とされる）といわれ、生母として蘇我氏女が伝わらないが、これらの乳母や養育者に蘇我氏一族がいて、その氏の名に因ったのかもしれない。だから、たとえ満智の三蔵検校の史実性を否定したとしても、欽明朝当時の後裔一族には宮廷倉庫の管掌という任務があったとされよう。こうした一族の古い事績を考慮すると、稲目の代に突然、なにかの事情で成り上がったとみるのは極めて不自然である。

蘇我韓子宿祢の活動

蘇我満智の子とされるのが韓子宿祢であり、上記のように、『紀氏家牒』（『公卿補任』もほぼ同様）には満智の子で、馬背（高麗）の父と記される。

蘇我韓子宿祢は、『書紀』雄略九年条の三月及び五月にのみ見える（この年は、西暦四六五年の比定ではなく、実際には四七二年にあたるか）。それによると、蘇我韓子は、三月に雄略天皇の命で紀小弓宿祢・大伴談連・小鹿火宿祢らとともに大将に任じられ、新羅へ出征した。新羅が百済地域に侵攻して城を奪い併せて海域も押さえて、倭国と高句麗との交易を妨害したことに対するもので、その征伐のためだとされる。新羅王を一時敗走させるほどの倭軍の勢いのなかで、小弓宿祢の死去に伴い、五月に代わりに韓地にきたのが紀大磐宿祢（小弓の子）だが、大磐は父の兵馬を引き継ぐほか、小鹿火宿祢の兵馬と船官も配下に収めようとして、対立し内紛が生じた。小鹿火の詐言を受けたことで、韓子は大磐を憎んで争いがおき、それを知った百済王は、二人を取り持とうとして、両者を百済国境まで呼び出した際に、道中で河にさしかかり馬に水を飲ませたところで、韓子が大磐を後ろから弓で射たが、矢は大磐の馬の鞍に当たり、これに大磐が射返した矢が韓子に当たって射落とされ河で死んだ、と記される。

これだけの伝承であり、氏の名誉とは決して言えない出来事を、後世になって蘇我氏がわざわざ造作して『書紀』のなかに入れ込ませたとは、まず思われない。この事件は、一応史実とみてよいと思われる。韓子宿祢の名前が実在性に乏しいとして切り捨てる見解にあっては、その争いの相手方である紀大磐宿祢の存在なども、やはり否定することになろうが、この大磐宿祢の一連の「叛乱」活動のなかには、韓地の人々の名前も見えて、倭韓両地の史料に記されていたとみられるから、安易な非実在性の認定は問題が大きい（紀氏のほうだって、大磐宿祢の事績は決して名誉なことではなかったのだから、誰の利益にもならないことを誰が造作したというのだろうか。「造作論」のいい加減さや総合的視野の欠如を、ここでも感じる）。

蘇我氏一族の先祖が韓地で活動した事績が、後の推古朝の境部氏・川辺氏の韓地出征にもつながるのだから、韓子宿祢の事績や存在の否定は問題が大きい。

なお、「韓子」とは、日韓混血の子をいうものであるから、この者の通称とみられる。実名が伝わらないとしても、ほかに実名はあったとみられる。その母が韓地からの渡来者か関係者だったものか。韓子の子とされる馬背も、「高麗」という通称からみて、朝鮮系の血がなんらかの形で入る可能性もあろう。そこには蘇我氏先祖が韓地で活動した事情が窺われるとしたほうが自然である。

蘇我馬背宿祢から出た初期段階の分岐

韓子の子、高麗の又名とされる馬背宿祢の名は、記紀にも見えないが、『姓氏録』右京皇別の御炊朝臣条には、「武内宿祢六世孫宗我馬背宿祢の後なり」（「六世」は「四世」の誤りだが、こうした系譜も別途に伝えられたものか）と記される。上記のような事情で、韓子は韓地で若死したもののようであり、馬背以外の男子は伝えられない。おそらく平均的な寿命を全うしたとみられる馬背の諸子から、蘇我一族の諸氏が分岐していくことになる。

馬背の子として系譜に見えるのは四人で、それぞれが有力な一族を出した。すなわち、

①長子が稲目で本宗を継ぎ、以下では

②垣古（一に塩古）が河内国錦部郡高向邑（大阪府河内長野市高向。錦部郡は石川郡の西南隣に位置しており、往古は両郡が一体的に「石川」と呼ばれたか）に住んで高向臣の祖となり、

③鳥臣、その子の川堀《カハホリ》（蝙蝠）が大和国高市郡田口邑（橿原市域の和田町・田中町あたり）に住んで田口臣の祖となり、

④瓊缶《ニヘ》臣が大和国十市郡川辺郷（『和名抄』。現・橿原市東竹田町付近か。一に磯城郡田原本町大字三笠あたりかという。河内国の石川郡川野辺かとみる説も強く、一族はこの河内にも居た）に住んで川辺臣の祖となった、とされる。

これらのうち、**高向臣**については、『姓氏録』に武内宿祢の六世孫、猪子臣の後と見えるが、猪子臣の子が舒明即位前紀に大夫で見える宇摩臣、その子が蘇我宗家滅亡の時に守備兵に投降を勧めた国押臣である。

川辺臣の祖・瓊缶臣については、『書紀』の欽明廿三年七月条に河辺臣瓊缶とあげられ、征新羅の副将として見える。蘇我氏同族としては最初にあげられる氏が河辺臣であり、瓊缶は年代的に見て稲目宿祢の兄弟としてよかろう。その子の小徳河辺臣祢受《ねず》も推古卅一年の征新羅にあたり、大徳境部臣雄摩侶らの大将軍のもとで小徳波多臣広庭らとともに副将軍であった。

なお、馬背の妹としては、「弟名子媛（穂積臣押山の妻）」が系譜に見え、穂積臣押山は継体朝に韓地で活動する（『書紀』）。押山の父や子の年代から見ても、清寧～継体朝（ほぼ四九〇～五三〇年頃か）の人とみてよく、この時代までの韓地活動や国庫財政把握などを基礎にして、蘇我氏一族が大きく飛躍したことになろう。

推古朝後期には、河辺臣(欠名。祢受と同一人か)を安芸に遣わして船を造らせている。なお、『姓氏録』右京皇別の川辺朝臣条に見える「武内宿祢四世孫の宗我宿祢」とは、世代的に言っても馬背のことと考えられる。川辺臣の一族は実際に河内の石川郡にも居住しており、同郡の川野辺（南河内郡千早赤阪村川野辺）に因むとみる見方もある（この地を本貫とする説には留意するが、一応従わない。大阪市平野区長吉町辺りと佐伯有清博士が記すのは誤解）。

以上のように、石川宿祢から馬背（高麗）までの蘇我氏初期段階の歴代四人について見てきたが、とくに渡来系と断じるような形跡は見られないし、後世に造作された系譜とは考えない。志田諄一氏は、石川宿祢から高麗までの世系について、蘇我倉家の構想に基づく造作で、後世の系譜への架上だと推論し、これに賛同する説も多い。加藤謙吉氏も、細部の多少の異論はともかく、基本的には志田説に従いたいとの見解を出すが、これら造作論には具体的な論拠がなく、疑問が大きい。熊谷公男氏は、満智・韓子に関しては、古伝承に基づいている可能性が高いとみている。通称的な歴代の名前だけで物事を判断し、稲目の前代より前の系譜を否定するのは問題が大きいと言えよう。上記のような事績を具体的に伝えるのに、どうして実在性が弱いと考えるのだろうか。多少の矛盾・不合理する記事に基づいて、かんたんに史料性や史実性を否定し、切り捨てる姿勢は疑問が大きい。

ただ、馬背以前に分岐した氏族は皆無に近いようで、『姓氏録』河内皇別に掲げる「蘇何《ソガ》」があるいはそうした支族なのかもしれない。蘇我氏関係系図でも、中田憲信編『皇胤志』では、石川宿祢の子、満智宿祢の弟として志和臣をあげるくらいである。志和臣以下では、遠那臣、小開子臣と三代続けて、これが蘇我部祖と註する（『尊卑分脈』掲載の紀氏系図には、志和臣は武内宿祢の子で木菟宿祢の弟にあげて、以下はほぼ同様に見えるが、蘇我氏は記載が無い）。これが、あるいは河内皇別・蘇何の系統かもしれない。

仮に、蘇我氏の実態が渡来系氏族なら、単純に考えても、和名をもつ馬背の父の世代（年代としては五世紀後葉の雄略朝頃になる）にわが国に渡来している必要がある。ところが、可能性として唯一検討の対象となり得る百済重臣の木劦氏について、木劦満致はたしかに雄略朝頃に活動したが、日本（倭地）に渡来した徴証がない。しかも、百済本国ではその一族が欽明朝にあってもまだ多く活躍しており、この一族の総力あげての日本移動はまず考えられない。木劦氏の一部が日本列島に移住して、短期間のうちに有力な豪族に急成長できるはずもない。百済の王族・重臣でさえ、それなりの尊重はされても、日本に来て勢力を拡大した例はない。ましてや、それ以下の存在の氏族勢力が大きく飛躍するなんてことはありえない。

やはり加藤謙吉氏ら研究者の多数が言う国内発生説が妥当するとして、蘇我氏の出自については、列島内で総合的に丁寧に多方面から探求するのがよいと思われる。

蘇我氏の飛鳥地方進出とその出自問題

大和国高市郡に式内社に「宗我坐宗我都比古神社二座」（並大社、月次新嘗）がある。この社を蘇我氏一族が奉斎し、この地に因んで氏の名「蘇我」があるとみられるから、しかもソガの地名は端的に河内にないから、蘇我氏の初期段階では当該鎮座地あたりに主に居住したことはまちがいなかろう。この辺が当時の蘇我氏の確実な居住地として押さえられる。

それは、大和の臣姓豪族の例に照らして見ると、平群氏が平群郡に鎮座の平群神社を氏神として祀り、紀氏が同郡の近隣に鎮座する平群坐紀氏神社を祀り、巨勢氏が高市郡の許世都比古命神社を祀ったのと同様である。波多氏についても、高市郡の波多甕井神社（高市郡高取町大字羽内に鎮座）や波多神社（同郡明日香村大字冬野に鎮座）を祀ったとみられる。

宗我坐宗我都比古神社は、奈良県橿原市曽我町字鳥居脇に鎮座しており、これは曽我川と高取川との合流点近くで、曽我川東岸に位置する。祭神二座は曾我都比古神と曾我都比売神とされているが、江戸時代には入鹿宮とも称された。『五郡神社記』には、推古天皇の時に蘇我馬子が神殿を蘇我村に造営し、武内宿祢と石川宿祢を祀ったとする（元禄頃の社記には、彦太忍信命・武内宿祢と記す）。祭神は、おそらく曾我都比古神（宗我都比古）夫妻で、これは実体が最初に曾我の地に来てその主となった者、すなわち石川宿祢（この場合は、活動の終末期か）か満智宿祢の夫妻にあたるものか。そして、初めて氏の名「蘇我」を名乗ったのは満智からであろう。『書紀』応神天皇三年条がたんに「石川宿祢」と記して、蘇我を冠しなかった事情もそこにあろう。

この神社の祭祀については、『新抄格勅符抄』の大同元年（八〇六）の条に「宗我神　三戸　大和」とあることから、古い祭祀だとしてよい。貞観元年（八五九）には、同社の神階が従五位上、更に正五位下へと進められている。

なお、「宗我大神伝記」や社伝等によると、持統天皇が蘇我氏一門滅亡を哀れんで、蘇我倉山田石川麻呂の次男徳永内供に紀氏を継がしめ、内供の子・永末に祖神奉崇のため土地を賜い、社務を行わしめたのに始まるというが、これは関係者の名前からしてもまったくの疑問である。

神社としての起源は飛鳥時代より更に古いとみられる。その神域は約三千坪で、橿原市の西北部、曽我川の右岸に位置しており（同市石川町からは西北に四キロ弱ほどの地）、この地は**中曽司遺跡**の中心にあって、周辺の田畑から土器や石器・木製品（鍬・杵）等が多量に出土しており、弥生時代から古墳時代前期までの遺構が知られる。

宗我坐宗我都比古神社本殿（橿原市曽我町）

畝傍山の北にあたる曽我あたりを根拠地として、飛鳥時代には蘇我氏が曽我川に沿って南方で上流の軽・飛鳥方面に勢力を伸ばしていったと多くみられている。飛鳥地方には韓地、特に百済からの渡来の東漢氏という人たちが多く住み着いていた。蘇我氏がこの渡来系氏族と深くつながり、支配下に置いて活動したが、そのためにも、曽我から南方へ本拠地を遷すのが好適であった。

大和南部で近住した東漢氏一族が応神朝に渡来したと伝えながら明白な式内社を保持しなかったのに対し（高市郡式内社の於美阿志神社を祭祀したともいうが）、それより遅く蘇我氏が渡来してきたとしたら、式内社の奉斎は矛盾するものとなろう。なお、相模の蘇我部とその後裔の曾我氏は、足柄下郡曾我村で宗我神社を祭祀したが、この神社も宗我都比古・宗我都比女を祀るという（『神道大辞典』）。

この飛鳥にまで及ぶ前に、欽明朝に稲目大臣が身狭《むさ》の地（橿原市見瀬町あたり）に屯倉を設置し、これを契機に本拠を曽我川の中流域から、畝傍山の東南方向の軽の地（橿原市大軽町あたりで、身狭に隣接する）に移したとみる和田萃氏の見方もある（『日本古代史大辞典』）。軽とその東方域の石川・向原には、稲目の「軽の曲殿、向原の家」や馬子の「槻曲の家、石川の宅」があった。飛鳥には、稲目の「小墾田の家」や馬子の「嶋の家」があり、稲目の諸子から出たと系譜にいう小治田臣が本拠をおき、飛鳥川に近い田中（橿原市田中町あたり）や桜井（明日香村豊浦のうちかその近隣）からも一族の氏が起こった。このように、稲目や馬子の時代には、蘇我氏本宗や同族諸氏は「軽から飛鳥にかけての一帯」を本拠として繁衍するようになった。

ところで、蘇我氏の大和での原住地（発祥地）を曽我とみるのではなく、この軽あたりとする説も最近見られる。これは、前田晴人氏が『蘇我氏とは何か』（二〇一一年に刊行）で稲目の居宅などに着目したことによるが、坂靖氏も飛鳥の地を重視しつつも賛意を表している（『蘇我氏の古代学』）。これらの説には、稲目より前の蘇我氏歴代を否定する基礎があると思われるが、私見では思考過程は大きく異なるものの、蘇我氏の出自を考えた場合、軽（「境」の地を含む）か、あるいは軽から曽我にかけての地域かに当初は本拠を置いたのではないかと考えるようになった。この辺は後述するが、馬子の弟、境部摩理勢が軽あたりに居て曽我にも田家をもったとみられることにも関係する。摩理勢が蘇我一族のなかで重きをなした事情も、そこにあろう。

こうした蘇我氏一族の進出の動きを見ると、その故地・本居が葛城高宮で、そこから発して高市郡曽我の地に進出してきたとは、とても思われない。葛城と曽我とはかなり遠く、曽我が葛城氏の支配領域にあったとも考え難い。葛城氏の一族はすでに衰えているにもかかわらず、曽我から葛城方面への進出・居住も、蘇我氏の一族諸氏にはとくに見られない。馬子が葛城県を本居だと称しているため、稲目の妻は葛城氏の出かという推測もされるが、この主張は具体的な根拠がない。稲目自身にも葛城氏との縁由は具体的に見られず、その妻についてはまったく史料に見えず、不明である。早くに滅びて、その悪名故もあってか、蘇我氏の通婚や妻たちの出自の関係は殆ど史料に残らない。どうして研究者たちは、妄りに推測を重ねるのであろうか。

四　蘇我氏勢力の急拡大とその基礎──蘇我氏の全盛期

稲目大臣の業績と蘇我氏の躍進

『書紀』によると、蘇我氏は宣化朝～皇極朝にかけての時期に、稲目・馬子・蝦夷の三代にわたり大臣に任じ、強大な政治権力を把握する。その躍進のもとが稲目大臣のときにある。その娘三人を天皇家に嫁がせ、その間に生まれた諸子から三人も天皇になったから、応神・仁徳王統の葛城氏の外戚ぶりにも匹敵するか、凌ぐほどであった（葛城氏から后妃が出て天皇となる者を産み、その勢力基盤構築に役立ったとみられるのは、実態として履中・允恭の二天皇だけではなかったかと私見ではみる。あとは天皇が葛城氏女性から生まれたのは清寧がいるだけであろう。反正や顕宗・仁賢の母としては疑問で、反正については後述する）。

稲目の業績で、『書紀』に見える記事では、宣化天皇元年（西暦五三六年に当たるか）、大臣となり、同年には、天皇の命により凶作に備えるため尾張国の屯倉の籾を都に運んだとある。欽明天皇が五四〇年頃に即位すると引き続き大臣をつとめたが、ほどなく任那四県の割譲問題で大伴金村大連が失脚すると、稲目と物部尾輿大連の二頭執政の体制となった。

なお、継体天皇の崩御後、その長子・安閑天皇側（次子・宣化天皇も含む）が統治する朝廷と、欽明天皇側の朝廷が並存して、これが対立しており、欽明の支持・擁立を支えたのが蘇我氏だという説もある。これは、蘇我氏の勢力を過大評価し、二朝対立を想定するのは疑問が大きい。この二朝対立は当時の紀年法の状況（数種の干支紀年法により記録されていた事情）を誤解して導かれた見方にすぎない。

継体天皇崩御時には、欽明天皇の年齢は十余歳くらいであって、統治能力を認められる年齢には到達していなかった。継体の崩御後では、その同年に安閑天皇が即位して、次に宣化、欽明と順に皇位が継承された。安閑崩年の乙卯年（＝五三五年）は記紀ともに一致するが、その場合の宣化天皇の崩御年は五三九年となり、同年中に欽明天皇が即位して、その元年が五四〇年、崩御年が五七一年となると考えられる。

稲目は娘の堅塩媛《きたし》と小姉君を欽明天皇の妃に入れたが、堅塩媛は多くの子女を産み（『書紀』に七男六女とあるが、なかに重複者もあって、これよりかなり少ない。「十三人」をそのままに受け取る把握は疑問が大きい）、用明天皇（大兄皇子、麻呂古王）や推古天皇（炊屋姫、額田部皇女）、桜井皇子（桜井之玄王。吉備姫王〔皇極・斉明天皇や孝徳天皇の母〕の父）などがいて、没後に「皇太夫人」と尊称された。妹（『古事記』では「小兄比売」は堅塩媛のおばとされる）の小姉君《おあねのきみ》のほうは四男一女を産んで、崇峻天皇（泊瀬部皇子）や穴穂部皇子・穴穂部間人皇女（用明天皇の皇后で厩戸皇子〔聖徳太子〕の母。後に田目皇子の妃）などがいる。稲目にはもう一人の娘・石寸名もおり、後に用明天皇妃となり、田目皇子（豊浦皇子）を生んだ。これら蘇我氏系の皇子・皇女の王族間にあっても通婚が重ねられた。

こうした外戚関係が大きな基盤となって、蘇我氏は大きな勢力を得たが、従来から担当してきた財政面でも大きな功績があり、このことも勢力の基盤として無視できない。すなわち、王辰爾を遣わして淀川往来の船舶の賦を記録させたり、吉備に白猪屯倉、大和国高市郡に韓人大身狭屯倉・高麗人小身狭屯倉など、諸国に屯倉を設置した。後に子の馬子も白猪屯倉の戸籍整備に努めたが、こうした戸籍・課税の任務にあたっては、王辰爾一族をおおいに活用し手腕を振るった。

白猪屯倉についてもう少し言うと、欽明天皇十六年（五五五）七月に蘇我大臣稲目らが吉備に遣わされて五郡に白猪屯倉が設置され、翌十七年に児島屯倉が設置された。このときに田令（屯倉の管理者）として派遣されたのが葛城山田直瑞子である。児島屯倉については諸説あるが、吉備におかれた白猪屯倉の一部とする説が妥当であり、田令の瑞子は葛城国造の支族である。白猪の地名由来は、白い猪が御歳神（穀霊）へ献上する贄で、これを祀ったのは葛城鴨氏とみられようが（笹川進二郎氏の論考「白猪史と白猪屯倉」）、葛城国造は、祖神一言主神（少彦名神）が猪の神体をもち、鴨族として蘇我氏の広義の同族であったことに留意される。欽明三十年（五六九）には、王辰爾の甥の胆津《いつ》が副官に任ぜられ、白猪史の祖となった。こうした屯倉管理者の人選、命名を見ると、この屯倉を蘇我氏が重視したことが知られる。

蘇我氏が大きく関わる崇仏の問題は、子の馬子の代に決着したが、次項に記す。

仏教受容と蘇我氏の祭祀

稲目宿祢は仏教信仰が厚く、仏教と関連文化・技術のわが国への受入れにつとめたことも特筆される。百済の聖明王が使者を遣わして金銅の釈迦仏像一体と経論などを献じ、仏教の功徳をたたえた。これが「仏教公伝」といわれるもので、その年代については、『書紀』の欽明天皇十三年（五五二に当たるか）のほか、『上宮聖徳法王帝説』や『元興寺伽藍縁起』のいう「戊午年（五三八）」の伝えもある。後者のいう仏教公伝の年代から逆算して、欽明即位年を五三一年とする必然性はない。欽明天皇即位は五三九年で、その翌年が欽明元年となる。仏教公伝の時期は、実際には欽明九年（＝五四八年＝百済の聖明王の廿五年）頃とみられ、五五〇年のすこし前くらいだったか。この頃の出来事を記す当時の紀年、暦法には何種か並行してあったことに留意される。

天皇が仏像崇拝の可否を群臣に問うたときに、稲目は「西蕃諸国々はみなこれを崇拝しており、日本だけが背くことができようか」と崇仏受入れを主張したのに対し、日本古来の神事と深い繋がりのある物部尾輿大連と中臣鎌子連は「わが国では天地社稷に百八十神々を祭って事をなしてきたが、これを改め、蕃神を崇拝すれば国神の怒りを招くことになろう」と反対し排仏の立場をとった。そこで、天皇は情願する稲目に仏像を授けて試みに崇拝することを許したので、稲目は小墾田の家に仏像を安置して勤修し、向原の家を寺とした。

その後、疫病が流行り死者が多く出たので、これが蕃神崇拝の故だとして、尾輿・鎌子は仏像廃棄を奏上し、天皇はこれを許した。仏像は官司により難波の堀江に投げ捨てられ、伽藍に火をかけられると、風もな

向原寺。「向原《むくはら》の寺」の跡といわれる。また豊浦寺、豊浦宮の跡とも伝える（明日香村豊浦）

いのに大殿が炎上した。ただ、これで仏教が完全に排除されたわけではなく、翌欽明天皇十四年には、海中から引き上げ樟木を材料にして、仏像二体を天皇は造らせた。この辺が、第一回目の崇仏論争についての記事である。

この仏教受容の問題には、蘇我氏と物部氏との権力闘争が重なり、両氏は激しく争い続けた。これが、稲目の代には決着はつかず、欽明朝末期の三十一年（五七〇）に稲目が、そのほぼ一年後に欽明天皇が、相次いで死去したこともあって、次の敏達天皇の御世になると、各々の子の蘇我馬子、物部守屋の代まで争いは引き継がれた。

敏達天皇の十三年（五八四）、翌十四年には崇仏・排仏をめぐる政治論争は激しくなる。敏達天皇は廃仏派寄りの姿勢で、廃仏派の物部守屋と中臣勝海が勢いづき、それに崇仏派の蘇我馬子が対立する構図である。蘇我馬子が寺塔を建てて仏（弥勒の石像）を祭ると、折しも天然痘が発生し死者が多く出たため、物部守屋が天皇に働きかけて仏教禁止令を出させ、仏像・仏殿を燃やさせた。ほどなく天皇が崩御して、用明天皇に替わったが、その用明二年（五八七）には疫病にかかり、仏法を信奉したいとして群臣に諮ったところ、これが、後の丁未《ていび》の乱につながる。排仏派の守屋らは反対したが、崇仏派の馬子は詔を奉じるべきだとして、僧を連れてきた。

同年四月には用明天皇が崩御し、その後の空位のなかで対立も強まり、守屋は群臣から命を狙われていると知り、河内国の阿都の別業へ退いた。蘇我馬子は、敏達皇后の炊屋《かしぎや》姫を奉じて、物部氏が後継に推す穴穂部皇子を同年六月に殺害し、翌七月には厩戸王（聖徳太子）らの皇族、諸豪族らと共に河内の渋川に物部守屋大連一族を攻めて、これを滅ぼした。これらにより、仏教は朝廷に公認されて広く布教されていき、仏教とともに伝来してきた海外の文化や技術をも受け入れることにもなった。以上の崇仏排仏の論争には多少とも伝承的色彩があるにしても、物部氏が総じて排仏という史実原型はあり、蘇我氏と物部氏との間の政治権力だけの争いということではなかった。

なお、蘇我氏が仏教を受け入れたが、このことと、氏族として従来の**祖先神祭祀**を保持したこととは別問題である。平林章仁氏も、蘇我氏創建の飛鳥寺塔心礎に後期古墳の副葬品と同様の品々が埋納されたこと（飛鳥資料館『飛鳥寺』）などは、蘇我氏のなかで新旧の宗教観が混在・習合していたことを示すと指摘する

先にもあげた宗我坐宗我都比古神社に奉祀し、また河内国石川郡の一須賀神社（南河内郡河南町一須賀に鎮座。境内に石柱が立つ）も蘇我氏同族の奉斎とみられている。後者の近隣にある同様な式内社の鴨習太《ならいた》神社（河南町神山。祭神に櫛玉命など、配祀に高皇産霊をあげるが、前者は飛鳥でも祀られる）もそうだったか。鴨習太神社の石段左手には、荒神と水神の石神が祀られ、境内末社に一言主神社などがある。同郡川野辺には八幡神社がある。同国錦部郡の式内社は『延喜式』神名帳に掲載がないが、高向臣氏の本拠、高向村の産土神は五社明神とされ、これが現在の高向神社となっており、同社は素盞嗚神・白山姫神などを祀る。蘇我氏一族と関係地を通して見れば、素盞嗚神がらみの祭祀が多かったとみられる。

飛鳥坐神社と関係が深いといわれる式内大社の**牟佐坐神社**（身狭社）は、橿原市見瀬町に鎮座して軽の「境原天神」と呼ばれ（『大和志』）、いま高皇産霊尊が祭神とされる。古来の祭神としては、生霊神（『書紀』天武紀にこの神が見え、大海人皇子を守護するとの神憑りがあったとある。この実体としては生国魂神で、男神たる天照大神）とか、生雷神（『五郡神社記』。実体は賀茂別雷神か）とか言われる。明

治初期に生雷神・思兼神としたこともあり、これらの事情を考えれば、祭神は生国魂神か賀茂別雷神（いずれにせよ、応神・継体王統の遠祖神）とするのが原型か。

この地は孝元天皇の軽の境原宮跡に治定されており、懿徳天皇の軽の曲峡宮（境岡宮）も「見瀬（身狭・牟佐）」の域内で、蘇我氏が設置した大身狭・小身狭屯倉の所在地でもあり、軽の曲殿には稲目の居宅の一つもあった。

牟佐社の祢宜として宮道君氏（吉備で分かれた息長氏一族。武貝児命《たけかいこ》の子の建久呂彦命を祖というが、この名は鐸石別命の別名。備前国津高郡宮地（岡山市北区建部町宮地）が起源。後に東遷して山城や三河に居住）が実在したかどうかは不明ないし疑問だが、室町前期に『五郡神社記』（和州五郡神社神名帳大略注解）を述作したという。むしろ身狭の地名に因る身狭君氏が祭祀担当とみられ、その場合は飛鳥君の同族か。史料に見えるのは身狭君勝牛のみで、この者が蘇我蝦夷の命を受けて境部摩理勢のもとに遣わされている（『書紀』舒明即位前紀）。同社は、安康天皇朝頃に牟佐村主青が創祀したとの伝承は疑問が大きい。

ともあれ、天孫族系の祖神であり、蘇我氏勢力圏（曾我—石川—軽坂合—飛鳥）の中央ほどに位置

牟佐坐神社（橿原市見瀬町）

する鎮座地や孝元天皇の縁由から言っても、式内大社なのに大和の古代豪族でほかに奉斎者は見当たらない事情から見ても、創祀段階では蘇我氏一族が重要な役割を果たしたものか。倉山田石川麻呂の長女と密通したという弟・身狭臣は、身刺とも書き、日向の名で知られるが、身狭（牟佐）の地に居住したことに因む通称だったか。

敏達～推古朝の馬子大臣の活動

蘇我馬子は、敏達天皇から推古天皇までの天皇（大王）四代に大臣として仕えて、約五四年にわたり大きな権勢を振るい、仏教興隆をはかり、蘇我氏の全盛時代を現出させた。名は馬古、汙麻古、有明子とも書き、その死去は推古三四年（六二六）五月とされる（『帝説』では約一年後の同三五年六月と記載）。

敏達朝当初から大連の物部守屋とともに朝政をとったが、大臣として最初の手腕を発揮したのが高句麗外交の開始である。すなわち、欽明朝末期に北陸に来着した高句麗使を、敏達元年（五七二）には朝廷に迎えて高句麗外交を開始した。これには、従来からの百済外交に固執する大連物部守屋らの勢力の反対が強く、後になって新羅遠征軍の派遣計画は失敗したが、二度にわたる遣隋使の派遣もあり、外交の必要からも難波津を重視した。

守屋らとの対立が最も大きかったのが崇仏問題であり、これに天皇の後嗣問題なども絡まった。馬子は仏教の受容に熱心であり、敏達十三年（五八四）には百済からもたらされた石仏像を請い、その宅の東に仏殿を建てて安置し、高句麗僧の恵便を師として善信尼など三人の女性を出家させ、その翌十四年には、大野丘の北に塔（和田廃寺、桜井道場に関係か）を建て仏舎利を収めたという。

用明崩御年（五八七）の後の同年六月に、馬子は諸皇子や群臣らを味方に引入れて、物部守屋が担ぐ穴穂部皇子をまず殺害した。翌七月には、馬子は守屋追討を決め、厩戸皇子、泊瀬部皇子、竹田皇子（敏達と推古との間の子）などの皇族や巨勢・紀・平群・阿倍など諸豪族の軍兵を率いて、大和から河内国渋川郡の守屋の館（八尾市域）へ進攻した。蘇我陣営の軍は河内の餌香《えが》川の河原で物部軍と交戦し、双方合わせて戦死者は数百に上った。守屋は近親一族で稲城を築き守りを固め、守屋自身も大いに奮闘した。このため、攻め手は一時は退却したものの、厩戸皇子は仏法の加護を得ようと四天王の像を造って戦勝を祈願し、馬子は軍を立て直して進軍させた。迹見赤檮《とみのいちい》が守屋を射殺したことで、総大将を失った物部軍は総崩れとなり、離散した。生き残った守屋の一族は葦原に逃げ込んだり、名を代えたり、行方知れずとなったという。

　蘇我氏は稲目・馬子の親子二代にわたり仏教受容等で激しく対立した宿敵・物部氏本宗の勢力を中央から駆逐した。このため、仏教反対派の発言力が大きく衰え、仏教の国内浸透も本格化する。この頃、厩戸皇子は摂津国に四天王寺を建立し、物部守屋の領地と奴婢は両分されて、各半分が四天王寺、馬子のものになった。馬子のほうは、その妻が守屋の妹ということで、物部本宗家について相続権を主張したためである。

飛鳥寺（法興寺）。蘇我馬子が建立した蘇我氏の氏寺。
日本最初の本格寺院。後方は甘樫丘（明日香村飛鳥）

その乱の後に甥の泊瀬部《はつせべ》皇子（穴穂部皇子の弟）を擁立して崇峻天皇としたが、この天皇を自己の意に合わずとして弑逆した。この時、配下の東漢直駒を直接の暗殺者としており、駒は馬子の娘で崇峻天皇妃の河上娘を略奪したという名目で、殺害された。崇峻朝には善信尼を百済に派遣して戒律を学ばせる一方、飛鳥衣縫《きぬぬい》造の祖の家を壊して飛鳥寺の造営に着手し、僧侶を止住させたり、丈六仏像を造らせるなどしていたが、この寺を推古朝に完成させた。病に際しては、男女千人を出家させた、とも伝える。

崇峻殺害の後には、姪の炊屋姫（敏達皇后）を立てて推古天皇とし、蘇我氏血筋の濃い厩戸皇子を皇太子（聖徳太子）として、ともに政治的に連携して朝政をとり、更に権勢を強める。推古の都宮の豊浦宮（高市郡明日香村豊浦）や小墾田宮は蘇我氏の勢力圏にあった。推古四年（五九六）には法興寺（飛鳥寺）を建て、長子の善徳を寺司とするなど、仏教興隆の施策を進めた。厩戸皇子と諮って、『天皇記』『国記』などの撰録をすすめた。

推古二十年（六一二）に馬子が主宰して、堅塩媛を欽明天皇の檜前大陵（五條野・見瀬丸山古墳と考えて良い）に改葬する儀式が軽で行われた。欽明天皇の妃であった媛を、推古の生母とはいえ、檜前大陵に合葬したことは女帝推古の正当性を主張するものであり、これが挙行できたことは馬子の勢力の大きさを示すものである。

娘の刀自古郎女を皇太子厩戸皇子の妃、法提郎女《ほてのいらつめ》を田村皇子（のちの舒明天皇）の妃とし、前代に引き続き王族との血縁関係を強化した。

推古十五年（六〇七）の大和・山背・河内に池を造り、国ごとに屯倉を設置した事業も行われたが、これは大臣馬子の主導とみられる（この辺も含め、推古朝の事業活動に関し、聖徳太子の果たした役割は多少割り引いて考えることも必要か）。推古三十一年（六二三）には、新羅征討軍の派遣を強行したところ、新羅貢調使の来日と行き違いとなって、出兵を後悔したという。翌三十二年（六二四）には、推古天皇に対して、葛城県は蘇我氏の故地・本居《うぶすな》だから賜って封県としたいと願うも、これは拒絶された。蘇我馬子の要請に対し、推古天皇は、自らは蘇我から出て大臣は叔父だが、この県を与えることで、自分も大臣も悪評を残すと言って、これを拒絶したとある。

馬子の邸宅が飛鳥川の傍らにあり、小島をもつ小池が庭の中にあることで、世に「嶋大臣」とも称せられた。その墓は桃原墓に埋葬されたと伝え、それが奈良県明日香村島之庄にある石舞台古墳に比定される。この比定は蓋然性が高い、と多くの研究者からみられている（後述）。

馬子大臣の長子善徳と御炊朝臣

飛鳥寺（法興寺）の初代の寺司（司長）とされた**蘇我善徳臣**は、馬子の長男とされる。

『書紀』には、推古四年（五九六）冬十一月に法興寺を造り終えたので、馬子大臣は男の善徳臣を寺司に命じ、恵慈・恵聡の二僧が始めて法興寺に住む、とある。『元興寺伽藍縁起』所引の丈六光銘には、巷奇有大臣（「有」の後に「マ」にあたる漢字欠落か）の長子、名は善徳を領（長官）となして、以て元興寺を建つと見える。

『書紀』推古天皇十八年（六一〇）条には蘇我蝦夷の記事に初めて現れ、蘇我豊浦蝦夷臣と見え、大伴咋《くい》連らとともに新羅・任那の遣使を宮中で迎えている。このときの蝦夷の年齢が、『扶桑略記』の記事によると廿五歳とあり、その場合、上記の推古四年（五九六）当時の蝦夷の年齢は十一歳となることから、この年齢対比でみても、善徳が蝦夷とは別人で、その兄と推定される（門脇禎二氏の著『蘇我蝦夷・入鹿』、和田萃氏など）。

善徳はその後の六国史などの文献には現れないが、中田憲信編の『皇胤志』では、子に志慈（御炊朝臣の祖）をあげており、鈴木真年著『史略名称訓義』天智天皇の項では壬申の乱の近江方の御史大夫蘇我果安が「善徳臣の子」と記される。真年・憲信が明治期にどのような原典によったのかは不明だが、僧としての名らしい「善徳臣」は後に還俗してか、その子孫がいるとのことである。ところで、蘇我果安の続柄については史料に見えないが、『皇胤志』では倉麻呂（一名雄正、又雄當）の子で、赤兄の弟に置かれ、その弟に大炊という者もあげられる。

もう一つ考慮したいのは、境部雄摩侶なる人物である。推古三十一年（六二三）年条に大徳の冠位で見えて、数万の大軍を率いて新羅へ出征したと見える。雄摩侶については、境部臣ということで、「摩理勢の近親（あるいは子）であろう」と『古代氏族人名辞典』は記載し、『皇胤志』でも雄麻呂という名で摩理勢の子に置き、子に大炊古を記載するし、『史略名称訓義』にも雄麻呂が馬子の孫で、摩理勢の子とする。

こうして見ると、諸学の見解に差が無いようだが、ここには大きな勘違いがある。それは、御炊朝臣の系譜と蘇我果安の続柄により具体的に示唆されることになる。なお、摩理勢の子としては、その最期のときに長男毛津、次男阿椰が『書紀』に見えており、父と共に殺害されたか自害している。雄摩侶は、摩理勢の子ではなかったのである。

結論から先に示すと、境部雄摩侶とは寺司の善徳の後身であり、蘇我一族のなかでは倉麻呂（一名雄正、又雄當）の名で知られる人物と同人であった。推古卅六年三月に天皇が崩御したとき、「蘇我倉摩呂臣（更名は雄當）」の名が『書紀』舒明即位前紀に見えて、次期天皇の推挙については直ちに名をあげられないという中間的な態度を取っており、山背大兄を推す境部摩理勢とは立場が異なっていた。推古天皇四年に見える善徳の名が、後に同卅一年の境部雄摩侶となり、これが同卅六年の蘇我倉摩呂へ、と名前が変遷したとみられる。倉摩呂の別名が雄正とされることも、雄摩侶に通じそうである。

こう考えると、果安は石川麻呂・連子や赤兄の弟となる。御炊朝臣の系譜は、『姓氏録』に馬背宿祢の後とだけ見えて、蘇我本宗からの分岐過程は具体的に史料に見えないが、「大炊古」や「大炊」が職務に起因する通称だとしたら、「大炊古（雄麻呂の子）＝大炊（倉麻呂の子）＝志慈（善徳の子）」ということである。ここでは、実際には「一組の親子」が三様の名で各種史料に現れている。栗田寛は、「御炊は朝廷の御食を炊き奉る職にて、大炊などに同しきなるべけれど……」（『新撰姓氏録考証』上）と記している。

中田憲信が編述した『皇胤志』がどのような史料に基づくのかは不明だが、上記のような混乱した記事から見て、かえって何らかの史料に基づいたことが推され、それら記事を一応信頼してよいのではないかと思われる。

御炊朝臣は、当初からこの姓氏で文書に現れており（御炊臣という時期がない）、『続日本紀』には一か所だけ、養老五年（七二一）六月条に従五位下御炊朝臣人麻呂が兵部少輔に任じられたことが見える。御炊朝臣の前の本姓は不明である（あるいは、この者が石川朝臣を名乗った時期もあった可能性もないではないが）。『寧楽遺文』にも族人が見えないが、平城宮の官衙地区からの出土木簡には、六位下行少丞勲十二等の御炊朝臣□□井万呂が見えており、人麻呂の近親か。

年代的に見て、御炊朝臣人麻呂は大炊古の子にあたるものか。この同じ時の任官に従五位上石川朝臣君子が侍従に任じており、この者は連子の子か孫と推され、人麻呂とは従兄弟同士くらいであったのだろう。君子の名は吉美侯とも表記され、最終官位は神亀三年（七二六）の従四位下・大宰少弐であった。連子の子として知られる石川朝臣宮麻呂・難波麻呂兄弟は、七一〇年代に活動しており、前者は和銅六年（七一三）に従三位に昇進し、後者は養老三年（七一九）に正四位下に昇進している。

かつ、また重要なことは、蘇我氏族長の馬子の弟も庶長子もともどもに「境部臣」を名乗ったのなら、これが蘇我氏の本姓だった可能性が出てくることにもなる（この辺は、また後ろでも、巨勢臣に先行する「雀部」に関して取り上げる）。この氏の「境部」が、高市郡軽の境部（現・橿原市大軽町付近）に地に因むとするのは論理が逆で、地名が境部という部の管掌者・部民の居住により生じたとするほうが自然である。

蘇我倉家一族の居住地

馬子の庶長子たる倉麻呂は、雄正（雄当）のほうが実名に近く、「倉麻呂」はむしろ通称（倉家の麻呂）なのであろう。その長子の倉山田石川麻呂は、たんに山田臣とも記されたり、石川麻呂とも記されたりするが、山田も家・居地の名前であろう。その長男の興志ら妻子家族らと共にいた山田寺（桜井市山田に所在）で一家が自害したが、同寺は興志が建立したとされ、この一家の本拠地域のなかにあった。

倉麻呂の子の連子の後裔は、八色の姓のすこし前頃から「石川臣」を称したが、連子や赤兄がともに「蔵大臣」の通称をもったように、倉麻呂以降の一族は、三蔵管掌の故の「蘇我蔵家（倉家）」

と呼んだほうがよさそうであり、志田諄一氏なども蘇我倉氏というような使用をする（これを、直木孝次郎氏が言うような複姓とみるのは疑問であるから、むしろ「倉家」「蔵家」という表記のほうが妥当か。「倉家」のほうが使用頻度が高いか）。倉麻呂は蝦夷の「兄弟」だが、通説とは逆で、実態が兄であった事情にあるから、蝦夷・入鹿の本宗家とは別の重みを庶流の蘇我蔵家がもっていたとみられる。

さて、この蘇我倉家は、どこに本拠を置いていたのだろうか。普通には、「石川」に引かれて「石川別業」の伝承があった河内国石川郡に目が向くが、馬子の「石川の宅」や馬子兄弟の流れの諸氏の起源地などから見て、大和の高市郡石川を考えたほうが自然である。

これは、朝廷の蔵倉管掌という役割から見ても自然である。近隣の橿原市田中町・和田町あたりには、比較的有力な田中臣氏も起こった。久米臣・田口臣氏なども近隣にあったものか。そもそも、継体朝〜飛鳥・奈良時代（平安前期より前の時期）にあって、一族諸氏はともかく、満智以降の本宗筋で蘇我臣・石川臣を名乗る者が河内国石川郡に居たという具体的な徴証は、これまで種々あたったものの、いまだ見出してはいない。河内国石川郡を地盤としたから石川朝臣の名があったというわけではないとされよう。

蘇我氏一族諸氏の分岐とその動向

先に稲目の兄弟と伝える者たちとその後裔諸氏について触れたが、馬子の兄弟には有名な境部臣摩理勢（『伝暦』に垸瀬と表記。『書紀』推古八年条に新羅征討大将軍と見える欠名の境部臣にもあたるか）のほかでも、三人の兄弟もいたことが『皇胤志』に見える。それが、次の者たちと諸氏であり、系譜は主に同書に拠り、その後裔の活動の概要も『書紀』『続日本紀』を踏まえて述べる。

①小祚《おそ》臣……馬子の弟で、その孫の耳高が山辺郡岸田邑（現・天理市南部の岸田町あたり）に住み、**岸田臣**の祖となる。『書紀』大化二年（六四六）三月条には欠名の「涯田臣」が倭国において官刀を偸まれた科ありと見えており、年代的にこれが耳高にあたるか。このときに、羽田臣・田口臣の二人（欠名）は過ちなしと見える。続いて、天智即位前紀に播磨国司岸田臣麻呂（耳高の近親か本人）が見え、『続日本紀』天平宝字八年（七六四）には、正六位上の岸田朝臣継手や久米朝臣子虫らが従五位下に叙せられた。

岸田の地のなかに坂井田（坂合部に由来か）の小字が残り、ここに腰掛石があって、大和神社御輿渡御の際に使われ、岩懸神社とも呼ばれる。これも、蘇我一族に関連するものであれば、その巨石祭祀の現れか。

②和慈古臣……系図に小祚臣の子とされ、高市郡か十市郡の桜井邑（高市郡内で明日香村域の豊浦のうち、ないし橿原市域か。あるいは、「大和志」に「桜井谷邑」の若桜神社が見えるから、現・桜井市の桜井・谷を含む地域か。）に住み、**桜井臣**の祖となる。『書紀』舒明天皇即位前紀には推古の後嗣問題に関し、山背大兄王により三国王と櫻井臣和慈古の二人が密かに蝦夷大臣のもとに派遣されたとある。馬子の姉妹の堅塩媛は欽明妃として桜井皇子を生んだ事情もあるから、桜井の地は蘇我氏と縁由が深い。

なお、佐伯博士は、氏の名が河内国石川郡桜井に因るとみるが、疑問である。太田亮博士のいう河内国河内郡桜井郷は、神別の桜井田部連の起源地であり、誤りである。

③荒熊子臣……系図に小祚臣の子とされ、高市郡小治田邑（飛鳥の地域内の地）に住み、小治田臣（小墾田臣）の祖となる。その子の猪手（壬申功臣）と麻呂（遣高句麗小使）は『書紀』に見える。

『続日本紀』には、文武三年（六九九）十月に浄広肆衣縫王や直大肆田中朝臣法麻呂などを越智山陵に遣し、浄広肆大石王や直広肆小治田朝臣當麻などを山科山陵に遣して修造させたと見える。

④刀名臣……馬子の弟で高市郡田中邑（現・橿原市田中町・和田町あたり）に住み、田中臣の祖となる。推古紀卅一年是歳条には、新羅征討の件で群臣に尋ねたなかに見える田中臣（欠名）に刀名臣があたるか。子の君手がその跡を継ぎ、天武朝の足麻呂（壬申功臣）・鍛師（小錦下）が『書紀』に見える。上記のほか、『続日本紀』には養老四年（七二〇）正月に正六位下田中朝臣稲敷を従五位下に叙し、持統朝には法麻呂が遣新羅大使、伊予国司で続いて見える。

⑤薬子臣……刀名の子の薬子は高市郡久米邑（現・橿原市畝傍町あたり）に住み、久米臣（来目臣）の祖となる。その子の塩籠は壬申の乱の時に河内国司で見え、『続日本紀』和銅元年（七〇八）には、従五位上久米朝臣尾張麻呂を伊豫守に任じたと見える。

⑥若弥臣……馬子の弟で、「八口朝臣祖」と見える。後に「**箭口朝臣**」と書き、この表記で『姓氏録』では左京皇別にあげて稲目宿祢の後と見える。ただし、『皇胤志』には小祚臣の子とされる椋毘登臣に「岸田朝臣箭口朝臣等祖」とあるから、箭口朝臣に二流がなければ、小祚臣と若弥臣とは同人の可能性が大きい（『皇胤志』には御炊朝臣の祖について重複・混乱の記載事例もある）。「八口」の地は、乃楽山《ならやま》（奈良市北部の平城山丘陵で、現在の平城京跡の北西周辺）から南方に位置しており、壬申の乱のときの戦いに関して天武元年七月紀に見える。どうも位置の確定がし難い模様だが、あるいは十市郡の岸田に道が通じる位置にあったか（飛鳥古京を望む地ということで、天香久山周辺で橿原市南浦町あたりかとみる説が多い模様も、八木あたりかもしれない）。

大津皇子の謀反に関連して直広肆八口朝臣音橿が見え、同皇子に欺かれたと記され、次ぎに、女孺无位の箭口朝臣真弟が天平宝字八年（七六四）に従五位下を授かった。天平年間の安房国司に正八位箭口朝臣大足がおり、これが平城宮出土木簡に見える。更に後の平安期まで続き、箭口朝臣岑業が『三代実録』元慶元年（八七七）条に見えて、石川朝臣木村と共に宗岳朝臣を賜姓したが、その後は不明である。

以上の諸氏の居地の多くは、境部臣氏の軽付近の**坂合**（境とも書き、橿原市大軽町あたりか。同市白橿町とかの説もあるが）をはじめとして、蘇我氏本拠の高市郡や近隣の十市郡あたりとされている。この近隣居住や氏の発生時期、朝臣賜姓・叙位任官などの事情から見て、蘇我・石川氏との同族血縁性は信頼してよさそうである（阿部武彦氏の論考「蘇我氏とその同族についての一考察」や水谷千秋氏もほぼ同趣旨）。

坂合・境の地は、おそらく境部臣が居住したことに因むとみられるが、雄略天皇の兄弟に境黒彦皇子・八釣白彦皇子が見え（『書紀』。『記』にも境黒日子）、「境・八釣」は高市郡の地名だから、允恭朝には地名があった。欽明天皇の陵墓「桧隈坂合陵」も同地とすれば、現在治定の平田梅山古墳よりは、見瀬丸山古墳（五条野丸山）とする説のほうが地名的に妥当でもあろう。これらより早い時期に、第八代孝元天皇の軽境原宮（見瀬町に宮趾碑がある）があることで、蘇我氏の遠い先祖を孝元天皇に架上したのかもしれない。懿徳天皇の宮が軽境丘宮（『記』）とも、軽曲峡宮（『書紀』）とも記され、橿原市の大軽町とされるから、大軽町から見瀬町あたりの一帯が上古に「坂合・境」と呼ばれたのであろう。

蘇我氏の同族諸氏は、蝦夷・入鹿の蘇我本宗が滅びた後にもそれぞれがなおも存続して、活動を続けている。天武天皇十三年（六八四）十一月の朝臣賜姓にあたっては、石川臣のほか、高向臣・川辺臣や桜井臣・田中臣・小墾田臣・岸田臣・来目臣の七氏がこれをうけた。奈良時代にも、これら諸氏や田口臣氏から叙爵者など中堅の官人を多く輩出したと六国史などに見える。なお、このときに朝臣賜姓の山背臣は『姓氏録』には見えないが、甘美内宿祢の後裔との関係も考えられるが、実際には蘇我氏同族の可能性があろう（後述）。推古朝には山背臣日立が見え、わが国で初めて方術を学んでいる。

この天武十三年の朝臣賜姓には、田口臣氏だけは見えないが（『古事記』の孝元段の蘇賀石河宿祢後裔にも不記載）、『続日本紀』慶雲元年（七〇四）正月には従六位下田口朝臣益人らが従五位下を授かっており、賜姓関係の記事などになんらかの欠落があったものか。

益人が初め幼孤で石川朝臣の籍にあったが、これを大宝二年（七〇二）三月に田口朝臣姓に改姓したとの記事が鈴木真年編『百家系図』巻五五に所収の「田口朝臣」系図に見えており、この真偽は確かめがたいが疑問もある。益人の父という筑紫が大化五年（六四九）正月に蘇我倉山田石川麻呂の謀反嫌疑に伴党として絞殺されたために賜姓の対象からはずれたという可能性もある。後者の場合は、益人の立身により、他の蘇我同族の諸氏と同様の賜姓をうけたものか。佐伯有清博士も、蘇我田口臣川堀（これが蘇我氏の複姓で見える唯一の例。十世紀前葉と遅い成立の『伝暦』に蘇我境部臣垸瀬が見えるも、信頼しがたい）が古人皇子の与党として謀反に加わり討滅されたことや、田口臣筑紫が倉山田石川麻呂の伴党として殺戮されたことにより、当時は家門が衰微していたためであろうかとみている。

五　蘇我氏本宗の滅亡とその後

大化の改新への歩みと蘇我一族の動向

推古天皇は治世三六年で崩御（六二八年）したが、蘇我氏でもその少し前に蝦夷（毛人とも書き、共に訓みはエミシ）へと代替わりをしていた。推古三四年五月に馬子大臣が没し、それとともに蝦夷が大臣に任じたのであろう。

推古は大王後継者について内意を漏らしていたものの、これが不明確であったことから群臣会議でも意見が分かれ政治混乱が生じた（『書紀』の記事や娘の田眼《ため》皇女の嫁ぎ先などから見て、推古の意向は田村皇子のほうに傾いていた模様だが）。このとき大臣の蝦夷は、田村皇子の擁立を決め、これに反対して山背大兄王を支持する叔父の境部臣摩理勢の親子を殺害したことで、田村皇子は即位して舒明天皇となった。山背大兄王より若干年長だったうえに、この皇子の妃として蝦夷の姉妹・法提郎女がおり、古人大兄王を生んでいた事情もある。蝦夷の娘・手杯娘も後に舒明の妃に入り、箭田皇女を生んだ（「帝王編年紀」）。

推古天皇の小墾田宮や舒明天皇の岡本宮（雷丘の麓）が飛鳥の真神原にあり、その次の皇極天皇の板蓋宮などの宮も同じく真神原の地にあった（岡本宮の跡に建て直して、皇極天皇の後岡本宮もおかれた）。この飛鳥川右岸の平坦地が真神原で、その南部に馬子の嶋の宅が位置した。こうした諸事情のもとで、大臣蝦夷など蘇我氏の勢威は更に高まった。飛鳥の豊浦に住み、同地に豊浦寺を建立して、蝦夷は豊浦大臣と称された。

舒明天皇は治世十三年で崩御し、その翌年（六四二）正月にはその皇后の宝女王が即位して皇極天皇となった。これは政治的に暫定措置とみられている。この女帝は、敏達天皇の男系曾孫で、かつ、敏達の異母弟たる桜井皇子（母が蘇我氏の堅塩媛）の娘・吉備姫王（吉備島皇祖母命）が母であって、この流れでは蘇我氏の血も引いていた。はじめ用明天皇の孫の高向王（蘇我氏の石寸名の生んだ田目皇子の子。鈴木真年著『史略名称訓義』皇極天皇条など）の妃となり、漢皇子を生んでいる（この子は夭折したか、事績不明。高向王・漢王親子について、特定の人物に妄想することもいわれるが、この辺は問題が大きい）。

真神原。飛鳥京跡から飛鳥寺方面を望む

舒明・皇極両朝にあっては、大臣蝦夷（豊浦大臣）と入鹿の親子に大王家を差しおいた専横な振舞が多かったとされる。蝦夷の母は、物部守屋大連の妹で、名を太媛という見える『紀氏家牒』

の記事は、おそらく正しく、この血筋の故に蝦夷が嫡男とされたものか。蝦夷が石上贄古連（守屋の弟）の娘・鎌姫大刀自を妻として、入鹿と畝傍《うねび》を生み、後者はそれゆえに「物部大臣」とも呼ばれた。

『先代旧事本紀』の「天孫本紀」の記事には混乱があるが、正しくは、物部鎌姫大刀自連公が推古天皇朝に石上神宮に奉斎し、「宗我嶋大臣の子、豊浦大臣の妻となりて、入鹿連公（臣の誤記か）を生む」と読み取るのがよいとみられる。物部本宗家は守屋の代で滅びたものの、支流の石上家はなおも存続し、これが奈良時代には石上朝臣と名乗り、左大臣麻呂・中納言乙麻呂・大納言宅嗣という三代の議政官を出した。石上贄古連とは、その兄弟で石上神宮奉斎にあたった大市御狩連と同一人物の可能性があるのではないかとみられる。蘇我本宗滅亡の時には、その所縁を消すために、石上家では本来は鎌姫の甥であった宇麻呂（馬古）が祖系あるいは祖先の名を変更したものか（この辺の事情については、拙著『物部氏』参照）。

大臣蝦夷の代には、欽明・敏達朝の蘇我・物部両氏の財政基盤と軍事力を併せ持つ大きな存在に蘇我氏がなったのだから、この権勢も当然のことではあった。加藤謙吉氏は、全国に分布した蘇我部と物部とが、同一国の同一郡内に重複して存在する例が多いことを指摘し、これは、多くの物部の部民が蘇我部に所轄替えされたことを示唆するとみる。

皇極天皇元年（六四二）には、蘇我氏の祖廟を葛城高宮に立て、中国では皇帝のみが行う八佾《やつら》の舞（八人八列による群舞）を行った。「葛城高宮」とは、葛上郡高宮郷のことで、古来からの葛城国造や葛城臣氏の本拠があった。これが、現・御所市森脇・豊田・名柄の一帯だとみる説と、御所市でも金剛山東麓の高天・伏見・朝妻・南郷・佐味の一帯とみる説があり、前者のほうが妥当か（あるいは、国造家の本拠が前者で、臣氏のそれが後者か）。この「祖廟」の実態は不明だが、現在森脇に残る葛木坐一言主神社（式内名神大社。現在の葛城一言主神社）になにかつながるものかもしれない。同社は古くは葛城山頂にあったのを山下に移したといい、本殿の西側近くには磐境（奥宮）があって、いまも神聖視される。ともあれ、葛城県割譲は拒否されても、その後の高宮の祖廟建立で割譲に準ずる政治的効果を蘇我氏が得たものであろう。

蝦夷自身と子・入鹿のための雙墓《ならびのはか》を、上宮王家の乳部など人民動員で今来に築造して、大陵・小陵と呼ばせた。さらに、皇極三年（六四四）には親子それぞれの邸宅を甘樫丘に築き、各々「上の宮門《みかど》」「谷の宮門《はさま》」と呼び、その子女たちを王子と呼ばせ、家の外側には城柵を築いた。畝傍山の東にも家を建て、東漢氏らによる軍備を固めたこと、なども『書紀』にあげられる（これらは、概ね史実に近いとみてよいか）。上宮王家の乳部動員に対して激怒したのは、山背大兄王と共に自害した異母妹で妃の上宮大娘姫王（厩戸皇子の娘・春米女《つきしね》王）である。この生母は膳臣氏の娘であり、蘇我宗家に対する反感を強くもったとみられる。

甘樫丘東麓遺跡で出土した柱列遺構。蘇我蝦夷・入鹿父子の邸宅の一部とみられている。

なお、皇極元年四月十日条には、蘇我蝦夷が百済の翹岐らに対し、良馬一頭、鉄の延べ板二〇鋌を贈ったと見えるが、関連して言えば、蘇我氏が馬飼集団と関係が深いとみる見方は疑問が大きい。大化前代の馬飼の集団・氏族は河内や大和・山城にあったが、この関係が最も深いとみられるのは平群氏族であった（拙著『紀氏・平群氏』で記述）。蘇我氏と馬飼集団との深い関係を提起する平林章仁氏の著作でも、馬飼集団と平群氏関係の記事が具体的であるのに対し（同氏の別途論考「「平群氏」は王権の馬の管理者だった」もある）、蘇我氏との関係が想定される南曽我遺跡から馬墓が検出されたとか（しかも、平林氏は、蘇我氏だけに特有ではなく、紀氏も同様とする）、先祖の蘇我韓子が韓地で騎馬戦をしたという程度のものである。河内の渡来人系で王仁後裔氏族、西文氏一族の馬史（のち武生連）がいても、蘇我氏の配下としては倉関係の陸運を担った役割が考えられ、軍事力として大きくは評価できない。

子の入鹿は、鞍作臣という名も持ち、林大郎という通称もあった。入鹿の母については、史料がないので不明も、「天孫本紀」の記事（物部贄古の娘が入鹿連公を生むと見える）から見て、物部氏一族の出かとみられるうえに、物部守屋の所領に河内国弓削・鞍作等があると見える（『荒陵寺御手印縁起』）から、別名の鞍作臣はこの地名（現・大阪市平野区）に関連するものかもしれない。なお、入鹿や蝦夷が蔑称・賤称ではないかとみる見方には与しないが、大化前代には人により多くの異名・異称をもつ者もいたことに留意しておきたい。

皇極天皇の即位（六四二年）に伴い、父の大臣に代わり入鹿が国政を実質的に掌握したとされる。その翌年十月には、蝦夷は病気で参内せず、入鹿に対し、私的に紫冠を授け、大臣に擬した。その後ほどなく、蘇我氏の血を引く古人大兄皇子（舒明天皇の長子）を次期天皇に立てようとして、巨勢徳太臣らに命じて山背大兄皇子一家（上宮王家）を討伐させ、同王家の集団自害に追い込んだが、蝦夷はこの暴挙を聞き嘆いたという。

ただ、この事件は、他の皇族とはかって殺害した（入鹿の独断ではなかった）という『書紀』とは矛盾する記載が「藤氏家伝」にある。『上宮聖徳太子伝補闕記』などから見て、大伴氏や軽皇子なども、入鹿の攻撃に同心した可能性が高いと水谷千秋氏も言う。『書紀』の記事には、ことさらに史実の改竄や歪曲を行って、蘇我氏を悪者に仕立て上げたという見方もあるが、編纂時にまったくの創作があったとみるよりは、記事には史実原型の一片は示されているとみておいたほうが無難ではなかろうか。

ともあれ、父とともに上記の専横行為を行い、入鹿は実質的に朝廷の最高権力者としての地位を固めていた。そうした蘇我氏の権勢は長くは続かず、ほどなく、いわゆる「乙巳

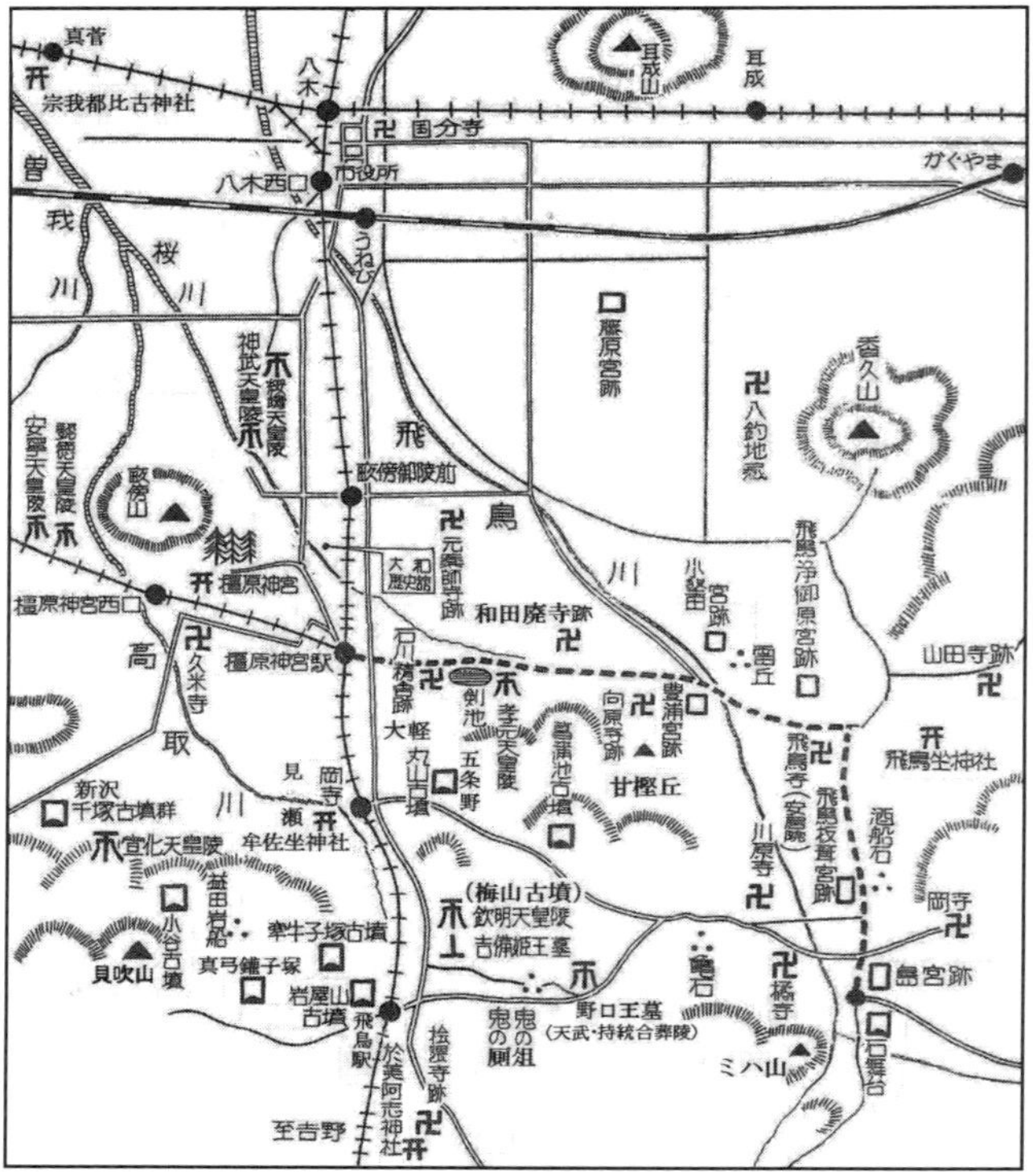

飛鳥・橿原史跡地図

の変」が起きた。

蘇我氏本宗家の滅亡

古人大兄皇子の異母弟で、皇位継承のライバルだった中大兄皇子（後の天智天皇）・中臣鎌足らによる政変、入鹿殺害事件が皇極天皇四年（西暦六四五）六月に起きる。この乙巳の変を機にいわゆる「大化の改新」という政治改革が進められ、わが国は天皇を中心とする中央集権国家の道を歩むようになる。

入鹿は、飛鳥板蓋宮の大極殿において、皇極天皇の御前で「三韓の調《みつぎ》（貢ぎ物）」を受けとる儀式の際に殺害された。従兄弟の蘇我倉山田石川麻呂が三韓からの上表文を読み上げる際に、冷や汗で声が乱れ身体を震わせることに不審がる入鹿は、中大兄皇子と佐伯連子麻呂らに斬り付けられ、天皇に自分の無罪を訴えるも、止めを刺されたという。

中大兄皇子側は蘇我本宗家からの反撃に備え飛鳥寺に立て籠もったが、こうした状況の進展を見た諸王・群臣たちが中大兄皇子側につくという大勢も明らかになる。飛鳥川を挟む川向こうの甘樫丘邸宅にあった父・蝦夷も、届けられた入鹿遺体を見て、自らの孤立

飛鳥京跡。大化改新の舞台、皇極天皇の飛鳥板蓋宮もここにあったとみられる（明日香村岡）

状況を察知し、『天皇記』『国記』や珍宝などに火を放って自害し、ここに蘇我本宗家は滅びる。皇極天皇は退位し（史料に見える大王譲位の初見）、その後継では、中大兄が十九歳という年少の故をもって即位を辞退し、古人大兄が出家したなどの事情により、皇極の弟・軽皇子が即位して孝徳天皇となった。

蘇我本宗家滅亡のとき、蘇我同族諸氏はどのように動いたかの問題がある。当初から中大兄側に通じていた石川麻呂以外では、高向臣国押は、当初、反中大兄側であったが、遣わされた巨勢徳陀に説得されて、蝦夷館の守りにあたる東漢氏などを説得して投降させ、軍陣を解散させた。東漢氏一族は韓地からの技術や武力を持っており、蘇我本宗家に忠実な軍事集団であった。国押はその後の孝徳朝で刑部尚書大花上の地位にあった、とその子・麻呂（摩呂。極位が従三位中納言）の薨伝に見える。

その他の同族諸氏も中大兄皇子側に従い、次の飛鳥時代・奈良時代を生きることになる。一族から東国などの国司級に起用されたと見える者では、河辺氏で百依（民部卿に任じた百枝とも同人か）・磯泊・磐管・湯麻呂、久米氏で欠名の常陸国宰、岸田氏は麻呂などがあげられる。河辺氏では、新羅客を饗応のため筑紫へ派遣された子首も見える。

壬申の乱と蘇我氏一族の動き

乙巳の変で滅んだのは蘇我本宗家だけであったことに留意される。中大兄皇子側に通じていた蘇我倉家はもちろん、一族諸氏でも滅びたものはなく、その後に活動が見える。

入鹿誅滅に加担した**蘇我倉山田石川麻呂**（山田臣などの表記あり）は、改新政権において大臣・大連が廃されたものの、左大臣阿倍倉梯麻呂と並ぶ右大臣に任命され、中臣鎌足は内臣となる。その四年後の大化五年（六四九）三月になって、石川麻呂は自殺に追い込まれる。異母弟の日向（武蔵、身狭）によって、兄が中大兄殺害を企図していると讒言され、長男の興志ら妻子家族と共にいた山田寺（桜井市山田で、興志が建立）を、孝徳天皇が遣した将軍大伴狛・蘇我臣日向らが軍兵を率いて包囲したため、興志の言う防戦をやめ家族たちと共に山田寺で自害した。この山田大臣一家の自害を包囲軍に告げたのは、土師連身（八嶋の子）らとされる。石川麻呂の謀反嫌疑に連座して、田口臣筑紫らも殺された。この事件は冤罪とみられており、中大兄皇子と中臣鎌足の陰謀だとも、何かと意見があわない孝徳天皇による排除かともみられている。

娘二人は中大兄皇子の妃となり、遠智娘（造媛、美濃津子娘）は、大田皇女（伊勢斎宮の大来皇女や大津皇子の母）、鸕野讃良皇女（後の持統天皇）、建皇子（夭逝）の三人を、姪娘は御名部皇女（高市皇子妃。長屋王の母）と阿閇皇女（後の元明天皇。草壁皇子妃）を産んでいる。造媛は父の死を聞き、傷心のあまり死んだという。また、娘・乳娘は孝徳天皇夫人となった。石川麻呂の長女は、中大兄皇子の妃としようとしたが、異母弟日向が盗んだとある。

後に兄への讒言ということで日向は大宰帥へと実質的に左遷されたものの、赤兄などの弟たちはまだ朝廷に残り、重要な地位で活動する。

山田寺跡（桜井市山田）

赤兄は、斉明天皇四年（六五八）十月に天皇が紀温湯《きのゆ》（牟婁の湯、白浜温泉）に行幸したとき留守司となり、有間皇子（孝徳天皇の遺子）を唆し謀反をすすめるも、これを密告して皇子は絞殺された。これは、中大兄皇子の罠とみられている。天智八年（六六九）には筑紫率とされたが、その二年後には大錦上で左大臣となって蔵大臣と称された。この翌年に壬申の乱が起きると近江朝廷（大友皇子）側に与しており、敗れて流罪にされた。この時五〇歳と伝える（公卿補任など）。赤兄の娘には、天智天皇の嬪・常陸娘（山辺皇女の母）及び天武天皇の夫人・大蕤娘《おおぬ》（穂積皇子・紀皇女・田形皇女の母）がいた。なお、配流となった赤兄の流れから、土佐の蘇我部や中世豪族安芸氏が出たというのは、勿論、系譜仮冒である（同国幡多郡にあった波多国造の族裔か。枚田郷〔高知県宿毛市平田町〕に中期の曽我山古墳があり、かつては傍らに曽我神社も鎮座）。

その弟の果安も御史大夫（大納言相当の職）として大友皇子も支えたが、壬申の乱のなか自殺し、近江朝廷方が敗れると、この兄弟の子孫は配流となり、後裔が残らなかった。先に死んでいた近江朝大臣大紫の連子《むらじこ》（牟羅志、武羅自とも表記。右大臣に任じられたと『扶桑略記』にいう）の系統だけが石川朝臣として後世につながる。連子の長子、少納言安麻呂は、大海人皇子と懇意で、その忠告で大海人皇子が出家し、吉野に脱出して命拾いをしたとみられている。

乱時の蘇我氏同族の動きでは、天武方に舎人の小墾田猪手（臣姓が脱漏）、湯沐令田中足麻呂が『書紀』に見え、後者は伊勢の鈴鹿で大海人方に合流し、将軍として倉歴道《くらふのみち》（伊賀・近江国境の要路）に派遣されこの地を守っている。来目臣塩籠は河内国司でいたが、不破宮の大海人皇子方に帰参しようとする気持ちであったのが露見して自死したと見える。このほか、天武方で坂上直氏など多くの東漢氏一族が活動している。

奈良時代及び平安時代初期の石川朝臣氏

天武朝以降では、蘇我氏の本宗の地位にあったのが石川臣氏である。ここまで「蘇我」の名で活動してきた一族は、壬申の乱後のどこかの時点で氏の名を「石川」に改めていた（その前の記事に見える蘇我氏は、天智天皇三年〔六六四〕に薨じた連子の子・安麻呂は同十年に蘇賀臣と見え、天武天皇二年〔六七三〕二月に蘇我赤兄大臣があるから、「石川臣」の時期は天武十三年〔六八四〕の朝臣賜姓までのごく短期間）。他の有力氏族でも、石上（←物部）や藤原（←中臣）などの変更があるから、古氏族のなかでも新制度のもとで台頭ないし勢力保持した一派の識別手段とみられる。

この氏の名は、河内国石川郡ではなく、大和高市郡石川に因むものであろう（後に宗岳朝臣への改姓のおり、元慶元年〔八七七〕の石川朝臣木村らの上表に、先祖の名をもって子孫の姓としているのを憚ると見えるが、この記事に拘ることはない。河内の石川郡との関係は後述する）。

安麻呂が時勢を考え、伝統的な蘇我の氏の名を捨てたのだろうとの見方もあるが、安麻呂が石川を名乗った形跡は史料に残らないし、その没年も知られない。ともあれ、天武十三年〔六八四〕の氏姓制度改変のときには、「石川臣」が朝臣姓を賜った。この時には連子の長子・安麻呂は亡く、その子弟ら近親が賜姓をうけたとみられる。安麻呂の名は壬申の乱以降は見えず、没年も未詳で、官位は少納言で小花下（天智天皇三年〔六六四〕以前の冠位）と見えるにとどまるから、乱の最中か乱後ほどなく卒去したのだろう。

連子の子として知られる**石川朝臣宮麻呂**（宮守）・難波麻呂兄弟は、安麻呂の弟であって、主に七〇〇～七一〇年代に活動している。前者は連子の五男とされ、和銅六年（七一三）に従三位まで昇進し、後者は養老三年（七一九）に正四位下に昇進している。これら兄弟より前に現れる石川朝臣氏の虫名（虫麻呂）、小老などは、蘇我連子の子とみられる。『書紀』で朝臣賜姓後に最初に現れるのが、天武天皇十四年（六八五）九月条に見える「直広肆石川朝臣虫名」で、東山道への使者とされる。小老は、文武二年（六九八）に直広肆で美濃守に任じられ、大宝二年（七〇二）にも在任していて従五位上で封十戸を賜った。

石川宮麻呂は、大宝三年（七〇三）に持統上皇の葬儀に際して御装束司次官（当時は正五位下）を務める。従四位下に昇叙された後、大宰大弐に任じ、元明朝に入ると和銅元年（七〇八）に右大弁に任じ、同六年（七一三）には従三位に至って、その年末に薨去したが（五九歳と推定）、議政官には任じられなかった。『万葉集』には、長田王が水島（現・熊本県八代市の球磨川支流、南川の河口の小島とされる）で詠んだ和歌に対する返歌の作者の石川大夫は宮麻呂かと考えられている。

石川難波麻呂は、元明朝の和銅四年（七一一）に正五位上に叙せられ、同七年（七一四）には従四位下で常陸守に補されたが、その在任中の霊亀年間には、常陸が平城京から離れており調を貢納する脚夫が多量の路粮を必要とすることを理由に、郡発稲の名称で五万束の稲を別置して出挙に出し、利息を路粮に充当する制度を作った。元正朝に入っても昇進し、養老三年（七一九）に正四位下に達しており、その後ほどなく死去したものか。

これら兄弟の甥で安麻呂の子が**石川朝臣石足**《いわたり》（生没が六六七〜七二九）である。石足は奈良時代初期に活動し、最終官位は従三位・左大弁とされる。和銅元年（七〇八）正五位上・河内守に叙任され、昇進を重ねて養老三年（七一九）に従四位上に昇進した。その翌養老四年（七二〇）の太政官首班たる右大臣・藤原不比等の没後の人事異動で左大弁となる。この任官は、それまで石川氏の氏上であった難波麻呂が没して、石足に交替した可能性も指摘される（木本好信氏）。翌同五年に大宰大弐に転じるが、大宰帥・多治比池守は本官が大納言で遥任であったため、実際に赴任したとみられる。

神亀元年（七二四）天武天皇夫人で正三位の大蕤娘（赤兄の娘）の薨去、及び神亀五年（七二八）にその娘の田形内親王の薨去にあたって、石川氏を代表して葬儀の監護を務めた。伯母の蘇我娼子は藤原不比等の妻として武智麻呂・房前・宇合の三兄弟を生み、彼らと従兄弟にあたることから、藤原四子政権成立にあたり協力して政権確立を助けた。神亀六年（七二九）二月の長屋王の変に際しては、武智麻呂に近い多治比県守・大伴道足とともに権参議に任ぜられて（石川一族で初めて議政官に補任）、長屋王排除の議決決定に尽力し、長屋王父子が自殺の後にはその弟・鈴鹿王の邸宅に派遣されて、長屋王の親族で連座対象者を赦免する勅を伝えた。翌三月に変での功労によって従三位に昇叙され、同年八月には薨去して享年六三歳であった（薨伝に連子之孫、安麻呂之子という続柄が記載）。『懐風藻』に一首を残す。

その兄弟では、和銅四年（七一一）に従五位下に叙され、神亀元年（七二四）に従五位上に昇叙し、大宰少弐にも任じた足人は、石足の弟か。石足薨去の五年後の天平六年（七三四）に朝集使出雲掾従七位上で『大日本古文書』に見える石川朝臣足麻呂は、石足・足人の弟か子などの近親か。

石川朝臣君子（吉美侯。若子にも作る）は、石足とほぼ同時代人であり、和銅六年（七一三）に正七位上から従五位下に叙され、播磨守・兵部大輔などを経て、神亀三年（七二六）に従四位下に進み、この頃大宰少弐に任じた。石足の弟か従兄弟くらいに位置づけられる者か。『万葉集』には石川少郎と見える。聖武天皇の天平十九年（七四七）に年足が従四位下の春宮大夫となった後に、石川朝臣加美が同じ従四位下で卒しているが、この者は石足の従兄弟か。賀美とも書き、天平三年（七三〇）の叙爵が史料初見である。夫子・樽・麻呂及び枚夫も叙爵があり、石足と同世代とみられるが、系譜関係は不明である。

石足と同世代とみられる女性が**刀子娘**《とすじ》であり（続柄不明も、兄弟のなかで最高位の従三位宮麻呂の娘か）、文武天皇の嬪となり、広成・広世皇子（両者に同一人説もあるが、佐伯有清博士のいう別人説で良いか）の母となった。文武天皇元年（六九七）に嬪となるも、和銅六年（七一三）に紀朝臣竈門《かまど》娘とともに嬪号を貶められ、広成らも石川朝臣姓とされた（後に高円朝臣姓となる。『姓氏録』右京皇別に掲載）。この事件は、首皇子（後の聖武天皇）の立太子実現のための藤原不比等・県犬養三千代の策謀かとみられており、これ以降、石川朝臣氏から妃・嬪として後宮入りする者が出なかった。刀子娘の嬪号剥奪の約一か月後には、宮麻呂の死去があった。女性では、奈良時代後期に命婦の毛比が宝亀十一年（七八〇）に従四位下に叙せられている。

『万葉集』がらみでは、石川内命婦なる女性がおり、大伴安麻呂と結婚し、稲公・坂上郎女を産んだ。あまり多くのことは分からないが、和銅七年（七一四）に安麻呂が死去した後は、大伴家の大刀自として取り仕切ったとされる。天平七年（七三五）の坂上郎女の歌（『万葉集』巻三歌番四六一）の左注には「大家石川命婦依餌薬事往有間温泉」と見えて、温泉に病気療養に出かけたことが分かる。草壁皇子・大津皇子との歌贈答が『万葉集』に見える石川郎女（大名児）という女性もいる。ただ、「石川郎女（女郎）」という名は、同書には複数の女性がおり、大伴宿祢田主兄弟や、藤原宿奈麻呂（良継。その妻の名でも現れる）などとの関係でも現れる。『万葉集』には石川朝臣水通などの名も見えるが、続柄は知られない。

長屋王宅関係の木簡に見える「石川夫人」（石川大刀自、石川嬪の名でも木簡にも見える）は、その妃の一人とみられ、石川虫麻呂（虫名と同人か）の娘で、桑田王（父や兄弟と共に自害）の生母とも伝える（『本朝皇胤紹運録』など）。

石足の子の年足・豊成兄弟はともに参議以上となり（前者は御史大夫正三位、後者は中納言正三位が極官）、これら子孫が奈良時代の石川朝臣姓の議政官を輩出し、八世紀中頃が最盛期であった。年足は、天平勝宝元年（七四九）孝謙天皇の即位に伴い従四位上に叙し、紫微中台が設置されると、紫微大弼（次官）として藤原仲麻呂の補佐をし、その冬十一月には参議となる。このとき既に六十歳を越えていたが、その後も従三位、中納言、更に正三位と仲麻呂が権勢下で順調に昇叙し、養老律令の施行等に貢献し、それらの功で天平宝字四年（七六〇）には七三歳の高齢ながら御史大夫（大納言）に任じた。これは、石川氏出身者としては最も高い官職への昇進であった。仲麻呂の権勢に陰りが見えかけた天平宝字六年（七六二）に享年七五で薨去した。江戸後期の文政三年（一八二〇）には、摂津国嶋上郡真上光徳寺村（現・大阪府高槻市真上町）から墓誌が発見され、「金銅石川年足墓誌」として国宝に指定されている。

その後でも、年足の子の名足は、『続日本紀』編纂に関わり、陸奥鎮守副将軍なども経て中納言従三位に達した。延暦七年（七八八）六月に薨去して享年六十歳（その子の名前は不明）。その弟の永年（長年）は、天平宝字八年（七六四）藤原仲麻呂の乱後の辞令で従五位下式部少輔に補任されるも、翌天平神護元年（七六五）八月に和気王の謀反が発覚したとき、これに連座して隠岐員外介に左遷され、着任後に自害した。

豊成の子の垣守は、天平勝宝年間から写経所官人で見え、天平宝字八年（七六四）に叙爵し、翌年正月に恵美押勝追討の功で勲六等を授かる。その後も諸官を歴任して延暦五年（七八六）に宮内卿正四位上で死去した。仏道精進につとめ、竜淵居士と称されたという。

その弟の真守は、天平神護二年（七六六）に叙爵し、近江守、大宰少弐などを歴任し、延暦九年（七九〇）には参議となり、その後に従四位上に昇叙した。『公卿補任』には、延暦十七年（七九八）に致仕し、七十歳で卒したと見える。

年足・豊成・名足・真守と四人の議政官補任者を奈良時代後期に石川氏は輩出したが、いずれも大弁を兼ねたまま高齢に至ってから任じられた、この補任が時の権力者に取り入ることによりなし得た、きわめて政治的なものであった、と倉本一宏氏から指摘がある。高位でもその地位が非常に脆いものであって、真守以降では、三位以上の高位者も、議政官も、大弁さえも、二度と出さなかった、と併せて指摘される。これら名足や垣守・真守兄弟の子孫は六国史に見えると思われるが、それらの名前・続柄が伝わらない。

このほか、豊人など石川一族から多くの叙爵者が出て、奈良時代後期の史料に見えるが、この辺は殆ど省略する。宝亀十一年（七八〇）の伊治呰麻呂の乱の際に見える陸奥掾石川浄足は、その後の延暦三年（七八四）に讃岐介補任の従五位下石川朝臣浄継と兄弟か。

蘇我氏一族の墳墓

蘇我氏一族の墳墓として、早くから言われてきたのが**石舞台古墳**で、馬子の墓の最大の候補である。明日香村島庄にあり、その巨大さ故に、喜田貞吉博士以来そうみられてきたが、この比定には異論が殆どなく、ほぼ定説化している。同墳は早くに封土を失い、石室の天井部の巨石が聳え立つ形状から、その名がある。

戦前の一九三〇年代に二度にわたりなされた発掘調査の結果、基底部一辺が五一～五五メートルほどでほぼ正方形の墳丘を持つとみられ、全長二〇メートルもの巨大な横穴式石室の全貌も明らかになった。巨大な墳丘・石室と四周の空掘は、その勢力を物語り、被葬者を蘇我馬子とする積極的な証拠が得られたわけではないもの、「島庄」という馬子と関わり深い地にあって、飛鳥川に近接の島庄遺跡から方形池や大型建物群が検出されて「嶋の家」とみられ、古墳年代としても、石舞台を馬子墓所とみるのが妥当といえよう。この墳墓が既存の小円墳を破壊して、西側の外堤を築造した形跡があることも、その勢威のほどを物語る。

近年、明日香村では蘇我氏との関わりが指摘される重要な墳墓の発掘調査が相次いでいる。まず、冬野川流域の**都塚古墳**（金鳥塚ともいう）で、六世紀後半に欽明朝に活動した蘇我稲目の墓の可能性が指摘される

石舞台古墳（明日香村島之庄）

（猪熊兼勝氏など）。明日香村阪田の小字ミヤコ（石舞台古墳を見下ろす位置で、その南南東約四百メートルの尾根上にある）にある大規模な方墳で、六世紀後半頃の築造であって、石舞台古墳よりやや遡る時期の築造との見方がある。墳形は方形で、復原規模は東西、南北が各々四二メートルほど、高さが四・五メートル超とされ、墳丘表面には階段状に積み石がなされる（類例のほとんどない階段ピラミッド状の墳丘をもつ。五世紀代に高句麗・百済で造られた階段状の積み石方墳との類似性も指摘される）。横穴式石室には豪華な家形石棺（六世紀前半頃かともいう）をもつが、残念なことに副葬品の殆どが散逸しており、そうしたなか須恵器や鉄製品（刀子・鉄鏃・鉄釘・小札）などが出た。

『皇胤志』には、稲目について「家居大倭国高市郡小墾田」と見えるから、この記事が正しければ、この代に既に飛鳥にも居を据えていて、地域的規模的に都塚古墳がそれを傍証するのかもしれない（墳丘が七世紀初頭とみられるとして、年代が合致しないとの説もあるが、この年代の見方が疑問か、六世紀後半の築造との説もある。あるいは石棺移転の可能性もあるか）。石舞台及び都塚については、被葬者が馬子及び稲目との比定で妥当性が高いと考える（注）。

蘇我一族の墓の形式は、総じて方墳かと考えられている。蘇我氏に多い方墳は、出雲に集中的に多い方墳型式に通じ、出雲のスサノヲ神・素鵞社（背後に磐座あり）や鉄にも蘇我氏が関係するとの指摘を関裕二氏はしている（『蘇我氏の正体』。ただし、蘇我氏の出自が天日槍にあるとの見方は疑問が大きく、取り得ないが）。

（注）稲目の墳墓については諸説多く、森浩一氏は金塚古墳（平田岩屋古墳）を第一候補にあげる（『敗者の古代史』）。この古墳の規模は一辺が約五〇メートルメートルの大型方墳だと森氏は記すが、一辺が三五メートルとする見方が多く、しかも既に破壊されている。いま欽明天皇陵の陪冢に指定されており、被葬者を吉備姫王とする説

が有力だとされる。

見瀬丸山（五条野丸山）古墳という説もあるが、欽明朝の大臣とはいえ、一豪族の墳墓が墳丘長三一〇メートルもの巨大な前方後円墳であることは、まずもって考え難い（増田一裕氏の「欽明天皇陵」を参照。『「天皇陵」総覧』所収）。同墳が蘇我氏の軽曲殿の付近にあっても無理な話であり（径四〇メートルほどの円墳を大改造したとの説もあるが、妄想であろう）、森浩一氏らの言う「欽明の真陵」とみるが穏当なところである。それが、明日香村内では最大の古墳である平田梅山古墳（墳丘長一四〇メートルで、現在は欽明陵に治定）とみる説でも、同様であろう。こちらは、真の宣化陵だとの見解があり（森浩一氏の当初の考えで、『古墳の発掘』に記事があるも、後に変更して、合葬前の堅塩媛の墓とする。敏達の未完成陵という説もある）、これが文久の改修を経ているので判断が難しいが、近隣の檜隈廬入野宮にあった宣化天皇の陵でよいのではなかろうかともみられる。

坂靖氏は、真弓鑵子塚古墳（明日香村真弓字クワンスズカ）を稲目墓と考えるが、六世紀後半の築造は年代としてほぼ妥当でも、径二三メートルの円墳というのは、規模が小さく、墳丘形状としても納得しがたい。地域的にも蘇我氏の主要地からすこし離れるようでもあり、明日香村役場のホームページで記すように東漢氏一族の墳墓とするのが妥当な線か。

都塚古墳の発掘調査により、境部摩理勢の墓の可能性が浮上したというのが、石舞台古墳と同時期の七世紀前半に築造された塚本古墳（都塚の南西約八百メートルに位置。明日香村稲渕）である。飛鳥川を挟む対岸にあり、墳丘・石室はほとんど破壊されているが、橿原考古学研究所の調査で一辺約四〇メートルの大型方墳と推定されている。

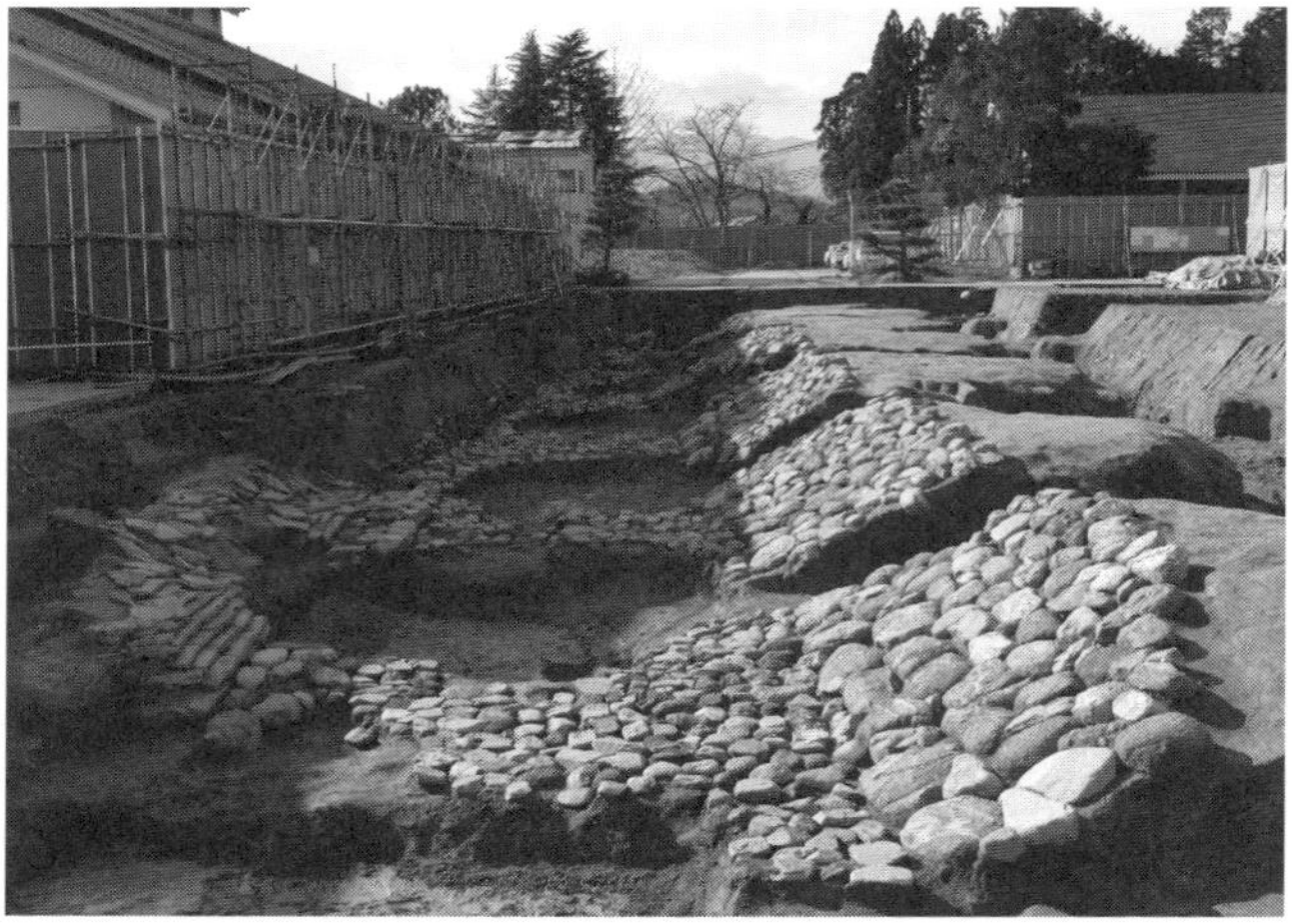

小山田古墳。一辺70㍍の大方墳。蘇我氏の雙墓の一つで蝦夷の墓の可能性がいわれる（橿原考古学研究所提供）

この古墳を「馬子＝石舞台」の二代前、都塚の先代の蘇我氏首長墓と推定する見方もあるが（菅谷文則氏、『日本の古代遺跡7奈良飛鳥』）、出土土器が石舞台と同じころとされるから、この推定は無理か。

更に、甘樫丘の南東麓に位置する明日香養護学校の校舎建て替え工事に伴い新たに発見された明日香村の**小山田古墳**《こやまだ》については、七世紀中頃の築造とみられて、乙巳の変で滅びた蘇我蝦夷の墓との説も浮上した。この一辺が五〇㍍をかなり超えるものと推定され（約六〇㍍とか七〇㍍との推測もある）、飛鳥時代最大級の方墳とされる。すぐ西側百㍍ほどの近隣にある二段築成で一辺約三〇㍍の方墳、菖蒲池古墳を「小陵」、

菖蒲池古墳（橿原市菖蒲町）

小山田遺跡のほうを「大陵」として、蝦夷・入鹿親子の墳墓「雙墓《ならびのはか》」（双墓）とみる説がある（塚口義信・吉村武彦氏など）。一方で「舒明天皇の初葬墓」説もあり、そのいずれかとされている。

　蝦夷親子の遺体は墓に葬ることが許されたから、今来の地に同時に造られた「蝦夷父子の雙墓は大陵・小陵という」との『書紀』の記事どおり、生前に墓ができていれば、これはありうる話であろう。豊浦大臣たる蝦夷の名からもふさわしく、豊浦の南方近隣に位置することで、小山田古墳を蝦夷の墓とみる説が現在はかなり強い。ただ、小山田古墳が蝦夷の墓だとしても、菖蒲池古墳を入鹿の墓とはみない見方もあり、その場合に西側丘陵上の別の古墳とされたりする。入鹿の墓が現存するとしても、菖蒲池古墳は、やや小さい感じもあり、七世紀代後半のものとして年代が合わないとする見方もある。

　なお、菖蒲池古墳の一五〇メートルほど南西に五条野宮ヶ原一号・二号墳があり、これを蝦夷・入鹿親子の雙墓とみる説もあるが、一号墳が一辺約三〇メートル、二号墳が一辺約二五メートルと、これらはやや小さめであり、蘇我一族の墳墓であっても本宗家のものではないのであろう。これまでは、御所市古瀬にある水泥《みどろ》古墳二基（北の塚穴古墳と南の南古墳）が雙墓の候補にあげられてきたが、葛上郡にあって巨勢氏の勢力圏で、その関係墳墓とするのが自然である（小笠原好彦氏）。形状が円墳で規模も比較的小さく、築造時期も早くて合わないとの指摘もあり、こちらの蘇我氏比定のほうは無理が大きい。

　これら以外の蘇我氏一族の墓については、近年発掘が進むにつれ、被葬者候補として種々言われるが、総じてあまり決め手がなく、疑問そうではあるが、一応参考までに記しておく。

　奈良市の帯解黄金塚陵墓参考地は、舎人親王の陵墓とされていたが、二〇〇九年の発掘調査で出土した須恵器や土師器から見て、それよりも古い推古天皇から舒明天皇の時代のものとわかり、石川麻呂の墓所かとの説がある。同墳は奈良市南端部の台地南縁に築かれた一辺約三〇メートルで横穴式石室（全長約十二メートル）をもつ二段築成の方墳である。奥田尚氏は六四九年に亡くなった蘇我石川麻呂を候補にあげている。地域的に考えて、石川麻呂との縁由が考え難い面もあるが、大型方墳でもあり、一応、紹介する。石川麻呂の墓としては、大阪府南河内郡太子町山田の仏陀寺古墳、大和の菖蒲池古墳、河内の平石古墳群のツカマリ（塚廻）古墳も候補とされるが、どれも決め手がなく、河内のほうは疑問が大きい。

帯解黄金塚古墳。蘇我石川麻呂の墓との説がある

六　平安時代以降の蘇我氏族の動向

これまでの学界の研究では、蘇我氏の研究は乙巳の変の蘇我本宗家の滅亡まで、あるいはせいぜいでも奈良時代末頃までの石川朝臣氏の盛期が終わる頃までを対象としていた。それ以降の中世、近世にまで及ぶ長い期間で蘇我氏一族の動きを見るものは殆どなく、関連するものでは、倉本一宏氏の著『蘇我氏―古代豪族の興亡』くらいしか管見に入っていない。同書はかなり丁寧に蘇我氏とその族流の動きを平安末期まで長い期間追いかけている点で評価され、たいへん参考になるが、それでも私には史料の取扱いに疑問や不満を感じる面もある（倉本氏には、藤原道長など平安中期を対象とする著作が多い事情もある）。そのため、多少とも別の視点を入れて、この関係の検討を行うことにしたい。

平安時代前期の石川朝臣氏

平安時代前期になると、石川朝臣一族からは高位高官への昇叙は見られなくなる。

中納言従三位になった名足に子があった場合には、その子の可能性があるのは浄直（清直。大宰少弐、左少弁。弘仁三年（八一二）秋に卒去時には従四位下）、浄道（清道。伯耆介。弘仁十四年（八二三）に正五位下）、浄浜（延暦十八年に従五位下）、清主（信濃介・出雲介。延暦廿年〔八〇一〕に従五位下で悪行が記される）で、これらは名前と活動年代から見て兄弟とみられる。浄直の左少弁（石川氏の弁官で六国史に見える最後。大同元年〔八〇六〕に任命時は清直と表記）という職務と従四位下という最終官位は、石川氏嫡流にふさわしい。平安前期以降に従四位下より高い位階で見える石川氏人では、真守・河主（ともに中納言豊成の子）の正四位上、継人（傍流の従四位上豊人の子）の従四位上という三人だけが現存史料に見えており、その意味でも清直が名足の子とするのが妥当である。

その次の石川嫡流の世代は誰か見当がつかなくなるが、この辺の平安前期の事情が不明なのは、延暦十一年（七九二）から天長十年（八三三）に至る四二年間の歴史を記す『日本後紀』（『続日本紀』に続く六国史の第三）の現伝本に欠落が大きいことにも起因しよう。

それでも敢えて、平安前期の石川氏嫡流の歴代を考えてみると、承和年間頃に従五位上に叙せられた橋継・英多麻呂（前者が天長七年〔八三〇〕に極位で、承和四年〔八三五〕に任修理船使長官。後者は、天長四年〔八二七〕に叙爵、承和三年〔八三六〕に極位）あたりが候補か。宗岳朝臣賜姓の木村はこれらの孫世代かとみられるが、九世紀中葉の嘉承～貞観年間だと叙爵者が豊河や宗継・弟庭しかおらず、しかもこれらは従五位下にとどまるから、官位で見ても石川氏の凋落ぶりがわかる（河主の子の長津〔永津〕が弘仁十四年〔八一三〕に叙爵し、斉衡元年〔八五四〕に正五位下に達したが、傍流）。石川一族のこうした官位の低下は、子の世代にしか蔭階を及ぼすことができない事情に因るものとされる。

のち元慶元年（八七七）十二月に石川朝臣木村（当時、前長門守従五位下）らが宗岳朝臣を賜った。

宗岳朝臣賜姓の二年後、元慶三年（八七九）五月に宗岳朝臣木村は、同姓氏人の絶戸が左京に十烟、右京に四烟あると進言し、その処理を民部省に下知させている。『平安遺文』には、元慶三年（八七九）

五月に左京六条一坊戸主従八位下宗岳朝臣利行などが見える。

次いで、同六年（八八二）には、縁起に基づき飛鳥豊浦の建興寺（豊浦寺）は先祖の稲目宿祢の建てたものであるからと宗岳氏の検領を請願し、同寺別当の義済と確執を起こしたが、これを否認された。同寺は宗岡氏の氏寺ではないとして請願が認められなかった事情にあるから、この氏の衰退ぶりが知られる。この記事が、六国史における宗岳氏関係の最後の記事であった。『平安遺文』元慶八年（八八四）五月には、右京三条三坊戸主正六位上宗岳朝臣全雄と善蔭・貞範・房範の親子、などが見えるが、木村ら一族との系譜関係は知られない。この全雄は、官位的に見て、宗岳賜姓の木村の子などの近親にあたるのかもしれない。

このほかの平安前期の氏人の主な者について、動向を見ると次のようなものか。

石川朝臣国助は九世紀初めに治部省少丞正六位上のとき弘仁六年（八一五）完成の『新撰姓氏録』編纂を担当した。後に越中介に任じ、天長六年（八二九）には従五位上に叙せられた。石川朝臣真主は、承和五年（八三八）には東大寺俗別当、内竪、正六位上の地位にあり、その後に寺田調査の報告をした。貞観十二年（八七〇）にも生存していて、無官で左京二条一坊の戸主であり、戸口の貞子が大和の平群里に所有する家地を売却したが、当該地の南に真主の土地もあった。

賜姓の宗岳朝臣が後に宗岡朝臣と表記されるようになる。その後裔氏族も史料には若干見えるが、上記の木村なども含め関係一族の系譜は知られず、平安末期ごろの宗岡包延から後では、『地下家伝』に歴代がほぼ略記されるようになる。

平安中期以降では、『平安遺文』に、承平七年（九三七）の宗岳用行、康保四年（九六七）の直講宗岳忠行、安和二年（九六九）に加賀目となり、寛弘三年（一〇〇六）に美濃掾、長和二年（一〇一三）に左将曹、治安二年（一〇二二）に左近将監となった宗岳高通・高兼（両者は同人か兄弟近親）、長元八年（一〇三五）の故大蔵史生宗岳茂兼、などが見える。

『前賢故実』や『江談抄』には、醍醐朝の延喜十七年（九一七）十一月に老年ながら遂に文章生（進士）に合格した宗岡秋津がとりあげられる。秋津は武技に優れたが、晩年に文学を熱心に学んで文章道の試験を受け続け、老齢になっていたものの及第した次第だという。ただし、前者は幕末～明治の画家菊池容斎が作者であり、後者は平安後期の故実書・説話集だから、当時の表記はまだ宗岳だったとみられる。『古今和歌集』に二首入る算博士宗岳大頼もいる。

長徳二年（九九六）の「大間書」には、大舎人番長正六位上の宗岡朝臣滋忠が同年正月に和泉国権目に任官したと見える。伊勢でも、康保三年（九六六）五月に太神宮擬検非違使宗岡（欠名）が「光明寺文書」に見える。

宗岳は宗岡・宗丘という表記と一時期は併用された模様で、十一世紀初頭頃の相撲人宗岳数木が宗岡員木、宗丘員材と見える（『権記』など）。『御堂関白記』の寛弘元年（一〇〇四）の八月・十月に少外記宗岳行利、『小右記』には上記の宗岳高兼（宗丘高兼）や、長元四年（一〇三一）に少内記宗岳国任が見える。更に遅く、寛徳元年（一〇四四）の宗岳朝臣公能、康和元年（一〇九九）宗岳信国などの宗岳表記もあり、宗岳はほぼ十一世紀末頃まで使われた模様である。

一方、宗岡朝臣の表記では、宗岡経則が延喜五～七年（九〇五～七）に大外記、次いで若狭守で見え、宗岡為成が長徳三年（九九七）～長保二年（一〇〇〇）に少外記・大外記で見えており、叙爵後に豊前守に補された（『外記補任』）。この者は宗岳・宗丘とも表記され、『権記』にも見える。寛弘三年（一〇〇六）に大外記となり、後に大隅守に転じた惟宗朝臣行利は、はじめは宗岳姓で見える。上記の少内記宗岳国任もいて、外記・内記の任命者が多く見られる。寛弘二年（一〇〇五）には、大蔵史生宗岡兼興（兼憲）も見える（『東大寺文書』）。

寛弘八年（一〇一一）に伊予目宗岡友光が一条天皇の御法事に奉仕しており（『権記』）、万寿元年（一〇二四）には正六位上宗岡朝臣数高が駿河権介に任じられた（『魚魯愚鈔』）。十世紀中頃の大蔵史生宗岡高助の孫には大蔵史生時延がいたが、一条天皇の葬儀に見える主典代内蔵属宗岳時重（『権記』）とは兄弟にあたるものか。この時重の子と見えるのが正六位上**宗岳朝臣公能**で、父時重の譲りを受けて寛徳元年（一〇四四）に主計寮権少允に任じている（『魚魯愚鈔』中）。寛弘元年（一〇〇四）に主殿少属として見える時頼もいる（『除目大成抄』）。

十一世紀中葉では、宗岡利武が康平四年（一〇六一）に従七位上で讃岐目に任じ、翌康平五年には宗岡節基が美作掾、更にその翌六年には従七位上で伯耆掾に遷した（『魚魯愚鈔』）。

十一世紀後葉頃以降では、宗岳信忠が寛治元年（一〇八七）に内舎人に任じ、宗岳信国が康和元年（一〇九九）に大蔵少録に任じたと『本朝世紀』に見える。これより早い治暦二年（一〇六六）に府生で見え、源義綱の随身せる首級を梟した宗岳信良（『中右記』）がおり、嘉保元年（一〇九四）になって近衛府の志で見える。信貞は応徳三年（一〇八六）に図書少允に任じた（『除目大成抄』）。これら四人は兄弟とみられよう。

また、正六位上宗岡成武が延久四年（一〇七二）に阿波少目に任じ（『魚魯愚鈔』）、宗岡成任が承保四年（一〇七七）に造像智識貢上状に見える（伊勢四天王寺文書）。

宗岡為貞や宗岡為長も『本朝世紀』に見えて、前者は寛治元年（一〇八七）十月の臨時除目で右兵衛少志に、後者は康和五年（一一〇三）の除目で大膳少属に任じ、更に保安元年（一一二〇）には左兵衛少志になった（『除目大成抄』）。久安四年（一一四八）八月にも、左兵衛志宗岡（欠名）が見える。その前年の久安三年十二月に左衛門少志宗岡為時が『本朝世紀』に見えるが、近親一族か。

『中右記』の永長二年（一〇九七）正月の除目には、任伊予少目の宗岡秀元や任加賀大掾の石川高次が見えており、石川氏もまだ残ったことが分かる。天治二年（一一二五）に伊勢権少掾正六位上宗岡宿祢助忠も見える。このほか、欠名の宗岡氏もいるが、省略する。

多少煩瑣でも、宗岳・宗岡一族の任官叙位状況を追いかけてきたが（河内の龍泉寺関係でまた触れるが、その準備でもある）、以上を見ると大蔵・内蔵や外記などの職務につく者が多かった。また、衛府や八省の下級官人や、年代が下がるほど掾・目などの地方の任用国司として活動していた。この頃には、官位も正六位上くらいが限界で、叙爵まではいかなかった模様である。

このほか、地方では、**大和に宗岡氏**が居たことが知られる。「東大寺別当次第」には権律師法橋上人位親宥が延喜十九年（九一九）の官符に「年七十六、臈五十四、大和国、宗岡氏」と見える。この僧が三四歳の時に宗岡賜姓をうけたことになる。平群郡額田部邑の額安寺別当職相伝次第には、宗岡仲子以来の宗岡氏の相伝者が記される。同文書には、永承六年（一〇五一）三月に宗岡仲子の立券という記事があり、仲子は天喜元年（一〇五三）に養子の朝耀大法師に別当職を譲り、更に、「宗岡の孫子」とされる義円法師からその子の尋智へ、その子孫へと数代にわたる譲渡が記される。元暦元年（一一八四）の添上郡坂原郷に関する宗岡末弘の田地売券が『平安遺文』に見える。

和泉でも、和泉郡坂本・上泉両郷（現・和泉市と泉大津市域）の山野・荒田の二五町を宗岡光成が開発し、長和三年（一〇一四）に永代私有を国衙に申請して許可されている（「和泉河野家文書」の宗岡光成解状案。『平安遺文』五三にも所収）。両郷には古代から珍努県主と坂本臣の流れが勢力をもっていたから、ここの宗岡氏は有力にはなりえず、その後は明確には史料に見えない（後述するが、泉南郡岬町の興善寺の釈迦如来像銘文に見える宗岡行紀・是行や友依は後裔の可能性があろう）。

鎌倉時代になっても、大和では宗岡氏の存在が知られる。唐招提寺礼堂の釈迦如来胎像内文書のなかに、正嘉二年（一二五八）四月付けの釈迦念仏結縁交名があり（『鎌倉遺文』八二一六）、そこには宗岡姉子の名が見えている。

中世・近世の宗岡氏後裔の官人

中世及び近世には、下級官人として宗岡氏が見えるが、平安時代からの系譜のつながりは不明なままである。これも、平安後期、十二世紀代の人々が史料に殆ど見えない事情に影響されている。

近世の地下官人の諸家を網羅的に掲載する三上景文撰『地下家伝』では、宗岡氏は召使（召使、史生、行事官）の青木氏について見える。その最初にあげる宗岡包延は、同書には平安後期の久安年中に奉仕とあり、次ぎに久寿年中奉仕の重清、治承年中奉仕の兼延、養安年中奉仕の吉兼、建保年中奉仕の兼次、延慶年中奉仕の宗職」とつながり、この次ぎに宗岡重吉をあげて、康永三年（一三四四）に任大和権少目とする。以下は、続柄が記され、重吉の子、行清・行知・行助兄弟、行助の子の行継（その子に行寛）・行言（明応六年（一四九七）任摂津目）兄弟以下が記載される。

ところが、初祖の包延は、『猪隈関白記』には建久八年（一一九七）二月に「上召使宗岡包延、宗岡吉包、宗岡包里、宗岡守兼、宗岡包久、宗岡光包」と見えるから、実際には平安末期・鎌倉初期頃の人物と分る。宗岡重清については、「東寺百合文書」の正応元年（一二八八）五月付けの文書に見えるから、『地下家伝』の記事は、活動年代も実際と異なり、歴代そのものでもないようで、注意を要する。

『経俊卿記』には文応元年（一二六〇）の宮内録宗岡包員、『吉続記』の文永八年（一二七一）正月に宗岡行包も見え、両者は『続左丞抄』巻二では建長六年（一二五四）七月に園并韓神社（五十猛神及び関係神が祭神）の権祝宗岡行包、権祢宜宗岡包員が祝・祢宜の安部氏とともに見えており、また、「摂津勝尾寺文書」には承久三年（一二二一）三月に「宗岡員頼、一男宗岡員光」と記されるから、鎌倉時代の宗岡氏一族には、「包、員」の通字が多く見られる。名前から見て別系統らしい鎌倉後期の宗岡氏が大和国添上郡にいたようで、嘉元四年（一三〇六）の土地売人に宗岡時弘、その孫の明覚（宗岡虎丸）が南北朝期の応安年間（十四世紀の後葉）にその子女の宗岡妙童・春満丸とともに田地売券に見える（『東大寺文書』）。

これが室町時代になると、名前に「行」の通字が多く見られる。『園大暦』には、貞和三年（一三四七）三月に宗岡行助が上召使から山城大目に任じられた記事が見える。

次いで、応安七年（一三七四）・永徳二年（一三八一）の式部丞代宗岡行嗣、永徳三年（一三八二）の大嘗会御禊御装束司の主典正六位上宗岡宿祢行氏・次第司判官正六位上宗岡宿祢行嗣（以上は、みな『後愚昧記』に拠る）が見え、応永廿六、七年（一四二〇年頃）の召使宗岡行継・同行秀・同行寛、応永卅二年（一四二五）の権目正六位上宗岡宿祢行仲（以上は、みな『薩戒記』など）、嘉吉元年（一四四一）の上召使行寛（『建内記』）、文正元年（一四六六）の大嘗会官方惣行事の行継・史生の行賢、文明七年（一四七五）の越前目・上召使の行宣、明応六年（一四九七）の摂津目・上召使の行言・右近将監の行寛（以上は、みな『親長卿記』）が見える。

これらの者は一部に「宗岡宿祢」と表記されるが、後の「立坊立后記」天和二年（一六八二）に中宮職権少属に従六位下宗岡朝臣信行（青木氏で、庸行と同世代）と見えるから、正式には朝臣姓としてよかろう。

これら室町中期頃から『地下家伝』の記事が信頼できそうである。歴代すべてを紹介はしないが、行寛の玄孫（四世孫）の生行（十六世紀後葉～十七世紀前葉頃）の諸子から青木を名乗り、ここで三系統（亮行・生時・生基の三子の流れ。後に五系統となる）に分かれる。このほか、宗岡姓の三宅氏、中原姓の宗岡氏もあった。地下官人では、青木家（宗岡氏）が外記方の文殿・史生・召使をつとめ、官方の史生をつとめた山口家が宗岡氏（後に源氏、紀氏に変更）であって、極位が前者は従五位下、後者は正五位下であり、官方の副召使の青木・三宅両家は極位正六位上であった。

生行の曾孫が宗岡朝臣庸行（青木右兵衛大尉）で、約百年後の十七世紀後葉～十八世紀前葉頃の人であるが、『百年以来近代地下諸家伝』（早稲田大学図書館蔵「外記平田家文書」に所収）を撰した。同書は、江戸時代前期を中心とする地下官人の経歴を、家ごとに歴代順に集録した本史料には、『地下家伝』の記載を補ったり、再検討をせまる貴重な情報が含まれるといい、赤坂恒明氏がその紹介論考を書いている。

このほか、大和の宇陀郡に宗岡氏居住の痕跡がある。宇陀市室生向渕にある穴薬師石仏は、建長六年（一二五四）の年代が知られ、本尊の向かって右には、「建長六年二月卅」「宗岡守定」とあり、同じく左には「日大施主宗岡氏下司」「高橋正末」「沙弥善定」とあり、市指定文化財になっている。

中世武家の河内の石川氏と一族

全国には石の川や石川・石河の地名がかなり多いから、それら地名に因む氏や苗字が各地で起こった。そのなかでも、古代からあるのが河内国石川郡に因む蘇我氏系の石川朝臣氏と甲斐に起こった百済渡来系の石川氏である。後者のほうは賜姓記事（甲斐住の百済人の止弥若虫が延暦十八年に賜姓）が六国史に見える程度であって、その後裔は殆ど知られないが、甲斐国巨麻郡人の志田がそうだとも伝える。

中央の石川朝臣氏は、ここまで見てきたが、下級官人で江戸期まで長く続いた。ただ、「蘇我臣、石川朝臣、宗岡朝臣」と続くこの一連の流れについては系図が殆ど伝わらず、これが蘇我氏一族の研究に大きなネックであった。最近、早稲田大学図書館に所蔵の『真香雑記』のなかに、石川朝臣の一支流から出た武家の竹内氏の系図が残るのが分かったので、その資料紹介を概略しておく。

蘇我氏の起源地の一つとして考えられている河内国石川郡（大阪府富田林市の東半と南河内郡の一帯）には、蘇我氏一族諸氏の流れが中世まで武家で残った。蘇我氏と深い関わりの地域には、近隣に河内飛鳥もある。大阪府南河内郡河南町は旧石川村

一須賀神社（大阪府南河内郡河南町）

を含む主要地で、その地の延喜式内社・一須賀《いちすか》神社（壱須何神社）あたりの一帯は、蘇我氏あるいは石川朝臣の本拠地としてみられ、元は宗祖・蘇我石川宿祢を祀った社であろうと記される（『河内国式神私考』『渡会氏神名張考証』など）。「須賀」の地名は、蘇我（蘇賀）にも飛鳥にも、おそらく関係がありそうである。同社は江戸時代には「天神」と称され、現在の祭神（大己貴尊・天照皇大神などが主祭神）となったのは江戸時代初期とみられている。当地に南朝方の石川城が築かれた。

蝦夷の兄弟の蘇我倉麻呂（雄正子）の長子・右大臣倉山田石川麻呂の兄弟のなかでは大臣に任じた連子の流れだけが石川朝臣氏として男系を長く残し、奈良時代及び平安時代初期まで、その後裔一族は一定の政治的地位を保持した。それも、平安京遷都後に亡くなった正四位上・参議、石川朝臣真守を最後にして、公卿は出なくなる。その後、六国史などには宗岳朝臣、宗岡朝臣などへの改賜姓が見られ、この一族の存続・活動は多少知られても、政治の表舞台から姿を消したものの、江戸期まで朝廷の史生など下級官人で見える。

上記の『真香雑記』に掲載の石川氏の系図は、宗岡朝臣につながる石川朝臣氏本宗の系図ではなく、年足の弟・豊成の後という支流で、「豊成―河主―長津」の後におかれる一族である。豊成の十男とされるのが河主で、正四位上武蔵守が極位であった。その子に正五位下木工頭の長津（永津）がいた。この辺までは、石川氏は系譜を追うことができる。

系図に長津の子とされる宗主が、『文徳実録』天安二年（八五八）四月条に刑部大丞正六位上で見える。宗主は刑部大録正七位上難波連清宗らと官宣を詐称して省符を作り、罪人佐伯官人等を放免したとある。この時になんらかの処罰を受けたのだろうが、その辺は六国史にも系図にも見えない。当該系図によると、宗主は「貞観十一年（八六九）九月死、六十二才」とあり、その孫の道宗が河内の石川郡大領で軍団押領使となったとある。その後裔が当地で押領使を世襲し、石川氏を名乗って中世まで続く。

この系図に関して、注目されるのは、河内発生の清和源氏、石川氏との関係である。河内では、平安後期頃から武家石川氏の活動が見られ、源平合戦でも権守義基・石川判官代義兼親子の動きなどが知られるが、『尊卑分脈』等の史料では、先行する石川朝臣氏との関係は知られなかった。それが当該系図の記事により分るのは、大きな収穫である。

すなわち、石川朝臣姓の押領使石川権大夫宗満の娘が八幡殿源義家の六男、陸奥六郎義時の妻となったと『真香雑記』に見えており、ほかにも源氏一族との通婚はありそうだが、それ以上の通婚はとくに記されない。源義時妻の兄・押領大毅石川太郎宗時の子の又太郎宗有は、寿永の兵乱の時に関東方に参じ、その次男・宗輔が竹内左兵衛少進と名乗り、これ以降は竹内氏の系図となる。宗輔の兄弟の左衛門兵衛宗秋・三郎宗房の後は、河内に在ったと思われるが、系図に記されない。「竹内」の地名は石川郡には見えないようだから、河内・大和国境の竹内峠か、遠祖と称する武内宿祢に由来する苗字か。

この古族に由来するほうの石川・竹内氏の系図は、全体に割合簡単なものであり、河内源氏の興起以降も細々と同地に続き、『真香雑記』に掲載される。

この系図では、武蔵介八郎左衛門竹内将基が応仁元年（一四六七）の生まれで、天文六年（一五三七）に常陸に下向して佐竹氏に従うと見えるが、年代的に考えると、その子で明応元年（一四九二）生まれの掃部助将光の代の頃に東国に移遷したものか。常陸から二流に分れて、嫡流は佐竹家中にあり、支流が甲斐に来て穴山信君に仕えた、と見える（佐竹家中の諸家にも見えないくらい）。もっとも、甲斐に移遷した具体的な事情も記載がなく、甲斐でも武家としてはほとんど現れず、守護武田氏の配下の有力豪族諸氏のなかにも竹内氏、石川氏は見えないから、ここで完全に埋没してしまった模様である。

それでも、太田亮博士によると、甲斐には石川氏が多いとのことであるが、著族がない。現代の名字分布では、南アルプス市や甲府市あたりに集中して見えるが、甲斐では古代の渡来系の流れを引くものが主であったことも考えると、その辺の識別はつきにくい。南アルプス市の前身が巨摩郡であることから、多くは渡来系の流れをくんだものか。

『真香雑記』に掲載の系図は、最後の世代が十六世紀後葉の竹内庄兵衛昌長で、穴山信君に従い天正十年（一五八二）に手傷で死去とあるが、この系図がなぜ近世まで残ったかの事情も不明である。採録者の「鈴木真香」とは、鈴木真年の若い時期、江戸末期頃に使われた名であるが、ほかに関連する事情も記載がない。

河内の石川郡の中世土豪では、川野辺（河野辺）氏が川辺臣後裔という可能性もいわれる。南北朝期には楠木氏の配下に川辺一族が見える。四條畷合戦では楠木正行の配下として河辺石掬丸らが『太平記』に見えて、共に討死しており、楠木正儀の配下には川辺駿河守がいて川野辺城（南河内郡千早赤阪村）の守将で見え、太田亮博士は「古代川辺臣の後なるべし」と指摘する。

北方近隣の平岩（平石）氏は、平石が一須賀の南隣であって蘇我氏同族の流れか、あるいは同地の磐船神社（同郡河南町。鴨習太神社の論社ともされるから、これも蘇我氏関係社か）に関係するか、など系譜は不明である。船形の巨岩（磐船）が社殿の背後にあり、境内には浪石などの多くの巨岩・奇岩を見るから、岩石の祭祀・技術に関係深い蘇我氏との関連が考えられる。「磐船」などから、物部氏の族流関係で河内交野の磐船神社との関連という可能性もないではないが、饒速日命の降臨伝承地とは遠く、この付近が蘇我氏一族の地盤だということで、広く天孫族系の性格を重視する見方もある。

石川郡河南町には古墳時代終末期の**平石古墳群**があり、シシヨツカ古墳・アカハゲ古墳・ツカマリ古墳の三基の大型方墳を含む。この三方墳は、規模の大きさや葛城石英閃緑岩（飛鳥寺跡の石材にも使用）の加工石を使用したことなどで、蘇我氏一族との関連もいわれる（白石太一郎、西川寿勝などの諸氏）。そのうち、最初の頃の六世紀末前後頃に造営のシシヨツカ古墳（東西約三五㍍、南北約二五㍍で、階段状の方墳）は、川辺臣氏の初代の墳墓か。大和の飛鳥地方における規模が大きい方墳との関係でも、この地の方墳群に留意される。

奥田尚氏などは、蝦夷親子が平石谷に双墓となるアカハゲ古墳・ツカマリ古墳を造営したのだろうと言うが、所在地の「今来」という所伝から見て、蘇我氏本宗という比定には疑問が大きいものの、蘇我氏一族の川辺臣氏や高向臣氏が被葬者の可能性があろう。

平石古墳群のある平石谷（大阪府河南町）

河内国石川郡の龍泉寺関係文書

平安期の宗岡朝臣氏の動向が記されるということで著名なのが、河内の龍泉寺に関係する文書である。この文書は奈良の春日神社に四通残り、それが『平安遺文』にも収録される。河内国石川郡の真言宗の寺院である龍泉寺（現・大阪府富田林市龍泉）は、嶽山の東中腹に位置するが、先祖の宗我大臣（馬子）が推古朝に建立したと伝え、それ以降の経緯や財政基盤などについての宗岡朝臣氏の主張が文書に見える。

龍泉寺仁王門（富田林市龍泉）

　これら一連の四通は、年代の古いものから三番目までが承和十一年（八四四）十一月付・同十二月付（ともに龍泉寺資材帳関係）及び寛平六年（八九四）三月付（龍泉寺氏人等請文案）で、最後の文書が平安後期の天喜五年（一〇五七）四月三日付（龍泉寺氏人連署解状案）となっている。最後の文書では、石川東条の寺敷地（石川の東岸の富田林市龍泉あたり）、氏人私領家地（石川郡紺口郷）、及び古市・石川両郡・科長郷の山地は、古くから宗岡氏の所領であった、という主張が記される。

　ところが、四通の文書は記事内容に問題がある。すなわち、最初の三通は年代記事に疑問が残り、明らかに偽造文書とされよう（学界でも信頼性に疑問有りとされ、『平安遺文』編者も承和十一年十一月付文書について、「本書検討を要す」と付記する）。最後の文書が正文かどうかは決め手がないが、そこには、龍泉寺の氏人宗岡公明、権俗別当宗岡朝臣（欠名）及び俗別当散位宗岡公用の名が見える。内容が疑問というのは、承和十一年の時点で既に一族が「宗岡朝臣」姓で見えることであり、上記のようにこの賜姓は、その後の元慶元年（八七七）のことであった。しかも、当該時点で、「龍泉寺氏人公重」「氏之長者宗岡公重」という名前も疑問が大きい。第三の寛平六年の文書においても、「承和十一年之比、氏長者宗岡公重不慮之外、為強盗被殺害、住宅焼失之次、調度文書等同焼出畢」という記事があり、これも内容に疑問が大きいからである。

先に見たように、宗岳・宗岡（宗丘）が併用された十一世紀前半頃を経て、次第に表記が宗岡に一本化されるようになるから、十一世紀半ばの天喜五年頃の時点で一括して四文書が作成されたものともみられよう（姓氏ばかりではなく、名前のほうもその匂いがある）。その場合に、最後の文書だけが正しい文書だと言える保証がどこにあるのだろうか。

十一世紀半ば頃の河内南部において、宗岡朝臣氏一族が龍泉寺を氏寺として近隣に居住していたという史料は、ほかにはまったく管見に入っていない。九世紀後葉に、大和飛鳥の法興寺（飛鳥寺）を宗岳朝臣木村は氏寺として尊重しようとした動きがあったことが、『三代実録』に見えるが、それから約二世紀も経った時期に、河内のほうに宗岡氏一族が実際に居住して、そこに氏寺を設立、経営しえたのだろうか。私は、石川郡で武家化した石川朝臣氏後裔の系図を見て、これが河内源氏の石川氏につながることを認識するものだから、それとは別系統で宗岡氏一族が現実に河内に居住していたとはあまり考え難い。

なお、上記天喜五年の三十六年後の寛治七年（一〇九三）において、泉南郡の岬町多奈川にある興善寺の釈迦如来像銘文には結縁の人々の名前が知られる。これらは、付近の大村氏・紀氏などの住民を主に摂河泉居住とみられるなか、宗岡行紀・是行が東河内の桜井近助・同助元らとともに見える。この宗岡氏両名の居地は不明だが、東河内・西河内と限定される者のなかにはいないから、その他の和泉・摂津なのだろう（先に記した和泉郡の宗岡光成の後裔という可能性もあるか）。その二十七年後の保安元年（一一二〇）に、同寺の大日如来像銘に見える人名は、散位桜井近介女と次世代になっているのが分るが、なかに石河友依や古世則貞女、岸田全丸なども見える。高野山文書の『続宝簡集』二十七には、元暦二年（一一八五）の人々のなかに宗岡重友や宗岡則久・宗岡則国が見えるが、この辺は紀伊かその近辺に居住なのだろう。

倉本一宏氏は、上記文書に見える馬子創建の主張にかかわらず、「七世紀にこのような山岳寺院が存在したとは考えられず、平安時代以降の氏寺であろう」と加藤謙吉氏の教示を踏まえながら記される（『蘇我氏』）。同寺の縁起伝承では、同寺を空海が復興させたというし、天長五年（八二六）に藤原冬緒が堂宇を再建し、淳和天皇から現寺号を賜ったと伝えるから、そこには平安前期の石川郡において石川氏の確たる存在はもちろん、同寺と石川氏との関係が春日大社文書以外には見えず、龍泉寺が「石川氏が建立した氏寺」だと裏付けるものはほかにない（龍泉寺を島大臣が起こした旨が記される「元興寺縁起」は、鎌倉時代末期に橘寺の長老・法空が太子の伝記を著した『上宮太子拾遺記』に所引されるが、時代が後世すぎると思われる。倉本氏も、馬子の建立を否定する。だから、同寺の開基・時期や運営者は不明である）。

発掘調査で奈良時代前期に遡る古瓦も出土したというが、これが直ちに蘇我・石川氏の氏寺に結び付くとは限らないと倉本氏も述べる。「馬子の建立」でなければ、石川・宗岡一族の誰が何時、氏寺として創建したのであろうか。『今昔物語』には右京に大邸宅を構えた富豪、大蔵史生宗岡高助と娘の話が見えるが、十世紀中葉頃のこの者について氏寺の話も見えないし、高助の死後には娘たちは零落した有様で、男系も細々と続く程度であったのだろう。京の朝廷に出仕せず、河内だけの活動で中下級官人としての官位を得られ、保てるはずもない。これでは、氏寺を保持していく財力さえ得られない。

氏寺の立地について、岩田真由子氏は、「飛鳥時代には氏族の本拠地に建てられることが多かったが、都に官人貴族が居住するようになると、都の内外に建立されるようになった」と記している（『日本古代史大辞典』）。これは、藤原氏の興福寺、和気氏の神護寺などを念頭に置いた表現なのであろうが、平安時代において石川氏、そして宗岡氏が氏寺を保持していた証拠がない。大和の巨勢寺は、平安時代には興福寺の末寺となっており、鎌倉時代には所有財産を春日大社に寄進して、その頃から荒廃し廃寺となったとされる。龍泉寺自体も、鎌倉前期の嘉禎四年（一二三八）には興福寺の末寺と見える（『鎌倉遺文』所収の大和大東家文書）。

貴族系統の血統保持に貢献した「蔭位の制」では、従五位の嫡子は従八位上に叙されるが、平安中期頃には宗岡氏で従五位の叙爵を受ける者が、為成（惟宗改姓の行利もそうか）以外では見えないくらいに衰微していたのだから、それ以降に河内に氏寺を保持する力がなかったとみるのが自然である。

龍泉寺の本堂の後に隣接する咸古《かんこ》神社は延喜式内社で、江戸時代まで同寺の鎮守社であった。その祭神は近世には牛頭天王と称され、明治初頭の『特選神名牒』では俗に進乃男《すさのお》神（八坂大明神）

と言うが、これを信じがたいとして、当地付近一帯が紺口《こんく》県に比定されることから、『姓氏録』（河内皇別）に多氏族の出という紺口県主の遠祖・神八井耳命に改められた。スサノヲ神なら、天皇家を含む天孫族の祖として問題はない。ともあれ、仮に龍泉寺が氏寺として存在したのなら、宗岡朝臣氏よりも紺口県主かその族裔の氏寺とみたほうが祭祀的にも自然である。例えば、河内国志紀郡土師里の道明寺（大阪府藤井寺市）は、当地の土師氏の氏寺として小徳冠土師連八嶋（菅原道真の先祖で、『書紀』『伝暦』などに見える。その子の身が山田大臣自害の報告をする）により推古朝に建立され、境内に土師神社（現・道明寺天満宮）や天穂日命神社があった。同寺は菅原氏の氏寺ともいい、道真の姨の覚寿尼も住持をつとめた。

先に見たように、式内社・一須賀神社あたりの一帯が、蘇我氏同族の流れを引くものの本拠地としてみられ、一須賀古墳群の一角にも位置し、中世では当地に石川城が築かれた。清和源氏石川氏は、先に触れた系図が知られなくとも、なんらかの形で古族の血を母系から承けたことが推され、同社あたりが発祥地とみられ、本拠が石川城とされるが、この地は龍泉寺からはかなり離れる。源平合戦のときに石川城合戦が行われ、南北朝期にも南朝楠木方の石川城として戦略上の要地であって、同社も再三兵火を受けた事情がある。

関連する諸事情を見ていくと、そもそも、河内の石川郡に宗岡朝臣氏が居住したとの裏付けがまったくないのだから、内容から見て、当該四文書はすべて後世の偽造文書であるとみたほうが妥当であろう。宗岡氏一族としても、平安期の人の名前に「公」を用いた者は殆どいない。先に見たように、寛徳元年（一〇四四）に主計寮権少允に任じた正六位上宗岳朝臣公能が唯一、『魚魯愚鈔』に見えるが、この者は京都の官人だから、河内に居たことは考え難い。その系譜が京の富豪で知られる高助の曾孫であるなら、なおさらである。

割合多くの学究が、最後の天喜五年文書は信頼がおけそうだとするようだが、この文書の記事にも「承和十一年比、氏長者公重不慮之外、為強盗殺害」というあり得ない内容があり、疑問が大きい。この承和当時の命名から見て、「公重」という名の人物の存在には大きな疑問があり、ましてや「氏長者」になったはずがない。承和十一年頃には、公重殺害事件は起きるはずがないのである（先に、六国史には、承和年間頃に叙従五位上の橋継・英多麻呂、それに続く九世紀中葉の嘉承〜貞観年間だと叙爵者が豊河や宗継・弟庭しかいない、と一族有力者の具体的な名前を見たところ）。

龍泉寺関係文書に信拠する議論は、全て根底から成り立たないということになる。この文書四通には、すべてにわたり「氏之長者宗岡公重」の名前が出てくる事情がある（文書により、表記が多少異なるが、すべてに公重の名前が見える）。

これら諸事情から言って、龍泉寺関係文書が、A「河内国石川地方が古くから宗岡一族の所領として存続したことを伝えている」、B「彼らは河内国石川地方を本貫とし、氏寺竜泉寺を営む石川氏にほかならぬ」、及びC「石川氏一族が、確実に石川の地に根をおろしていたことが知られる」という加藤謙吉氏の見方は代表的なものであろうが、Cを除き（当地で武家となった平安中期以降の石川氏の存在が知られる事情があるから）、疑問が大きい。

石川郡をめぐる蘇我同族関連の諸事情

だからといって、龍泉寺が蘇我氏の同族諸氏もなんらかの関係をもった可能性を否定するものではない。高向氏や川辺氏が現実に石川郡にあった事情も、これまで見てきた。そして、蘇我一族の遠祖（在河内の当時はまだソガを名乗らないが）が吉備・播磨方面から大和へ移遷する過程のなかで、同郡が重要な地理的位置を占めたことは十分考えられる。

　富田林市域では龍泉寺の西北近隣に須賀の大字もあり、南隣の河内長野市に蘇我一族の高向臣氏の居住地（龍泉寺の西南隣）もあったからである。「嶽山」も天孫族に関係深い地名で、中国中原の嵩山に通じる。

　龍泉寺の西南近隣、富田林市嬉にある腰神神社は、簑島宿祢（紀伊の豪族というも、系譜等が不明）・八大龍王・猿田彦命を祭神とし、金胎寺山中腹に位置して、本殿の背後の巨石を神体とする。

　石川郡の式内社には、**美《み》具《く》久《く》留《る》御《み》玉《たま》神社**（和《わ》爾《に》宮。富田林市宮町）があり、来歴がよく分からず、奉斎者も不明なわりに、河内国二宮、石川郡総社とも称され、近代には府社の格付けをもった。下水分神とされる水神を祀って江戸期には水分宮と言われ、創祀に大蛇伝承が絡む。このほか、同郡内に建水分神社（南河内郡千早赤阪村水分で、川野辺のごく近隣に鎮座。上水分神とされる）及び大祁於賀美神社（羽曳野市大黒に遷座して再建。江戸期から山王権現と呼ばれる）という式内社もあって、

美具久留御玉神社（富田林市宮町）

なぜか近隣に水神の分布が多い。

美具久留御玉神の実体は不明も、崇神朝に現れて農民を悩ませた巨蛇を慰撫するため、大国主神の荒御魂を祀るという。鎮座の地はＰＬ学園の東南近隣で、石川の西岸域であって、一帯はもと支子《きし》（今は「喜志」と表示）といい、石川対岸の東岸域には壺井八幡宮や壹須賀神社があるから（三社の地点を結ぶと、ほぼ正三角形をなす）、蘇我同族関連の神社にもあたりそうである。当社には「喜志の宮さん」という愛称もあって、その旅所は上部が平な大岩とされる。近くには桜井の地名もあり、いわゆる「太陽の道」の線上に当社が位置して、二上山の真西にあたる。近隣の真名井古墳（墳丘長六〇メートルの前方後円墳で、三角縁神獣鏡・碧玉製紡錘車を出すから、四世紀後葉頃の築造か）もこの地域では最古の前期古墳とされ、石川流域の開発者の祖神を祀る神社だったか（紺口県主の社かという見方は、当たらなそうである）。

「美具久留御玉」は、水くくるの御玉（水泳る御魂、水沐御魂）の意味で、左右の神殿に水分神、末社に皇大神社（天照大神など）・熊野神社・貴平神社（須佐之雄神、宇迦之御魂神、青箭高鈴彦命）を祀る事情もあって、出雲大神を祀る出雲族関係ともされる。同社の丹波国氷上郡絡みの伝承からすると、「出雲大神」とは大

壺井八幡宮（羽曳野市壺井）

国主神ではなく、丹波の出雲神たる天目一箇命（出雲国造の祖・天夷鳥命に相当）にもあたりそうである。金毘羅宮の別称もある。神宝は生太刀（出雲大社の神剣という）・生弓矢とされ、社司はもと青箭《あおや》と称し（境内に青箭社もあり、高鈴彦命が祖先の名か）、今は青谷の名字を名乗るが、姓氏は不明である。

これら同社の諸事情から推察するに、美具久留御玉神の実体は、天孫族の天津彦根命（天稚彦。天照大神の子）とその子の天目一箇命・少彦名神兄弟の三神のいずれかにあたりそうで、蛇神よりはむしろ竜神であろう。

こうして見ると、石川郡には水神・竜神からみで巨石祭祀が多いことに留意される。河内国石川郡の神社の一覧を、『大阪府全誌』で見ると、この地域の祭神は、なぜか天太玉命が多い（式内社の佐備神社・咸古佐備神社などの祭神）。いま咸古佐備神社は、咸古神社に合祀される。天太玉命は忌部首の祖神で知られるが、玉作連の祖神・天明玉命でもあり、飛鳥坐神社の一座に天太玉をあげる史料もある（『類聚三代格』『伊呂波字類抄』）。この神は、その実体が天津彦根命（天稚彦）にもあたるから、これが「玉」を共通する美具久留御玉神にあたるものか。佐備こと「サビ」とは鉄の古語であり、鍛冶神たる天目一箇命の父神が佐備神社で祀られるのは、由なしとしない。同社は龍泉寺の北方近隣二

佐備神社（富田林市佐備）

キロ弱の地（富田林市佐備）に鎮座し、松尾大神（少彦名神）が相殿で合祀され、摂社に水分神社・天神社がある。

この辺の事情が、蘇我・石川氏同族の河内での活動を具体的・的確に捉えるために必要な認識であろう。大和の高市郡曽我が氏の名が因る地名でも、それより先に、祖系の流れが河内国石川郡にあったということになり、遠祖の石川宿祢は当地で生涯の殆どを過ごした可能性も考えられる（「石川」は住居地に因む通称か）。

〔**補記**〕龍泉寺に関してもう少し言うと、その南方近隣に**観心寺**がある（河内長野市寺元。南方三キロ弱の地）。国宝・重文を多く持つ真言宗の重要な寺院で、鎌倉末期に塔頭五〇か寺超の大寺院となり、楠木正成一族の菩提寺であって、後村上天皇の行宮ともなった。この寺に、空海が関与し、その一族で一番弟子の実恵が実質的な開基とされる。当寺が空海の遺跡だと平安時代以来、広く信じられていた。

現在まで多く残る観心寺文書には、「観心寺縁起実録帳写」に、平安前期の観心寺の寺領として、錦部郡の北限が龍泉寺地並びに石川郡堺とする承和四年（八三七）三月の文書がある（空海の弟・真雅と上記実恵が署名。『大日本古文書』家わけ第六に所収）。この年月・内容等には疑問もないでもないが、仮りにこれが正書なら、承和年間当時に龍泉寺は存在したものの、観心寺のほうが錦部郡山中一千町及び石川郡南山中五百町という広い寺領をもち、承和三年に石川郡東坂荘が勅により施入されたと伝えるから、龍泉寺や宗岡氏所領の広大な地域という主張が疑問となろう。これより史料的にははるかに信頼性が高い元慶七年（八八三）九月付けの「観心寺縁起資財帳」（国宝）には、承和三年の太政官符により北限竜泉寺山（嶽山）の敷地十五町ばかりが許可されたと記される。

高向氏・田口氏などの一族諸氏

飛鳥・奈良時代以降の蘇我氏の一族諸氏の動向について、概略を見てみる。これら支族諸氏のなかで最も高位に昇ったのが高向氏であり、平安期には田口氏の活動も割合目立つ。ほかでは、川辺氏などが奈良時代に六国史に現れ、田中氏は平安前期にも叙爵者が多い。

まず、高向氏であるが、乙巳の変で蘇我本宗家守備兵の投降に寄与した国押（国忍）は、孝徳朝に重用されて刑部尚書大花上の地位にあった。その弟・小国臣（一に真足臣）は欠名で『常陸国風土記』に見え、孝徳朝の坂東総領で、常陸では香島神郡などの評（郡）を次々に設置したと見える。

国押の子、**高向朝臣麻呂**（摩呂）は中納言従三位まで昇進した（石川氏を除くと、蘇我一族中で最高位）。天武十年（六八一）に小錦下に叙し、同十三年（六八四）に遣新羅大使となって、在外時の同年十月に八色の姓の制定により朝臣を賜姓した。翌十四年には学問僧の観常・雲観らを伴って帰国し、新羅王の献上物をもたらした。大宝元年（七〇一）の大宝令の施行を通じて従四位上、翌大宝二年には参議に任ぜられ、慶雲二年（七〇五）に正四位下中納言、和銅元年（七〇八）に従三位摂津大夫に叙任され、同年閏八月に薨去した。

その子に色夫智、大足、人足がいたが、いずれも従五位にとどまる（大足が従五位上で、残り二人は従五位下）。孫の家主（色夫智の子）は、東大寺大仏開眼のときに治部少丞で開眼師施使をつとめ（『東大寺要録』）、天平宝字八年（七六四）に藤原仲麻呂の乱の功績により叙爵し従五位下になった。後に南海道巡察使、治部少輔を務め、筑後守で宝亀六年（七七五）に従五位上に叙された。『懐風藻』に入った鋳銭長官従五位下の諸足も一族にいる。

平安時代に入ると、高向氏の地位がますます低くなり、弘仁十四年（八二三）に叙爵の長継や元慶四年（八八〇）に従四位下に叙された公輔（元名が桑田麻呂。延暦寺僧の湛慶阿闍梨から還俗し中宮大進、式部少輔、次侍従を歴任）くらいが平安前期の主な人物である。公輔の子の利春・利生兄弟が十世紀前半の延喜頃に見えて、共に叙爵して地方の国守をつとめた。前者は『古今和歌集』の歌人としても有名で甲斐・武蔵の国守もつとめ、その後裔が長らく下級官人を続けて、支流が摂津国武庫郡高木邑に住み、南北朝期に高木十郎として『太平記』巻廿に官軍の多田入道が手の者に見えるが、「其心剛にして力足らず」と同書に評される。後者の後裔からは、筑前宗像社の殿上職を世襲する祠官家を出した。

平安後期では、十一世紀中葉の康平年間に越後権介に任じた高向理在が史料に見える（『平安遺文』）。ほかでは、欠名で和泉掾や伊勢・遠江・大和の目の任官者が知られる程度に衰退した。

次ぎに**田口氏**であるが、先に見たように当初の大化頃では複数の政治事件に絡んで家勢が衰えていた。益人のときに田口朝臣姓で見え、正五位上右兵衛率となり、万葉歌人で養老六年（七二二）に死去した。それ以降、奈良時代にはそこそこ活動が見える。益人の子の家主が従五位上河内守となり、その娘・三千媛（夫と共に贈正一位）が内舎人橘朝臣清友の妻となって檀林皇后橘嘉智子（嵯峨天皇との間に仁明天皇など二男五女を生む）を生んだことから家運は上昇した。一族の真中媛（従五位下真仲）は嘉智子の弟・右大臣橘氏公に嫁し中納言岑継を生んでいる。同氏が平安期に女官を輩出した事情も、これらによるものか。

系図では、三千媛の兄・池守の娘が「文部卿石川年足室」と見える（年代的には年足の子の名足室のほうが妥当か）。池守の孫で嵯峨天皇の頃の雄継は従四位下まで昇叙し、その子に正四位下神祇伯の佐波主を出した。佐波主は仁明天皇が即位すると急速に昇進し、右京大夫、武蔵守を歴任したが、没後には太皇太后嘉智子の外戚として従三位の贈位を受けている。佐波主の後は系図に見えない。

雄継の弟・息継は阿波守・大判事を経て正五位下となり、その流れが続いて平安中期頃には、『金葉和歌集』などに入る歌人田口重如や、一条天皇朝の名文家で従五位上式部少輔兼大内記の斉名《ただな》を出した。斉名は、後に紀朝臣に改姓しており、漢詩集『扶桑集』（没後に道長に献上される）の撰者で、大江匡衡との詩病論争で知られる。

名僧円珍との関連で見える九世紀の入唐僧の円覚も一族におり、真如親王（平城天皇の子の高岳親王）と共にインド方面へ出発し、消息を絶った。円覚は益人の従兄弟の従五位下麻呂の流れであり、その甥には仁明・文徳朝の房富（正五位下美濃守）がいる。房富の流れもあって、平安後期に正六位上因幡大掾で『朝野群載』に見える重国がいる。

この平安後期になると、遠江大掾から甲斐掾に替わった田口久則がおり、太宰府貢物使の田口為友のほかでは、数名が史料に見える程度となる。

なお、紀斉名の従兄弟という成藤の後裔が阿波に定着し、武家の田口氏となると伝え、平清盛の忠臣で寿永二年（一一八三）に八嶋浦（屋島）の御所造営の功で従四位下に叙された阿波守田口成良（成能、重能）が出た。もっとも、阿波の田口氏については、系譜に疑問もあり、『山槐記』治承二年十月条の記事「内舎人粟田則良」などから粟田氏が正しいとの見解（森公章氏の「古代阿波国と国郡機構」。『在庁官人と武士の生成』に所収）がある。私見でも、実際には古代阿波国造の後裔ではないか（姓氏は不明）とみている。

田口成良の後裔が三河国宝飯郡の中條郷牧野村（愛知県豊川市牧野町）に遷して、戦国期には牛久保城と吉田城に居城する有勢の土豪となり、牧野古白などが活躍した。この一族が越後長岡藩主など幕藩大名牧野氏につながるとの系図もある。これらも、阿波からの系譜には十分な検討が要されるもので、牧野氏は古代穂国造（三河一宮の砥鹿神社祠官家）の流れかという見方もある。

奈良時代にはかなりの叙爵者がいた川辺朝臣氏は、平安中期には衰勢が明らかになる。寛弘五年（一〇〇八）九月の敦成親王の誕生のときに御湯を奉仕した川辺武相（「御産部類記」）くらいしか見えず、『類聚符宣抄』巻七に応和二年（九六二）八月に右近衛従七位上川辺宿祢忠保が見えるが、これらが朝臣姓の一族かどうかは不明である。ほかに、小治田氏、桜井氏に若干の下級官人が見える程度で、蘇我同族諸氏でも凋落が著しい。

蘇我氏と同族諸氏の中世への流れ

ここまでに中世武家につながるものも触れてきたが、多少の重複を厭わず、改めてあげておく。蘇我氏と同族諸氏の流れでは、次のような諸氏が後裔と称したが（関係各項を参照）、系図などが不明で確認できず、実態は疑わしいものがかなり多い模様である。

石川氏……河内国石川郡の石川氏。支族に竹内氏があり、戦国期に常陸や甲斐に分かれる。陸奥国会津の堂家、石塚、石部は、陸奥掾石川浄足の後と伝える。浄足は、奈良時代の宝亀十一年（七八〇）三月に東北地方で起きた反乱、宝亀の乱（伊治呰麻呂の乱）の際に見え、俘囚（服属蝦夷）が叛乱軍で多賀城に迫ると、上司の介大伴真綱とともに密かにその後門から逃げて隠れたと『続日本紀』に記される（浄足のその後は史料に見えない）。

宗岡氏……武蔵に宗岡の地があり、備後に宗岡を名乗る者がおり、それぞれ後裔とか関係者の地と称するようだが、真偽不明。前者では、志木市中宗岡に宗岡天神社がある。地名は宗岡氏の人名からとも伝えるが、「棟岡」の表記で記録があるものの、具体的な宗岡氏の存在は確認されない。

後者のほうでは、備後の深津郡下岩成邑（福山市御幸町下岩成）の土豪に宗岡氏がいて、宗岡城に拠ったという。『西備名区』は、宗岡氏の系譜を宗岡播磨守延清、同播磨守成満、同次郎延広、同又三郎延重と記し、歴代が山名氏、大内氏に従い、天正年中没落したとも、尼子に属して出雲に移ったとも伝える。備後国品治郡人の宗岡、岡崎、倉光、中島について、蘇我氏後裔説もいわれるが、確認しがたい。ともあれ、現在でも広島県の福山市・尾道市・東広島市あたりに宗岡の名字がかなり見られる。

岩成は「石成、石生」に通じ、備後には息長氏同族の品治部公があって、この氏が領域とした同国品治郡に石茂郷があった（『和名抄』）。「石茂」は「イハナシ」（石生、磐梨）と訓み、福山市の上・下の岩成付近かとされるから（『古代地名語源辞典』）、石成の誤記か。下岩成の城跡に鎮座するのが品城大明神社で、宗岡播磨守成満の霊を祭るともいわれる。戦国末期に石成荘に本拠をおいたのが品治部君氏後裔、宮一族の宮光音であった（毛利元就により攻め滅ぼされた）。宗岡氏と宮氏との関係は不明だが、品治部公関係者に宗我部があって、その末裔が宗岡を称した可能性もあろう。

石成の北隣には加茂町の地名が見え、賀茂神社があり、これが『和名抄』の神田郷の地で、その西隣の駅家町服部あたりが服織郷とみられる。これら地名から見て、この辺りには少彦名神後裔氏族の居住があったものか。

江戸初期の大久保長安関係で、銀山の地役人であった宗岡家も知られるが、系譜不明。

高向氏……摂津国武庫郡の高木氏は高向朝臣の後という。筑前宗像社祠官で殿上職の高向氏がおり、この族裔を肥前国佐賀郡の高木氏一族などが称するというは疑わしい。養猶子関係の存在までは否定し難いが、肥前高木一族は実際には筑紫君ないし肥君一族の日下部君が本姓ではないかと推せられる。大和国添上郡の高樋氏は高向氏の裔といわれる（『姓氏家系大辞典』）。

川辺氏……河内国石川郡の川野辺氏は川辺朝臣の後という。南北朝期に楠木正成・正行らに属してかなりの活動したことは先に記した。

田口氏……美作国苫田郡の田口氏の一族は、房富の後で重如の末流と伝え、紀姓も称した（『姓氏家系大辞典』）。阿波の田口・桜間一族が田口朝臣の後というのは疑わしい旨は先に述べた。三河の牧野氏が阿波田口氏の後というのも、疑問が出されている。

岸田氏……大和国山辺郡の岸田伯耆守忠氏は、興福寺衆徒で「蘇我石川麿子孫」（岸田臣後裔の意か）を称した（『和州国民郷士記』）。筒井順慶・定次に属し、転封後の伊賀でも阿保城で三千石を領したが、筒井氏を去って豊臣秀長、次いで秀吉に仕え、山辺郡で一万石の禄高を持った。関ヶ原合戦では西軍に属して所領没収となり、南部家に預けられ、子孫は盛岡藩の家臣で続いた。

岸田伯耆に先立つ至徳元年（一三八四）四月の大和武士交名に岸田殿が見えるが、先祖であろう。なお、古代の岸田氏については、六国史の『文徳実録』八月条に、摂津国人散位従八位下岸田朝臣全継の名が見える。

このほか、河内国の桜井氏、摂津国河辺郡の田中氏も蘇我氏の族裔と言うも、それぞれ確認しがたい。

全国のソガベの分布

武内宿祢の後裔と称する諸氏は、中央の大族であったが、地方にはその部民が割合少なかった。氏姓国造も、紀臣から出た都怒国造くらいである。これは、氏族として発展した時期が応神・仁徳朝以降であって、その時点では、日本列島の主要部が既に大和王権のもとに入っていて、部民の編成もできていた事情に因るものか。それでも、葛城部、蘇我部、波多部、平群部、木部（紀部）などが各地に見えるが、そのなかで蘇我部が最も多く、東国も含めて広い地域に分布する。それというのも、物部氏本宗を滅ぼして、このとき手に入れた物部部民を改組したのではないかともみられている（加藤謙吉氏の説。ここまで言えるかに疑問も出されている）。

なお、葛城臣氏についても地方展開が殆どなかった。葛城臣氏が起こった時点でも、列島主要部がすでに王権のもとにあり、しかも畿内で大勢力を保持した期間が短かったことに因るとみられる。葛城部（葛木部）は、現在分かる分布状況を見ると、韓地に通じる西国方面に僅かあるだけであり（具体的な人名では、備前・周防・伊予に見えるくらい。このほか、無姓の葛木が越前・阿波・讃岐に見える）、波多部、平群部、木部なども分布は多くない。

これら部姓は、総じて言えば、部の付かない氏とは別族の系譜をもつものが多いが、武内宿祢後裔と称する氏族では、後裔のなかに同族として位置づける氏もあった（系譜の真偽は確認できないが）。ソガベの表記は、蘇我部・宗我部・曽我部・蘇宜部・宗賀部・宗部などで数多い。

蘇宜部を管掌する蘇宜部首では、『姓氏録』河内皇別には蘇宜部首をあげ、仲哀天皇の皇子誉屋別命の後と記されるが、誉屋別命とは息長氏の祖・稚渟毛二俣命と同人かその父を指すから、これは妥当なのであろう（ただし、具体的な系譜は不明）。河内の讃良郡山家郷人に宗我部飯麻呂が見え（天平十八年の平城宮出土木簡）、同族かもしれないと佐伯博士が記される。なお、「天孫本紀」には、尾張氏族の出という系譜（玉勝山代根子を祖とする）が見えるが、これはどこかで系譜混淆の可能性もあり、尾張氏族が実態なら臣姓蘇我氏とは別族である。

葛城臣一族と称する阿祇奈君の同族にもソガベがあり、阿波・土佐・讃岐に分布が多い。「土佐蠹簡集」には、仁平元年（一一五一）に宗我部千永・宗我部永利女が見える。

これと同じ流れとみられるものに、土佐国安芸郡の大族安芸氏（安喜。蘇我、惟宗朝臣姓また橘姓と称）がある。長保二年（一〇〇〇）に補陀落渡海を行った安芸郡大領の蘇我兼広、同職を継いだ蘇我兼実がいる（『安芸文書』）。安芸氏は蘇我赤兄大臣の後裔とも称し、そうした系譜も伝えたが、途中に惟宗姓の名乗りが入って疑問が大きい。ソガに縁由があったとするのなら、むしろ宗我部姓関係かとみられ、惟宗ならハタ氏（土地柄から言うと、秦氏ではなく、波多国造関係か）に通じる。太田亮博士は土佐国造凡直の後かとみるが、安芸氏は、土佐古来の豪族でも玉作部一族の物部文連の出とするのが割合妥当か。波多国造族の可能性もあろう。一族には、畑山、中川、佐川、奈比賀、黒岩、山崎、有沢、並川（波川。土佐国高岡郡人）や別府（安芸郡人）などの諸氏があった。

いま岡山県倉敷市の名字に「蘇何」（ソガ）があり、蘇我の異形とされる。この名字は江戸時代の徳島藩士にあったといい、蘇我姓だと伝えるが、古代ソガベの後裔か。

全国のソガベや飛鳥について、すべての把握は困難であるし、史料も総じて乏しいため総合的把握は困難だが、管見に入って気づいたところを、東国関係（上総・下総に見える）は除いて、次ぎにあげておく。

まず畿内では、国郡未詳とされるが一緒に記載の人名（鴨県主、葛野連など）から山城国愛宕郡と推される天平五年（七三三）の計帳（正倉院文書）に、蘇我部薬売が見える。天平十八年（七四六）の河内国讃良郡山家郷の宗我部飯麻呂が平城宮出土木簡に見える。

越前国では、天平神護二年（七六六）の足羽郡草原郷戸主に蘇宜部宿奈麿、その戸口に同姓年成、坂井郡粟田郷の戸主蘇宜部五百公が居た（『大日本古文書』所収の「越前国司解」）。加賀には天平十二年（七四〇）の江沼郡山背郷計帳に宗何部神女が見える。

美濃国各務郡に飛鳥の地があり、式内社飛鳥田神社の鎮座地（岐阜県各務原市蘇原清住町）の麓にある。「蘇原」の地名は、蘇我氏の領有に由来するといわれ、祭神の飛鳥田大神がどのような神かは不明だが、大中津彦命（和気氏の祖・鐸石別命にあたるか）という説もある（『美濃国稲葉郡志』や同社由緒）。同じ蘇原古市場町の式内社加佐美神社は祭神のなかに蘇我倉山田石川麻呂をあげる。各務原市の式内社には御井神社もあり、もとは三井山山頂に鎮座し、磐座の祭祀遺跡もある。山麓の御井池の辺には、御井神社の別宮の御井池龍神神社が置かれる。

美濃では、大宝二年（七〇二）の加毛郡半布里（現・加茂郡富加町域）の戸籍に蘇宜部小津売が見え、戸主県主族比都自の妾と記される。これら美濃の飛鳥・蘇宜部の由来は不明だが、大中津彦命の後裔で尾張の稲木別の一族には三野別もあるから、あるいはこれに関係したか。美濃の蘇宜部の末流関係者が「曽我」を名乗った可能性があり、岐阜県はこの名字の全国一の密集地で、東部の中津川市・恵那市や郡上市、下呂市に分布が多い。

同名の飛鳥田神社が山城国紀伊郡の式内社にもあり（論社が伏見区横大路柿ノ本町、同区下鳥羽城ノ越町などに鎮座。もと紀伊郡飛鳥里が鎮座の地か）、祭神は賀茂別雷神で、水神の性格がある。横大路の田中神社もその論社の一つで、牛頭天王田中神社ともいい、素盞嗚尊を祀る。美濃と山城の同名の飛鳥田神社が同じ祭神であったのなら、その場合、美濃のほうも鴨県主の一派が奉斎したことも考えられよう。『姓氏録』左京皇別に掲載の鴨県主とは、彦坐王後裔と称する一派で、実際には三野前国造の支族である。三野前国造は、崇神朝頃に山城の鴨県主から分れて美濃西部に入り、更に進んで東部の加毛郡（賀茂郡）あたりに居住した支族が鴨県主であった。上記の加毛郡の県主族とは、その同族であろう。

播磨や吉備地方では、播磨国多可郡に曽我部郷があり、いま多可郡中町南部の曽我井・坂本の一帯とされるが、天平勝宝五年（七五三）に奈何郷の戸主宗我部老人・戸口同小敷がおり、備前国邑久郡の須恵郷には戸主宗我部赤羽、戸口の同人足が居た（以上の人名は、奈良時代の『大日本古文書』二五による）。備中国賀夜郡に阿蘇郷宗部里という地名も見える。

但馬国では、宗賀部という表記で見え、天平勝宝二年（七五〇）の「但馬国司解」に出石郡少坂郷戸主で外従七位下宗賀部乳主が記される。天平宝字六年（七六二）の「作金堂所解案」（正倉院文書）に石工宗賀部田嶋が見えるのは興味深い。兵庫県豊岡市日高町の但馬国分寺跡から出た木簡には、宗我部毘登や高向部綿万呂の名が見える。

筑前国では大宝二年の嶋郡川辺里戸籍に宗我部牛売が見え、己西部《こせべ》・許世部や平群部も同戸籍に見える。『和名抄』では、早良郡に曾我郷があり、先に記したが、肥後国玉名郡には宗部郷が見える。

平安時代では、『三代実録』仁和元年（八八五）十二月条に讃岐国鵜足郡人の宗我部秀直が見える。寛弘元年（一〇〇四）の讃岐国大内郡入野郷戸籍には、宗岡有女・宗我部吉女など宗我部姓の三人とともに記載されており、延喜二年（九〇二）の板野郡田上郷戸籍には宗我部佐美など廿三人の名が見える。讃岐国の十河（ソガウ）氏も、その起源の地がもとは山田郡蘇甲郷と書くから、蘇我に関連かと太田亮博士は言う。中世の豪族十河氏は、讃岐国造一族で神櫛王の後裔だから、たしかに息長氏の支流であった。

そのほか、木簡では、平城宮出土のものとして、和銅七年（七一四）の周防国吉敷郡神前里の戸主に蘇宜部恵那が見え、塩三斗を貢進したとある。周防では、延喜八年（九〇八）の玖珂郡玖珂郷戸籍に宗我部乙丸が見える。奈良時代の木簡では「宗我部」の表記が多く見え、宇治王の資人（宗我部で欠名）、但馬国城埼郡田結郷人（宗我部で欠名）、伊予国桑村郡籠田郷の宗我部乙梶、備前国邑久郡邑久郷の宗我部古麻呂、遠江国敷智郡竹田郷の宗我部薬師、中村（遠江国敷智郡中寸里か蛭田郷中寸里）の宗我部无志麻呂、隠伎国周吉郡の宗我部益男・宗我部福男・宗我部阿久多などの名が見える。これらは殆どが貢進関係者か。

須賀神社の播磨・出雲の分布

ソガやアスカに通じそうな**須賀神社**が播磨西部に多く見られる。とくに赤穂郡を流れる千種川とその支流の矢野川の流域（上郡町、赤穂市、相生市）に多く分布しており、二十社ほどの同名社が鎮座する。これらは赤穂郡上郡町の上郡・柏野・行頭・別名などや相生市若狭野町寺田、姫路市大津区西土井などにもあり、赤穂市の有年原には原須賀神社があるなど、有年地区にも須賀神社が多い。神社に関連して言うと、千種川流域には赤穂市坂越《さこし》の**大避神社**を中心に「オオサケ」神社も数多く、合祀社も含めると合計で三五社を数えるという。赤穂郡には郡領家として秦造氏が古くから活動が見えることで、これが「大酒神」で秦酒公、ひいては「大避神＝秦河勝」だと一般にされる。しかし、原型の祭神は異なった可能性もある。古くは「大辟神、大裂神」とも記され、「大いに荒ぶる神」（大荒神）ともされた事情からいうと、「荒神」すなわち「アラ神」たる、韓地の阿羅伽耶から来た五十猛神（素戔嗚尊、八幡神）を指した可能性が大きい。「辟」とは、「境・境界」を意味するとの見方もあり、「境神」も道祖神、塞神として五十猛神に相当する面がある。

坂越の大避神社は、境内社に荒神社があり、祭神が竈神とされるが、この神は三宝荒神で、これも五十猛神に通じる。ちなみに、わが国の三宝荒神信仰の要地として大和桜井の笠山荒神社（笠山坐神社）があり、笠山の鷲ヶ峯（鷲峯山）の頂に鎮座して、須佐之男命の神孫で竈の神たる「奥津彦神・奥津比売神」と大地の神「土祖神」を奉斎してきた。境内の閼伽井不動は弁財天とともに白龍・黒龍を祀る。

同じく坂越の大避神社の境内社に淡島神社もあって、これは淡島（粟島）神こと少彦名神が祭神である。境内のヤスライ井戸の石柱にも留意される。同じ山には妙見寺と並んであり、これが同社のもと神宮寺であって、妙見信仰とのつながりも感じる。柳田国男の著作『石神問答』では、はじめのほうに播州坂越、サコシがもとは「シャクシ」「シャグジ」と呼ばれた可能性をいい、これが石神に通じるという見方を紹介する。

上郡町でも大避神社が十四社あるといい、街の北東には大避神社の神体山の可能性がある神奈備山が位置し、南西に天王山の高嶺神社（大字山野里）があったが、この祭神は須佐之男命とされる。竹万・岩木などに鎮座して、竹万の大避神社は坂越の大避神社の分霊を勧請したと伝え、坂越にも境内社に荒神社があるし、その場合は大避神社・須賀神社とも原型の祭神は共通することになる。大避神は八幡神社に合祀される例も多い。

赤穂郡域にあった相生市でも、大避神社が八社（同市の那波本町及び若狭野町下土井、矢野町三濃山など）ほどあるが、須賀神社・荒神社・八幡社・天満社のほうが数が多く、これらの祭神の実体はみな同じものではなかろうか。若狭野町のほうの境内には、稲荷神社・須賀神社が祀られる。矢野町三濃山には、山頂真下に山王権現（少彦名神）を祀る社もある。同じ矢野町小河《おうご》の宇麻志神社は、元は宇麻子神社といい祭神が蘇我馬子だという情報もあるし、同社は大避神社ともいったという（『播州赤穂郡祭礼式大略』）。

こうして見ると、これらの祭神分布が往古の勢力痕跡を示すのは、実は秦氏ではなかったのだろう。すなわち、それが他の氏族、五十猛神系の天孫族系氏族かとも示唆される。

上郡町には式内の古社、鞍居《くらい》神社もあり、金出地《かなじ》と野桑に鎮座の同名社が論社で、前者の比定が妥当とされる。金出地は、宇佐八幡宮を勧請すべき瑞相の地であるとして、桓武朝に当社が創建されたといい、金出地八幡宮と言われた。その境内社は、『兵

竹万の大避神社（兵庫県赤穂郡上郡町）

庫縣神社誌』によると天満宮・山神社・熊野神社らしいから、天孫族系の神社なのであろう。旧地名が金山といい、昔、銅あるいは砂鉄を産出したといい（『播州赤穂郡誌』）、鍛冶の痕跡が残る。同社の鞍居川対岸には、飛鳥や蘇我に通じる「阿曽」という小字もあるから、この辺の一帯が「飛鳥郷」に比定される可能性がある。飛鳥郷の名は、『和名抄』では唯一、播磨西部の赤穂郡にあげられており、郷域は不明だが、『和名抄』に掲載の郷名の配置から見て、上郡町域に入りそうである。なお、上郡町の千種川西岸の岩木甲には、鍛冶村、鍛冶千軒といわれた刀鍛冶・鋳物師集団の地もあった。

アソについて言えば、九州肥後の阿蘇国造は、豊前の宇佐国造の支流の出で、息長氏や火国造と同族である。播磨国揖保郡の阿宗《あそ》から起る針間阿宗君は息長日子王の子孫で、播磨や吉備に一族後裔があった（揖保郡人の阿曽・松尾・広瀬などの諸氏や備前国吉備津宮の公文の浅野も出した）。その氏神が揖保郡式内社の阿宗神社（兵庫県たつの市誉田町広山）とされ、宇佐八幡宮の分霊を立岡山に勧請したと伝える。この旧鎮座地の立岡山は、揖保郡太子町の西部、町役場の南方近隣に位置し、山の西北近隣に阿曽・下阿曽の地名が見える（阿曽の名字は、現在は兵庫県に多く分布し、佐用郡佐用町・宍粟市・姫路市にとくに多い）。針間阿宗君の同族として、備後国品治郡の品遅部君（品治公。一族に宮・桜山などがある）もあげられる。

「須賀・須加」という社号の神社は、『平成祭データ』によると全国で五百余社存在するが、福岡県の一三〇社が飛び抜けて多く、次が兵庫県に六四社の須賀社があり、高知・千葉・茨城・山口・静岡の各県で二十社台があるといわれる。「スガ」は「須我、酒賀、素鵞」などとも表記されるから、これらまで加えると更に多くなる。その多くは明治の神仏分離までは、「牛頭天王社」などと称されていて、改称されたものだという。

出雲にも「スガ」の同名社が多くあり、島根県雲南市大東町須賀に鎮座の旧県社である上記の須我神社、安来市広瀬町広瀬の須賀神社（富田八幡宮の境内社。八幡宮宮司の竹矢氏は天日鷲命〔少彦名神と同神〕の後裔と称）が代表的で、松江市春日町にも須賀神社（境内社に雀部稲荷神社）がある。

雲南市（旧大東町域。旧大原郡東部の海潮郷域）の**須我神社**は、日本初之宮と称し、記紀にも記載される「須賀宮」で、『出雲国風土記』大原郡条に記載の「須我社」に比定される。背後の八雲山（標高四二六メートル《メートル》で、風土記には「須我山」と記載）には、夫婦岩と呼ばれる巨石（磐座）と小祠があって、当社の奥宮とされる。須我神社の鎮座地は、神原神社の東方十二キロほどに位置し、その北方近隣が忌部郷や玉造温泉という地理的配置となっている。

安来市域のほうには上記の須賀神社があるほか、賀茂神戸（『和名抄』の能義郡賀茂郷・神戸郷）があり、賀茂神社が二社鎮座する。同市広瀬町西比田には、磐船神社・船岩があって、スサノヲ神が新羅から乗ってきた船が石になったと伝わる。なお、海上に浮かぶ隠岐の島でも、磐船神社・須加神社・立石神社・石宮神社などがある。

兵庫県では、日本海側でも「スガ」の同名社があって、但馬国二方郡の式内社に須加神社（兵庫県美方郡新温泉町宮脇）、豊岡市日高町東芝の須賀神社などがあげられる。

九州では、福岡県（北九州市や直方市・朝倉市など）のほか、佐賀県小城市小城町松尾の旧県社で千葉氏の勧請、鍋島家崇敬の社として須賀神社（古くは祇園社と称）がある。須賀社が須崎市などに多い土佐では、香美郡宗我郷と長岡郡に宗部郷があり、長岡郡人の宗我部千永・永利売が知られる

（『平安遺文』）。

この神社の分布や性格、奉斎者は一概には判じがたい面もあるが、総じて言うと、多くが素盞鳴尊・牛頭天王や道中貴《ちぬしのむち》を祀って、いわゆる「出雲系」の神社とされる（ちなみに、「出雲系」の神々などという表記は紛らわしい。そもそも素盞鳴尊は、わが国天孫族の始祖であって、海神族系の大己貴神・大国主神の遠祖ではないことに留意したい）。

磐筒男神と出雲の石神

前項で述べた金出地八幡宮のほぼ真北八キロほどの地には、日岡八幡宮（佐用郡佐用町乃井野）があり、これを北西から南東にかけての線で真ん中に挟んで、二キロ余北西の地点には天一神社（佐用郡佐用町東徳久）、同じく二キロ余南東の地点には磐筒男神社（佐用郡佐用町三日月。当地にも日岡八幡宮がある）が鎮座する。磐筒男神とは『書紀』一伝に経津主神の父とされ、天一神社（式内社の天一神玉神社）は鍛冶神天目一箇命こと経津主神を祀り、この参道に天神降臨之岩と呼ばれる馬蹄石がある。そうすると、磐筒男神とは実体が天若日子こと天津彦根命であって、「石神」の祖神ではなかろうか。

出雲で磐筒男神・磐筒女命を祀るのが、大原郡神原（現・島根県雲南市加茂町神原）の式内社・**神原神社**であり、その旧社地の古墳（出雲では最古級の前期古墳で方墳）から「景初三年」の銘をもつ三角縁神獣鏡が出土した。その北西近隣には、銅鐸が三九口と大量に出土した**加茂岩倉遺跡**があり、付近に金鶏伝説のある大岩など巨岩が多く（大岩の奥には矢櫃神社跡地があり、そこに巨大な磐座もある）、岩倉の地名がある。遺跡の更に北西方近隣には、尖った山容の大黒山（この地で、大汝・少彦名二神が国造りの相談をしたと伝える）を挟んで、荒神谷遺跡（銅剣三五八本のほか、銅鐸・銅矛も出土。出雲市斐川町神庭にあり、神奈備山とされる仏経山の北東麓）もあって、考古遺跡として重要な地域だと分かってきた。神原の字八口の地（神原神社の南西近隣）には、スサノヲ神を祀る式内社の八口神社もあり、風土記には「矢口社」と記載される。

この雲南市の加茂町及び木次町北部の一帯、『出雲国風土記』の時代では大原郡西部の神原郷・屋代郷・斐伊郷のあたり、が鴨族の起源の地ではないか、と考えるところでもある（「神」は加茂・鴨に通じるものか）。当該地域の西側を出雲大川たる斐伊川が流れる。同風土記の大原郡斐伊郷の記事には、「樋速日子命がここに居るので、樋といい、神亀三年（七二六）に地名を斐伊と改めた」と見える。延喜神名式には斐伊神社、斐伊波夜比古神社があげられる（ともに雲南市木次町里方にあって、後者は前者の相殿に祭祀。前者は須佐之男尊、後者は樋速夜比古命・甕速日命・火炫毘古命を祀る）。

樋速日は熯速日とも書き、ヒは「火、肥」に通じよう。この神は伊豆国造や服部連の祖先の系譜に見えるから、少彦名神の関係神でもあろう。この場合、斐伊は九州中部の火国造もつながるし、屋代も熊本県南部の八代につながる。肥後風土記逸文に「八代郡火邑」が見え、これが『和名抄』の「八代郡肥伊郷」と変わるし、筑前国早良郡にも「毗伊郷」（後世の樋井川村。現在の福岡市城南区長尾・樋井川などの一帯で、河川の樋井川もある）があった。

なお、太田亮博士も信じ難いというが、平安前期の弘仁頃に上総国畔蒜郡に比伊国津という者があり、蘇我宿祢の後裔で、その子が対馬に移って当地の大族阿比留氏の祖になったという（出雲の大原郡には樋〔樋伊〕印支姓の人が居り、その関係者というのならともかく、東国は疑問大）。もう一つ気になるのが加茂町の赤秦社で、風土記に見える。神原社の北方近隣の加茂町大竹に位置し、江戸期には祭神を猿田彦とするが、本来はハタ由来で塞神の五十猛神を祀ったものであろう。

出雲では、巨石を「石神さん」と呼んで長く信仰してきたが、主なもので五〇か所ほどもあるという。なかでも、**楯縫郡**の神名樋山（大船山）の頂の西に石神があり、**多伎都比古命**の霊代（依代）で、日照りのときに雨乞いで必ず雨を降らせてくれる、と風土記に見える。この石神は、大船山の北西の支脈にある烏帽子岩とされ、同岩周辺の山腹には大小多くの岩が見られており、傍に百余りの小さい石神もあるとの風土記の記述を思わせる。大船山の北方近隣の同市坂浦町にも三つの巨岩があって、立石《たていわ》神社として祀られる。

多伎都比古命は、大船山の南西麓に鎮座する式内社・多久神社（大船大明神。出雲市多久谷に鎮座）に祀られ、東方近隣の松江市にも同名の二社がある。その実体については、伊予国越智郡の式内社・多伎神社が示唆する。同社はスサノヲ神及び多伎都比古命・多伎都比売を祀り、神社奥の院に磐座があるというから、物部氏族小市国造（越智直氏）一族が奉斎したものとみられ、饒速日命の祖神筋になろう。そうすると、上記の磐筒男神にも通じる神か。多久は肥前西部の地名だし、佐賀に通じる「佐香郷」も楯縫郡にはあり、神々の酒の醸造に由来するという。「多伎」タキは滝に通じ、水神の意とみられており、出雲でも伊予でも滝が神社に関連する。大和飛鳥の「臼滝姫」という神（式内の飛鳥川上坐宇須多伎比売命神社の祭神）もこれに通じよう。

『出雲国風土記』にはもう一か所、石神の記事がある。それが、**飯石郡の琴引山**（琴弾山、弥山。標高一〇一四㍍）であり、この山には巨石祭祀が見られる。山の八合目に大神岩と呼ばれる巨石があり（隙間に大国主神の琴を思わせる方形の石がある）、その横の石階段を更に登ると、山頂近くの女夫石《めおと》（御

琴弾山神社（島根県飯南町）

陰石）という巨石の割れ目の奥に琴弾山神社が鎮座する（飯石郡飯南町頓原）。祭神は大国主神とされるが、原型は女神か波多都美命ではなかろうか。この山には平安・鎌倉時代、四十余坊もの寺院があり、修験道の一大聖地であった。

飯石郡には、波多郷があったが、現在の旧・掛合町波多から旧・頓原町にかけての地域に比定され、そこに波多都美命が天降りした地ゆえに地名があると記される。波多郷の南方に位置するのが琴引山である。近江の三上祝の伝える系図には、波多都美命とは、天津彦根命（天稚彦）の亦名とされ、少彦名神の父神であった。

飯南町の石次地区には今石神社という神社があり、この地域の開拓に伊毘志都幣命《いいしつべ》という神が用いたと伝える石鋤が神体として祀られる。伊毘志都幣命を祀るのが飯石郡（現・雲南市）三刀屋町多久和に鎮座する飯石神社で、本殿はなく、幣殿後方の玉垣内の石を、磐石として神体とする。この神は、『神国島根』によると、天穂日命の子で、熊野諸手船で天降りされた天夷鳥命ともいい、出雲国造家の祖神とされる。

飯石郡の式内社として、出雲市の佐田町須佐に須佐神社、その西側三キロほどの佐田町反辺に多倍神社（剣大明神）がある。前者には竜王舞神事があって、その西を流れる素鵝川（須佐川）の一キロほどの下流域に雨壺とされる大岩があり、もと前者の摂社とされた後者には首岩などの巨石がある。

飯石郡の式内社の川辺神社（雲南市木次町上熊谷）、及び大原郡の同・八口神社（雲南市加茂町神原）も、蘇我氏一族の川辺臣・八口朝臣に関連しそうでもある。大原郡には貴船神社（雲南市加茂町南加茂）もある。

この辺あたりまでの記事は、次章以下の祖系探索の基礎的な資料と考えていただければと思われる。

七　蘇我氏一族の祖系を探る

蘇我氏の淵源はどこか

現在に伝わる天皇家の系譜は、記紀成立より相当早い時期に整理・改編されたと推される。それが、七世紀前半の蘇我馬子、聖徳太子による『天皇記』『国記』の編纂時かとみる説もありそうだが、或いは更にそれ以前かともみられ、その原形は極めて探索しにくい。しかも、そうした系譜の改変は数度にわたるとも思われる。所伝自体が訛伝のなかで様々に変わることがあるし、応神天皇や継体天皇などの王権簒奪の事情等もあるから、時々の権力者・為政者により関係する一族の系譜が何度か変えられても不思議ではない。だからといって、原型とはまったく異なる形で系譜を創出すること（とくに架空の人物を造り出すこと）は難しいことだし、系譜改変などがあった場合には、天皇家のみならず豪族諸氏にあっても異伝も多く生じがちである。

だから、天皇家に出自すると称した諸氏の系譜探索は種々難しい面がある。そもそも、氏族系譜そのものについて、簡単に後世に造作できるという勘違い認識が学界にあって（これは、実際にはそうはできないのだが）、系譜・人物の造作や架上がなされてきたと言う説がこれまで頻りに出されてきた。これは、総じて具体的な根拠に乏しいものであり、科学的論理的な歴史観とは言いがたい。

蘇我氏の起源地とその系譜・流れについては、これまでも諸説ある。記紀や『新撰姓氏録』などでは、景行天皇や神功皇后などに重臣として仕えた武内宿祢を祖とする。それが、国内淵源ではなく、仏教崇拝や外来文化・技術の受容、渡来系諸氏を配下にもって勢力拡大をしてきた経緯などから、蘇我氏自体が外来ではないかともみられてきた。その主要な説が、門脇禎二氏らの主張による百済系渡来氏族とするものである。出自が百済からの渡来系で、木刕斤資、木満致の流れかという説である。これに賛同の研究者も若干はいた。

これらに対しては、加藤謙吉氏や坂元義種氏らが韓地からの渡来説を強く批判したように、大和朝廷の諸豪族の当時の位置づけなども含め、史料上の問題点が大きく、渡来説の根拠がきわめて不十分であって、現在では支持する研究者は殆どいないとされる（否定論者は多いので、いちいち掲名しない）。それでも、こうした渡来説は忘れかけてはまた唱えられるようで、最近では、坂靖氏が馬韓残余勢力の渡来を言っている。だから、海外からの渡来説は学究にとっては魅力的なのかもしれない。

ともあれ、蘇我氏が日本列島内で発生した豪族とみることが妥当である。その場合でも、大和の高市郡曽我の地とみる説（本居宣長らに始まる説）、葛城郡の地とみる説、及び河内の石川郡とみる説などがあり、河内と大和との関係も諸説ある。

結論を先に言えば、武内宿祢の実在性の如何にかかわらず、その後裔説も、これに関連する葛城臣支流説（及び葛城郡起源説）にもそれぞれに問題が大きく、これらも信拠し難い。河内の石川郡については、ここまでにかなり触れてきたが、満智以降では、奈良時代末期頃までの蘇我氏及び石川氏の本宗の流れがこの地域に居住した徴証は見つからない事情にあった。以上で触れた蘇我氏出自に関する諸説については、その概略を見たうえで、蘇我氏の祖系に検討を加えていく。

百済系渡来氏族説は成立困難

蘇我氏が百済の高官の木刕斤資、木満致の流れではないかという説がある。門脇禎二氏が昭和四六年（一九七一）に提唱し、鈴木靖民・山尾幸久らの諸氏の賛同があり、金錫亨氏もほぼ同様の説を出した。応神天皇の代に渡来してきた木満致と蘇我満智が同一人物とみる説である。だから、この両者が同一人物だと立証できるかという基本の問題があるが、これができておらず、裏付けもなんらないのだから、どんな学究が支持しようと妄説である。こういういい加減な説が出されるところに、戦後の津田学説論者によるアプローチの問題点が浮き彫りになる。記紀の記事を安易に否定し、当時の両地域の政治・社会の構造を的確に把握しないでうわべを検討し、自説を展開するから、日鮮をまたぐデタラメな人物比定がなされる。同様で胡乱な論調は、日鮮関係で実のところかなり多い。

百済系渡来説は、現在は支持者が殆どいないから、多く記述することはあまり意味がないのだろうが、概略について触れておく。

「木満致」とは、百済の将軍・木羅（木刕）斤資の子であり、父の功績により任那や百済で権力をもった。応神天皇廿五年に百済の直支王（第十八代腆支王）の没後、幼少の久爾辛《くにしん》王にかわり執政して権勢を振るったが、王母と淫らな関係をもち、暴政で無礼が多いことにより天皇に召喚された、と『書紀』に伝える。この後裔が蘇我氏だとみる説は問題が大きいが、その要点は整理すると次のようなものであろう。

①「木満致」の名が見える『書紀』の応神天皇廿五年（そのままだと西暦二九四年になるが、解釈上は干支二巡引き下げると四一四年、三巡だと四七四年となる）と「木劦満致」の名が見える『三国史記』百済本紀の蓋鹵《こうろ》王廿一年（西暦四七五年に比定される）とでは年代が異なるが、この辺は記事編述の問題だとして、「木満致＝木劦満致」は認めたとしても、木満致が蘇我満智になったということには傍証すらない。

②高句麗からの攻撃を受けて、木劦満致らが王子（後の文周王）と共に「南行」したという『三国史記』百済本紀の記述が倭国へ渡来したことを意味しない。普通には、韓地のなかで南方に行ったことを意味し、例えば新羅や伽耶あたりに救援軍を求めたとみるほうが現実的な対応と考えられ、現実にこの王子は新羅の援兵とともに百済王都の地に戻っている。木劦満致が百済で権勢を振るったことについても、疑問が出されている。

③木劦満致が渡来してきた時期は、百済本紀の言う雄略朝だとしたら、蘇我氏は満智が既に履中朝から倭地で活動しており、これを否定しなければならないが、それができていない。百済では満致の後の時期にも木劦氏一族の活動がかなり見え、例えば欽明朝、百済聖明王のときに木劦麻那が見え、王からの諮問に与っていた。欽明朝十五年に筑紫に派遣された百済の使者、中部木劦施徳文次に対しても、蘇我氏はなんら関与をしていない。

④百済の大姓八氏に数えられる木劦氏から出た木満致が、著姓の氏を捨て、倭風に蘇我氏を名乗ったことは極めて不自然である。韓地から来た渡来者は、例えば五世紀代の秦氏や東漢氏のように、故地での姓氏を倭地でも暫くは名乗った後に、倭風の姓氏となる例が多いが、これらの動きに反している。蘇我氏が三蔵管掌で、配下に秦氏・漢氏がいて、これらが渡来人の系譜や姓

氏をあらわし保持するなかで、その出自を偽ることは当時の情勢として不可能とみられる。
⑤百済の名門後裔だと明確な倭地の姓氏のなかで見ると、百済や新羅・伽耶の王族から出た姓氏ですら、倭地では大勢力になることができなかった。このことは、大化以前の和氏（武寧王の子の淳陀太子の後）や飛鳥戸造（東城王の後）を見ればわかる。そもそも、百済での失政により倭地に召喚されたような百済出身者が、倭地に入ってきて直ちに大きな権限・勢威をもつようになるとは、とても考え難い。后妃の輩出もまず行われず、百済王氏では平安期になって宮人という低い身分からなされており、こうした例から見てもありえない。
⑥渡来系豪族が先祖・出自を改変する動きが出てくるのが八世紀以降であって、大化以前にそうした動きはまず見られない。こうした事情から言うと、系譜を偽る改変があったとは思われない。
⑦満智の子は韓子、その子が高麗という異国風な名乗りを伝えるが、百済出身でありながら、敵国たる高句麗を意味する「高麗」の名には大きな疑問がある。ちなみに、これらは通称の一つではないかとみられ、「高麗」なる者には馬背という倭名もあって、それが実名に近いのであろう。なお、「韓子」は日本の男性が蕃女（韓地の女性）を娶ってその間に生まれた子をいうとされ（『書紀』継体廿四年九月条の注）、実名とは思われないが、これが実在の人物名としては考えがたいというのは、安易な否定論であって、古代の通称についての誤解がある。これらの命名だけで、実在性が稀薄だとして切り捨てるのは、疑問が大きい。
水谷千秋氏は「蘇我氏渡来人説」が一部に受け入れられた背景に関して、蘇我氏を「逆賊」とする史観と適合していたからではないかと述べるが、これはある程度当たっていよう。外地の宗教や

文化・技術に関して、蘇我氏歴代が開明的な姿勢であったことも背景の一つにあったか。

最近でも、蘇我氏のルーツが朝鮮半島西南部の全羅道地域からの渡来人にあるとの説を、坂靖《ばんやすし》氏（奈良県教育委員会勤務）がその著『蘇我氏の古代学』で唱える。蘇我氏の出自を考古学的に見て、土器など出土遺物を検証すると、飛鳥の開発を主導した渡来人にたどりつくと考え、その出身を全羅道（百済の地域）の馬韓残余勢力の可能性が高い（出自が百済の高官であったとは考えない）、とみる。

たしかに、『書紀』などの文献だけでは古代史の解明はし難いし、蘇我氏の果たした歴史上の役割を客観的にみる必要がある。そこに考古学の成果を活用する意義もあるが、飛鳥に根づいた東漢氏一族が百済の地域から来て「檜前」を中心に繁衍し、蘇我氏の配下としておおいに活動したことをあまり念頭においていないのは、問題もあろう。当該地域としては、現在の檜前よりかなり広く、平田、野口、立部、栗原、大根田あたりまでを含んでいたようであり、現・明日香村の西南部を占めたから、飛鳥にこうした渡来系の遺物・遺跡があっても不思議ではない。馬韓の残余勢力が大和に来て、勢力を大きく増殖させるような要素はまず考えられないし、坂靖氏の著述を見てもその辺が立証されていない。

古くは、松本清張氏が、「武内宿祢を父としている畿内諸豪族の祖は五世紀ごろの渡来人ではなかったか」という推測をされたが（『清張通史４』）、これは妄想ということである。

蘇我氏は葛城氏の族裔か

学界には、蘇我氏と葛城氏との深い関係を考える説が多い模様である。それは、葛木寺に関して「蘇我葛木臣」という表記が史料に見えたり、馬子が葛城県をその本居と称して推古天皇に割譲を求めたり、蝦夷が葛城高宮に祖廟を設けたと言う『書紀』の記事に由来する。蘇我氏の系譜を考える場合に、稲目より前の歴史を記紀から抹消すれば、もっとも身近に浮上する存在が葛城氏であり、武内宿祢でもあったからであるが、これでは、立論としてあまりに安易すぎる。なによりも、具体的な論拠がまったくないのが欠点である。

『書紀』の記事のほうは、蘇我氏本宗当主による主張・活動にすぎず、現実に葛城地方には蘇我氏同族諸氏の分布はまるで見られないから、この地を出身地とするなどの古くからの縁由は、まず考え難い。臣姓の葛城・蘇我両氏の系譜をそれぞれ見ても、直接に両者の結び付きを示すものが皆無で、ともに武内宿祢を同祖と称するだけである。姻戚関係とか蘇我氏歴代のなかに女系の祖として葛城氏一族を考える推論も見えるが、文献など具体的な論拠がまるでない。欽明朝以降、大王家の有力な外戚となった蘇我氏が、後付けで何らかの縁由を造作し、同様の外戚縁由などで繁栄した葛城氏に系譜をつなげ、かつ、武内宿祢後裔という同祖系譜を称したものなのであろう（これが何時のことかは不明）。

葛木寺と「蘇我葛木臣」については、次ぎに見る。

聖徳太子が設立に関与した四天王寺・法隆寺など七大寺があり、そのなかに尼寺の葛木寺があった。七大寺の中で葛木寺だけは寺が現存しておらず、その所在も明らかではなく、諸説があるなかで、発掘調査の結果などから橿原市東南部の和田町にある和田廃寺と呼ばれるものがいま有力とされる。

この葛木寺について、『聖徳太子伝暦』には又名を妙安寺といい、蘇我葛木臣に賜ったと記すものの、『上宮聖徳法王帝説』は「葛木寺、葛木臣に賜う」とだけ記される。ここでの「蘇我葛木臣」が馬子にあたるのではないかとみる説が出てくる。七寺のなかで蜂丘寺が川勝秦公に賜う（蜂岡寺は広隆寺ともいい、秦造川勝に賜うとも）との記事があるので、聖徳太子に近い位置にあった有力者に寺が賜与されたのはとくに問題がないが、普通には、「蘇我」は衍字で、葛木臣は烏那羅を指すとみるのが妥当とされる。馬子に「葛木臣」という又名があったことは、他の史料には見えず、この寺賜与の記事は平安時代初め頃、八世紀頃の遅い成立とみられており（一説に十世紀初頃かという）、同時代性にも欠き、信頼性に疑問がある（聖徳太子関係の史料は、総じて注意して用いる必要性がある）。

葛木寺についていては、有力候補地として橿原市の和田廃寺、香芝市にある尼寺廃寺、御所市の朝妻廃寺の三箇所があげられてきた。賜与を受けた者の名を寺名とするにも不自然さがあり、馬子なら聖徳太子からとくに寺を賜る必要性がないとも考えられる。馬子は既に本宗家の僧寺として飛鳥寺、尼寺で豊浦寺を建立しており、近隣に新たに寺を造る必要性もなかった。その意味で、葛木は地名か氏の名とみるほうが自然でもある。

もっとも、葛城臣氏は早くに衰えて、継体朝以降では殆ど活動が見えなくなり、『古事記』では、武内宿祢後裔氏族の諸氏のなかに名前が挙げられない。天武朝の朝臣賜姓の対象でもなく、奈良時代には『続日本紀』や木簡などに活動が見えない。もっとも、国造族後裔のほうも、『続紀』では、天平二十年（七四八）三月の葛城忌寸豊人の叙位記事（授外従五位下）くらいであるが、和気清麻呂の姉・広虫は紫微少忠従五位上葛木連戸主の妻となっており、この戸主の記事は六国史等にいくつか見え、後に宿祢姓で記載がある。『大日本古文書』に見える豊足・人当・石敷など無姓の葛木は殆どが国造族の流れであろう。平城宮などから出土の木簡でも、明確に葛城臣姓と分かる者の記事がない（木簡に多く見える「葛木」氏の人々は、姓記載がないが、葛城国造族の後裔の忌寸か連姓かとみられる）。

平安前期の『新撰姓氏録』左京皇別に掲載の「葛城朝臣」は、系譜も氏人も具体的には知られない（佐伯有清博士は、朝野宿祢の後かとみるが、この関係の改賜姓も史料には見えず、無理な推測か。『姓氏録』が撰定された弘仁六年〔八一五〕の段階では、朝野宿祢氏はまだ朝野宿祢のままであり、弘仁十年の『日本後紀』記事に「参議民部卿正四位下勲六等臣朝野宿祢鹿取」が見え、承和十年（八四三）六月の薨去まで同じ姓氏のままであって、朝野宿祢氏が葛城朝臣を賜姓した記録もない。長い間、勢力が衰えていた別の葛城臣支流が『続日本紀』頃の時代に葛城朝臣姓を賜ったとみるほうが自然であろう。例えば、『大日本古文書』天平宝字四年の写書所に「葛木臣秋足」が見える）。

氏寺の葛木寺も、平城京遷都に伴って平城京左京に移転させられ（奈良市の京終あたり）、宝亀十一年（七八〇）正月の火事で焼失したと『続日本紀』に見えるから、いくつかの地を変遷したことも考えられる。葛木寺の所在について、『続紀』光仁天皇即位前紀に見える童謡では、「葛城寺乃前在也、豊浦寺乃西在也、於志止度、刀志止度、桜井爾」と記す。この桜井の地が、葛城寺の前であるとともに、豊浦寺の西であったという位置がわかる。問題の葛木寺は豊浦寺の西にあったようだというのも一時期のことなのかもしれない。

問題の「蘇我葛木臣」が馬子である可能性が高いとみる説（志田諄一・山尾幸久両氏など）もある。しかし、黛弘道氏は、『伝暦』の史料的価値に問題があるだけでなく、蘇我葛木臣を「蘇我氏から分かれた葛木臣」とみる立場から、「葛木臣＝馬子」説を否定する。私見では、蘇我氏から分かれた葛木臣氏は史料に見えないし、その逆に、葛木臣氏から分かれた蘇我氏もない（稲目のときに葛城氏から蘇我氏が独立したとみる説もあるが、まったくの空想であって、具体的な根拠に欠く）。だから、「葛木臣」がもとの表現であって、端的に当時の葛城臣氏の烏那羅にあてるのがよいと考えている。ともあれ、和田廃寺を無理に葛木寺に比定することはないが、馬子の桜井寺（桜井道場）を継承して、葛木寺が葛城氏の氏寺として営まれたことも考えられるのかもしれない。和田廃寺跡から出土した瓦から見て、この寺の存続が七世紀後半から八世紀後半までの一世紀弱の期間だとみられている。

推古朝頃の葛城氏のなかで、活動が見えるのは**葛城臣烏那羅**しかおらず、その後は史料に見えないことで、葛木寺自体の経営基盤も弱くなり、その寺跡が消滅したものか。烏那羅は、用明二年（五八七）に馬子や聖徳太子らとともに物部守屋を攻め、崇峻四年（五九一）には征新羅軍の大将軍として紀男麻呂宿祢らとともに兵二万を率いて筑紫に赴いている。聖徳太子に従って伊予の道後温泉にも同行した事情が『伊予国風土記』逸文に見え、その辺りから葛木寺の賜与にもつながったものであろう。

稲目の代で蘇我氏より分岐独立したのが葛城臣烏那羅、つまり蘇我葛城臣烏那羅とみる説もあるようだが（黛弘道、加藤謙吉などの諸氏）、こうした系譜は現実にはなく、たんなる想像にすぎないので明確に否定しておく。「蘇我葛城臣」とか「葛城蘇我臣」という複姓も当然なかった。「蘇我葛木臣」というのは、成立が遅い『伝略』の誤解記事か、「蘇我」は衍字と考えられる。なお、倉本一宏氏は、その著『蘇我氏』で、蘇我氏とは、葛城集団の主要部分が独立したものであり、記紀に見える「葛城氏」とは、すなわち蘇我氏が作り上げた祖先伝承であった、という飛躍的思考まで行うが、まるで論拠がない。こんな類例が日本の歴史のどこにあるというのだろうか。歴史学者はフィクション作家ではないはずである。葛城臣氏関係の古墳は、掖上鑵子塚古墳、新庄屋敷山古墳という五世紀後半頃の築造でほぼ終わっており、『書紀』の記事では葛城氏の生母・荑媛をもつ顕宗・仁賢両天皇の登場でも、葛城氏の勢力復活がなかった。だから、葛城蟻臣（荑媛の父）の子孫が姿を変え蘇我氏・波多氏などの形で歴史に再登場したなど、ありうることではなかった。

上古から大化までの期間に大王権により滅ぼされた氏は、応神王統時代の葛城氏・平群氏、継体王統時代の物部守屋及び蘇我蝦夷親子の事例があるが、これら本宗家が滅びても、いずれも支族は残ったのだから、氏の名など姿や祖先の歴史を変えるなど新規の装いで別氏として再登場するなんてことはありえず、これは学問としての推測の限度を超えている。

飛鳥の石造物―蘇我一族の巨石祭祀か

飛鳥地方に多く見られる石造物や巨石遺構は、日本の他の文化から見て異形なもので、用途・製作年代が不明のものも多く、謎の「石造物」といわれる。この石造物は東漢氏とは無関係と思われ、その意味については蘇我氏という氏族の特異性を考える必要がある。要は、巨石文化とすぐれた石造技術・鍛冶技術をもつ息長氏族から出たとしたら、蘇我氏は、その特色を受け継ぐが故に、先祖の名を「石河、石川」宿祢とあおいだもので、河内国の「石川」の地名も蘇我氏と深い関わりがあった。「飛鳥・一須賀」も相通じる地名であり、おそらく「スカ」が語源であって（門脇禎二氏に同説）、「スカ、スガ」は蘇我氏や阿蘇氏の「蘇」（鉄の意味か）にも関係があろう。

これら飛鳥の「石造物」とされる物は二十点ほどあって、奈文研飛鳥資料館の図録三五『あすかの石造物』（二〇〇〇年）や猪熊兼勝氏の「飛鳥の石造物」（『別冊太陽』二〇〇五年十一月）などの著作を踏まえてあげると、主要なものは次のようなものか（発掘調査により、現在では石造物とされない物・遺溝も、ここでは含む）。

①石神（須弥山《しゅみせん》）遺跡……飛鳥集落の北方、明日香村石神にあって、甘樫丘の東方に位置する二基の石造物。須弥山石とは、浮彫が施こされた石を三段に積み上げられた噴水装置とされる。『書紀』（斉明五年三月条）には、天皇が陸奥・越の蝦夷に対し須弥山を造って饗宴を開いたと記され、文献と一致する石造物である。

須弥山石と同じ場所から発掘されたのが石人像（道祖神像とされる）で、岩に座る男性に女性が後ろから手をそえる。その内部に細管が通り、男性の足元から口まで行くが、途中で女性の口にも分岐することで、これも噴水施設とみられる。その実体は出土地の石神が示すように石神像だと五来重氏はみる（『石の宗教』）。

須弥山石㊨と石人像。いずれも噴水施設だった（飛鳥資料館前庭の模造品）

石神遺跡からは木簡・古瓦も出土。石造物が出土した付近には、T字形の敷石遺溝もある。
②飛鳥水落遺跡……明日香村飛鳥字水落で石神遺跡の南方近隣にあり、七世紀代の石敷遺溝が検出され、石組溝、礎石掘方列、掘立柱列などがある。発掘された遺構は楼状建物跡とそれに付随する水利用の施設、四棟以上の掘立柱建物跡からなる。この場所が『書紀』斉明天皇六年（六六〇）条に皇太子（中大兄皇子）が作ったと見える漏刻台（水時計）と付属施設だと確認されたとの見方が強い。これに対し、建物地下構造の強固さや使用水量の多さから、近隣の石神遺跡から出土の噴水石（須弥山石・石人像）への給水塔とみる異論がある。

（ともあれ、この①②の遺溝は、蘇我氏自体によるのではないが、その石加工技術が伝えられたものか。③以下のものが、「飛鳥の石造物」となる）

③酒船石遺跡……飛鳥寺の東南の丘陵上にあって、岡（明日香村岡）の酒船石といい、上部に幾何学的な溝が掘られた石。丘陵の下から発掘された亀形石造物（亀形石槽）と小判形石造物および周辺の遺構を含めて、酒船石遺跡と呼ばれる。飛鳥山口坐神社の旧地ともみられる飛鳥山の裂谷に

酒船石（明日香村岡）

あり、飛鳥坐神社の酒殿（酒造器）と伝承する。

車石……岡の酒船石の南方近隣の丘陵斜面で発掘され、中央部に車輪の跡状の溝が彫られた石で、十六個出土した。酒船石からの導水施設とみられる。

出水酒船石……丘陵を降りて西側約六百メートルの字出水からもほぼ同様なものが出土した。飛鳥京跡苑池遺構の石造物と組み合って使われた、池への導水施設とされる。
④猿石（明日香村下平田）……欽明天皇陵に治定の平田梅山古墳の南側の池田から掘り出され、いまは檜隈墓（皇極生母の吉備姫王の墓という）の墓域内に置かれる石像四体で、特徴から山王権現、法師と呼ぶものもある。五来氏は、これらも石神出土のものと同様、道祖神像とみる。高取城への登山道の途中にも、猿石という石像が一体あり、元は同じ場所にあった可能性もある。
⑤鬼の俎《まないた》・鬼の雪隠（明日香村野口）……横口式石槨の基底部と巨石を刳り抜いた蓋に相当する石で、石造物とは言いがたい（当該古墳は封土をすべて失っている）。「雪隠」は「厠」ともいう。
　森浩一氏は、蘇我入鹿の墳墓に擬したが、どうであろうか。
⑥二面石（明日香村橘）……橘寺境内の太子堂南側にある前後に人面が彫られた石像。
⑦亀石（明日香村川原）……亀か蛙がうずくまったように見える巨石。その石彫の技法が檜隈墓にある猿石の彫法に通じるとされる。

亀石（明日香村川原）

⑧マラ石（明日香村祝戸）……飛鳥歴史公園祝戸地区への入口付近にあり、男根状の石が高さ一メートル余で斜めに突き立ち、石棒状の立石の一種とされる。なお、男根形の石が飛鳥坐神社の境内には多数ある。

⑨弥勒石……飛鳥寺の南西の飛鳥川東岸にあり、地蔵菩薩を思わせる形状をする。

⑩文様石（明日香村豊浦）……向原寺（豊浦寺跡）にある文様が彫られた石。

このほか、「立石」（片麻岩の板状巨石）が豊浦（甘樫坐神社の境内）、川原（川原寺の東の飛鳥川沿い）、岡（岡寺の山門の横を上った地）、上居《じょうご》（石舞台古墳から多武峰に行く道の途中）や立部・小原などに所在する。

明日香村域以外でも、橿原市白橿町の**益田岩船**や高取町観覚寺の人頭石（顔石とも呼ばれ、人の顔が彫られた石像）などがある。益田岩船は、岩船山の頂上付近の斜面にあり、飛鳥の石造物の中でも最大のものである。岩の加工法などに亀石と共通し古墳時代最末期の特徴が見られるとして、七世紀頃の建造説があり、その用途についても諸説あるが、未完成の横口式石槨とか石室とか墳墓関連の可能性が大きい模様である（後ろでも触れる）。

これらの飛鳥石造物について、五来重氏は著作の『石の宗教』の「道祖神信仰」という章で、おおよそ次のような趣旨で興味深い見解を示される。

飛鳥の道祖神石像や二面石像には、男女和合や五穀豊穣の信仰、結界信仰があり、結界石には塞の神とも道祖神とも呼ばれた。その最も原始的なものが男根形で、自然石の立石でもあって、上記のマラ石や「立石」は、それに該当することになる。弥勒石は、地下の災を防ぐ機能をもち、地上の災を防ぐ道祖神石（塞神）と同じで、両者あいまって機能したと考えられる。原始的な石の造型が男根・女根ということで、明治維新の際には「淫祠邪教」ともされた。

わが国天孫族の祖・五十猛神は塞《さい》神、荒箒《あらはばき》神ともされ、その後裔の大山咋神も「境の神」とされる事情があるから、こうした関係者が飛鳥にいたかという問題となる。

飛鳥地方の祭祀

飛鳥地方の開発者としては、飛鳥直一族が先ず入り（飛鳥坐神社を現在まで奉斎。中臣氏族の出という系譜があるが、信頼性は留保。三輪氏族ではない）、前後の順番は不明だが、蘇我・波多氏一族と東漢氏一族（広く飛鳥村主も含む）が五世紀中葉頃以降に入ったものとみられる。飛鳥盆地では、古墳時代前期の纏向一式から同三式に相当する時期の集落が見つかっておらず、この地に開発の波が押し寄せるのは五世紀の後半ないし末葉頃かとされている（和田萃氏など）。

飛鳥坐神社は、現在は鳥形山に鎮座するが、『日本紀略』によると、天長六年（八二九）三月に賀美郷の甘南備山から遷座している。この旧鎮座地が橘寺の東南（石舞台の西南）にあたる祝戸地区のミハ山とされ、その頂上は飛鳥古京の地を一望できる（南方には、奥飛鳥と呼ばれる稲渕地区の棚田が見え、公園整備もなされる）。ミハ山の頂上から尾根を東へ辿ると、俗にフグリ山

飛鳥坐神社

と呼ばれる山があり、その頂上には大きな露岩が密集しており、磐座とみられる。この地は、現鎮座地の一・五キロほどの南にあたる位置にある。

同社奉斎の飛鳥直の系譜は、『姓氏録』に「天事代主命の後」と見えるが、これが高媚牟須比命の子孫であれば（同書左京神別の伊與部条）、天孫族で和気氏支流の飛鳥君と同族の可能性がある（系図では中臣連一族に見えるので、この辺は留保する）。要は、飛鳥大神の実体が不明なことにも起因するが、この神が、東京都荒川区南千住の素盞雄神社では別名を事代主神・一言主神と言うことを考えると、三輪氏祖神の事代主神（地祇）ではなく、葛城国造祖神の一言主神であって（天神）、これが天事代主命、すなわち少彦名神とするのが妥当かもしれない。同社に坐す他の三神も諸伝・諸説あって、その原型把握が困難であるが、そのなかに高皇産霊尊とか天太玉命を入れるものもあり、飛鳥神奈備三日女神（賀夜奈流美）は実体が高照姫（天稚彦の妻）を指す模様であって、おそらく少彦名神とその父母神など近親神だったたか。

この地域の古社を見ると、式内社・甘樫坐神社四座（明日香村豊浦）は創祀が武内宿祢によるとされ、境内の「立石」の前に釜を据えて、「盟神探湯神事」を行った事情から見て、蘇我氏と同族の関係社とみられる。同社の祭神に八幡神・天照皇大神・八咫烏神などが見えることに留意される。

次ぎに、櫛玉命神社四座（並大。同村真弓）は、櫛玉彦命夫妻や天明玉命を祀るから、玉作連祖神のようだが、鴨・葛城氏族（神別の葛城国造のほう）の祖神でもある。「櫛玉命」なる遠祖を『姓氏録』であげるのは、左京神別・摂津神別の小山連だけであり、「高魂命（＝高皇産霊尊）の子」とする系譜記事をのせるが、忌部首の支族である（天太玉命や天明玉命と同神だが、実は「子」ではなく、孫）。江戸初期頃から八幡宮と称され、境内に牛頭天王社（社殿は無く、置石がある）もある。河内国高安郡の式内社には玉祖神社と鴨神社があり、現在は後者が前者と合祀されて、大阪府八尾市神立に鎮座する事情もある（その南方近隣の教興寺には、岩戸神社〔岩谷弁財天〕もあり、岩盤上に鎮座して岩窟を御体とする）。

更に、**波多神社**（同村冬野）が同村畑の東隣の冬野に鎮座する。その祭神は、「奈良県神社明細帳」は祭神不詳とされ、これが事代主命とするよりも、波多祝の祖神たる高皇産霊神（『神祇志』『特選神名牒』）とか波多臣の祖・八多八代宿祢（『神祇宝典』『五郡神社記』）とかいう波多氏の祖神のほうが妥当であろう。あるいは天事代主命で、少彦名神のこととするのが妥当か。当該波多神社の所伝として、『大同類聚方』には、志路木薬が新羅国鎮明之伝法と記される。

波多臣氏を含む天孫族の遠い先祖が、古い時代に新羅か近隣の伽耶北部あたりから渡来してきたとしても、国内発生の氏族であって問題はない。ちなみに、氏族や土地の名の「波多」は、韓地の辰韓・秦韓に通じる様相が多いとされよう。前述の「荒筹神」も、韓地の安羅から来た災害防除の神という意で、五十猛神を指すものであろう。

波多神社（明日香村冬野）

現在の明日香村だけでこれだけ多く蘇我氏と同族の関係社が鎮座しており、ほかに顕著な古代氏族が見られないのだから（檜前を中心に居住者数としては多い東漢氏一族は、渡来系であまり顕著な神社祭祀をもたない)、明日香村あたりの石造物の多くが蘇我氏一族に関わるとみるのが割合、自然であろう。五来重氏は「渡来人の石工」という表現をするが(上記書)、指示・主導したのは蘇我氏とされよう。以上の石造物・遺溝のうちには、斉明朝頃の造成かとみる見方もあるが、多くはおそらくそれより前の時期に造られたものか。

その他大和や山城・備前の巨石祭祀

全国の巨石祭祀遺跡とその分布や意味については、ウエブサイト「岩石祭祀学提唱地」の主宰者、吉川宗明氏の著『岩石を信仰していた日本人—石神・磐座・磐境・奇岩・巨石と呼ばれるものの研究—』(遊タイム出版、二〇一一年刊)に詳しいし、五来重氏の『石の宗教』(講談社文庫、二〇〇七年刊)も参考になる。古くは柳田国男の『石神問答』(一九一〇年刊)もあり、これら以外にもネット上には、巨石祭祀の例や写真が多く掲上されるから、関心をもつ方々がかなりおられることが分る。こうした諸研究に感謝しつつ、これらを踏まえ拙見も交え整理して、もう少し記しておきたい。

大和では、**山辺郡山添村**に神波多神社(式内社で、大和と伊賀の境にあり、往古は牛頭天王社と呼ばれ、疫神を

神波多神社(奈良県山添村中峰山)

塞ぐ神とされる。俗に「波多の天王」「畑の天王」と呼ぶ）など、多くの巨石祭祀遺跡がある。これら遺跡は山辺御県神社（天理市別所町。本殿後方の玉垣の外に磐座の祭祀遺跡があるという）から離れた地にあるものの、山辺県主・山辺公に関連するものだったか（当地が往時、添上郡域にもあったようだが、山辺県主の領域は明確には分からない）。

伊賀との国境の中峰山《ちゅうむざん》の周辺には、神波多神社の鏡石や近隣の舟岩がある。同村西北部の神野山の山頂・周辺にも、鍋倉渓や八畳磐、竜王岩・天狗岩など巨石祭祀が見られる。神野山の山頂に鎮座する神野大明神は甕速日命とされ、王塚神社は熯速火日命を祭神とする。「甕速日命」は波多臣の奉祀した波多甕井神社の祭神とされ、また、熯速日命ともども、少彦名神後裔の服部連などの祖系につらなる神と考えられる。

さらに、巨石を神体とする岩尾神社（吉田）・吉備津神社（西波多下津）・六所神社（峰寺）・八柱神社（片平、岩屋）のほか、大亀石・狐岩・岩屋枡形岩・天神社の明星岩・弁天岩・長寿磐などが現在の山添村域にある。神波多神社の境内社の六柱社は、仲峰山（中峯山）の産土神とされ、祭神は波多武彦命と後裔の波多蔵人という。松尾の地名も同村にあり、遠瀛《おきつ》神社が鎮座し、広瀬に熊野神社もある。

奈良市の柳生地区の立磐神社（式内社の天乃石吸神社。現在は夜伎布山口神社の境内摂社とされ、社殿の背後に巨石）や天乃石立神社（きんちゃく磐や前立磐・後立磐の二枚の巨大な立岩などの四巨岩が神体で、境内にも巨石が多い）、一刀石なども山辺県主に関連があるかもしれない。

生駒郡平群町には、越木塚に平群石床神社旧社地（陰石とされる巨大な磐座）、三里に船山神社（境内に陰陽石。境内後方の矢田丘陵には三個の船形巨石があり、船石と呼ばれる）、櫟原に三間石山巨石遺溝（生駒山の南方の嶺にある夫婦石などの巨石群）があって、これらは平群臣氏に関連したか。その北隣の生駒市小明町の稲蔵神社の烏帽子岩は、稲蔵の森を背にして生駒の地を見下ろすが、これも同様か。

岩船といえば、大阪府交野市の磐船神社と神体の舟形岩が名高いが、当地から天野川沿いに南方に通じる磐船街道の和州添下郡南田原村の氏神でもあった。『河内志』には、南田原の石船明神（巌船神祠）の神輿をここまで担ったと記される。和歌山県新宮市の阿須賀神社でも子安石があり、巨石祭祀が見られる。

わが国天孫族の祖・五十猛神は、塞《さい》神・岐《くなど》神と同様の神威をもち、巨石をもって象徴され、衢路に坐して悪霊を防遏する威力を有する神であった（『神道大辞典』など）。近江の日枝山などで祀られる大山咋神も、山頂という境界を示す標識としての杙の神格化であり（大山に杭を打つ神という把握もある）、「境の神」であって、山頂の支配神を意味する「山末之大主神」とか「山王」という別名をもった。この神の実体は、少彦名神かあるいはその父神など近親神かであり、五十猛神の後裔神である。こうした「境の神」の後裔が境部氏（蘇我氏の本姓）だというのはごく自然である。

磐船神社（大阪府交野市）

大山咋神は、近江の日枝山（比叡山。その一部の八王子山を指すか。山頂近くには大山咋神が降臨したという「金大巌」という巨大な磐座がある）及び葛野（山城国葛野郡、現・京都市）の松尾に鎮座し、神体が鳴鏑だ、と『古事記』に記される。名前が似る大山積神（大山祇神）とは異なる。日枝山には日吉大社が、松尾には松尾大社があって、ともに大山咋神を祀るが、その両方の山に巨大な磐座と古墳群が存在する。松尾大社の祭神の子とされる賀茂別雷神社（上賀茂社）の北約二キロの神山《こうやま》（衣笠山。標高約三〇一メートル）は、上賀茂の祭神が山頂に降臨したと伝えて、賀茂信仰の淵源地であり、そこには巨大な磐座「降臨石」が存在する。山頂とその近隣には合計三ヶ所に巨石群が露出すると報告される。上賀茂社の本殿の神門の外にも大きな影向石《ようごういし》があり、葵祭のときに宮司がこの上に座って「返祝詞《かえしのりと》」を読む。

日吉大社の山王祭は、大山咋神と鴨玉依姫神の結婚を再現するものとされる（この神の性格・祭事については、『式内社調査報告』第六巻などを参照）。別雷神の位置づけには難しいものがあるが、この男女神の間の子とする『秦氏本系帳』の記事のほうが妥当そうである（伴信友説に同意）。別雷神の性格もまた難解だが、水神とも竜神ともされる。

京都市域では賀茂・鴨両社や松尾神社の関連に巨石祭祀が多く見られる。山城国の一宮で鴨県主一族が祀った**賀茂別雷神社**（上賀茂社。北区）の岩石祭祀事例は先に見たが、この一族関連では貴船神社の奥宮に御船形石、大田神社の「蛇の枕」、女夫岩などもあり、西京区嵐山では松尾山の磐座や月読神社の月延石があげられる。

吉川宗明氏によると、古墳と岩石信仰が同じ空間に存在する例（自然の巨岩と考えられる場所に古墳が築造された事例）は各地にあって、京都市内では右京区の梅ヶ畑遺跡や西京区の松尾山が顕著である。前者には、山腹・山頂に巨岩があって、近隣の谷間や尾根に古墳時代後期の御堂ヶ池群集墳が築造され、後者では、山頂直下の急斜面上に松尾大社鎮座以前の祭祀場と伝える磐座があって、山頂尾根上には古墳時代後期の松尾山群集墳（総数約五十基）がある。両群集墳ともに鴨県主一族関係の墳墓であろう。伊勢でも、内宮摂社に度会郡式内社の鴨神社（三重県度会郡玉城町山神）があり、八柱神社旧地にあって、祭神が石己呂和気命とも大水神児ともいうことにも留意される。

備前国東部の赤坂郡に目を向けると、そこに式内社の鴨神社三座（赤磐市仁堀西字馬場）が鎮座しており、主に賀茂別雷神を祀る。『備前国総社神名帳』では、同郡に「正五位下鴨布施明神」という別の神名もあげ、上仁保と多賀に鴨布勢神社が鎮座する。多賀では水分神を祀るといい、祈雨祭が行われた。同郡式内社に布勢神社（赤磐市仁堀西字布施谷）もあり、一キロほど東の旧社地という竜天山山頂に石造（花崗岩）の本殿をもつ布勢古神社が鎮座し、龍王宮、「正四位布勢巨神社」という。宮司・氏子は鴨神社と同じ。赤磐市熊崎には賀茂祇前《くまざき》神社もあるなど、現在の赤磐市域には「鴨」を冠する神社が多い（鴨高岡神社、鴨上松原神社、鴨新田神社、鴨長尾神社、鴨常普神社、石淵鴨部神社）。

赤磐市の坂辺には松尾神社もあり、大山咋神を祭神とし、東側に霊石二個がおかれる。同市東軽部には大石箱疊神社があり、大石箱畳と云う大盤石を奉斎した。神体は高さ八メートルの巨岩で、その近くに四段重ねで高さ八メートルの磐座がある。これらの近隣には多自枯《たじこ》鴨神社（岡山市建部町田地子）もあって、祭神は鴨事代主命といい、近くに研石遺跡があり、巨石の磐座の模様だが消滅した。備前一の高峰熊山の山頂付近には熊山遺跡（同市奥吉原）があり、三段の階段式ピラミッドという石積み遺構で、石積みの下に巨大な磐座がある。

赤坂郡には石上布都之魂神社（赤磐市西端部の石上字風呂谷）という式内社もあり、本宮本殿の背後、大松山の頂上付近に巨石群（磐座）があって禁足地とされる。これが、物部氏関係とみられるから、赤磐市域の巨石祭祀や岩石遺溝が磐梨別君一族のものだけとは言い切れないが、そのウエイトが大きいものだろう。

吉備地方には総社市秦に式内社の石畳神社があり、高梁川の淵からそそり立つ自然の巨石を神体（磐座）とする。その西北方面近隣の同市福谷には、姫社神社があってヒメコソ神を祀り、古代吉備の波多波更郷鉄造の神社といわれる。当地は古い地名を下道郡秦原郷、もと秦村（波多村）といい、ここから石畳神社の巨大な磐座がよく見えて、両社は深い関係にあった。そうすると、総社市の秦（波多）は新羅方面からの渡来伝承をもつ天日矛に関連するものか。

少彦名神後裔の葛城族・鴨族に共通して顕著に見られる巨石信仰について、葛城族にも簡単に触れておく（拙著『葛城氏』を参照）。大和の葛城山域には夥しい巨石群があり、とくに哮峰《たけるがみね》という神南備信仰の山がある。御所市の平野部の独立低丘陵には、葛城国造族関係の石光山《せっこうざん》古墳群（御所市元町）という古墳時代後期の群集墳があり、丘陵尾根東端には古墳群に取り囲まれて長さ三、四メートルほどの岩石からなる巨岩群がある。

石作氏の系譜

ところで、石を取り扱う古代氏族では、その名に因む石作氏が唯一くらいであるが、その系譜を考えてみる。石作連・石作部の役割が、石棺や石槨の製作など主に陵墓関係の石の加工を職掌としたものとされ、石作部の伴造氏族には「石作連―石作造―石作首」があったとみられている。その系譜について、『姓氏録』では、左京神別の天孫部に石作連をあげ、「火明命六世孫建真利根命之後也。垂仁天皇御世。奉為皇后日葉酢媛命。作石棺献之。仍賜姓石作大連公也」と見える。

これにほぼ符合する系譜が『旧事本紀』天孫本紀にも見え、天火明命の六世孫、建麻利尼命が「石作連、桑内連、山辺県主等の祖」とされる。ところが、この尾張氏系譜には、丹波国造族など様々な系譜混入・附会があって、個別に十分な検討を要するもので、そのまま信頼することはできず（詳細は拙著『尾張氏』参照）、山辺県主（＝山辺君）の系譜から見て、むしろ疑わしいものと言えよう。

『古事記』垂仁段には、日葉酢媛命の「石祝作《いしきつくり》」の伝承が見えて、播磨に石作関係氏族の起源があったと示される。『播磨国風土記』には印南郡大国里の項に、「此里有山名伊保山、帯中日子命乎坐於神而、息長帯日女命、率石作連大来而、求讃岐羽若石也」とあるが、後世の転訛が入っていよう。すなわち、「石作連大来」とは当時で言えば「石作連祖の大来（命）」とみられ（建真利根命にも当たるか）、「息長帯日女命」も本来（原型）が日葉酢媛命のことで、帯中日子命（＝仲哀天皇）も本来は日葉酢媛の夫（垂仁天皇ではなく、原型は成務天皇）ではないかとみられる（この辺の詳細は、拙著『神功皇后と天日矛の伝承』を参照されたい）。

要は、それぞれ別々の伝承ではなく、同一の史実原型がいくつかに分化し転訛したものであろう。風土記著述の霊亀年間（七一〇年代）に、同国宍粟郡石作郷（「風土記」の表記では宍禾郡石作里。現・宍粟市域の一宮町伊和～山崎町五十波《いかば》一帯の揖保川中流域とされる）に石作首らが住んでいたという。餝《しか》磨《ま》郡安相里条には石作連が賀毛郡長畝村の人と抗争した話も風土記に見え、賀茂郡の既多寺大智度論には書写知識のなかに石作連知麿・石作連石勝の名がある。こうした諸事情から、石作氏の起源・本貫は播磨とみるのが自然である（現在でも、兵庫県に石作の名字が若干あり、本州主要部では最もその分布が多い）。現在も山崎町須賀沢（五十波の東南近隣。『和名抄』の宍粟郡安志郷域）に石作神社がある。「讃岐の羽若石」も、石作氏の技術や系譜の由来を示唆するものであろう。

ところで、式内社の石作神社が全国で六社あるうち、その四社が尾張国に集中して鎮座した（中島・葉栗〔現・岐阜県岐南町域か〕・丹羽・山田の諸郡。石作郷も、播磨国宍粟郡を除けば、全国で三郷のうち二郷が尾張の中島・山田郡にある）。

石作連氏が尾張氏族から出たという系譜を「天孫本紀」を記すが、現実に石作連の氏人が尾張国内に在ったとの文献は、まるで管見に入っていない（現在でも愛知県内に石作の名字が殆どなく、名古屋市守山区にごく少数あるだけという）。高倉下の後裔で海人族系統の尾張氏族には、石造技術は無縁なはずであり、祭祀・習俗を異にする。石作連・石作部が畿内の和泉・摂津・山城、及び濃尾や播磨、近江に分布し、奈良・平安時代には山城国乙訓郡石作郷を本居とするのも、上記起源地伝承と併せて、中央の石作連氏が尾張氏族の系統ではないと示すものであろう。

山城国乙訓郡では、現在、大歳神社の相殿に式内社石作神社が祀られるが、全国で六社ある式内社石作神社のうち、唯一、公的記録たる六国史（『三代実録』）で従五位下の神階が与えられた。石作連の本貫地は山城国乙訓郡石作郷（京都市西京区大原野石作町あたり）、大原野と呼ばれる地域であり、仮に同名の系統が複数あったのならば、濃尾の石作氏とは系統を異にするとみられよう。大原野には、八幡宮があり、長峰八幡宮とも呼ばれるが、これは海神族で祀られる神ではない。また、尾張地方のなかに石作連氏が現実に居なかったのなら、その地で石作神社を奉斎したのは石作連氏ではなかったことになる。それでは、どのような氏族が担ったのかという問題になる。

石作郷と石生郷・石成郷

石作連は、私見では全国で一系統であり、それが大和国山辺郡の山辺県主・山辺公と同族であったとみている。山辺郡には石成郷（高山寺本に「石生」）が『和名抄』にあげられ、これに通じる石生郷が備前国磐梨郡にあげられる。

大和の石成郷は、天理市九条町付近ともいうが（『奈良県の地名』）、疑問がある。谷川健一氏は、その地域は明かではないとしつつも、当地の石成神社も六国史に見えるが、石上神宮から奥に入った桃尾の滝の手前にある小祠（天理市滝本町滝口）にあたるという説を紹介される（『青銅の神の足跡』）。石成神社は、聖武天皇の神亀三年（七二六）に弊帛を石成・葛木・住吉・賀茂等の神社に奉ると『続日本紀』に見え、これが石上神社の前身で『和名抄』の「石成郷」の鎮守ではないだろうかと『天理市史』に考察があって、これを尊重すべきかと思われる。同社に関係する桃之尾山竜王があって、藤井の竜王と共に布留社の雨乞立願のたびにこの山に登り祈願したと「布留社神斎集」に記される。滝本町の更に東側山奥、長滝町日の谷には龍王神社が鎮座し、「八つ岩」という巨石群（半球状の巨岩を中心に八個以上の岩が露出する岩群）もある。

ところで、**山辺県主**は、備前国磐梨郡を本拠とした磐梨別君（後年の和気朝臣清麻呂につながる）の支族であった。この氏は石生別君とも書くから、すべてに通じる。

磐梨別君の同族は、尾張国にもあって、中島郡に住む三野別、稲木乃別（後裔は稲城公、稲城壬生公〔録・左京皇別。稲城丹生公とも表記〕）であり、この一族が尾張の石作を管掌したとみられる。『皇胤志』によると、三野別の祖が石都々王、稲木乃別の祖が石久良王とされ、磐梨別君と同族であって、これは息長氏の支族の流れを意味する。

延喜式内社の分布を見ると、丹羽郡に稲木神社及び石作神社があって、両社が近隣する事情にある。すなわち、前者が稲置庄寄木邑（現・江南市寄木。このあたりが『和名抄』の稲木郷）、後者が稲置村字田中森にある（現・江南市石枕の神明社。なお、論社が江南市小折の八剣社に合祀とか、犬山市今井の石作神社ともいう）。これが共に稲木乃別の奉斎神社であろう。三野別のほうは、中島郡の見努神社があり、これには論社が多い（稲沢市平野町の平野天神社〔廃絶〕、稲沢市込野町の八龍社、清須市一場の御園神明社境内三奴天王社など）。中島郡の石作神社は、あま市石作（元は海部郡甚目寺村石作）に鎮座し、このあたりが石作郷とみられる。尾張では、山田郡にも石作郷及び石作神社があったから、これら同族が居住したものか。

磐梨別君の後身の和気朝臣や山辺公は、垂仁天皇の皇子の鐸石別命を祖とし（『姓氏録』。『日本後紀』和気清麻呂薨伝）、『古事記』では同じく大中津日子命を祖として、その後裔諸氏も記される（『書紀』では皇子の鐸石別命の名を記すだけ）。ところが、この系譜は、応神天皇の大王権簒奪とともに、息長氏一族の一部諸氏が祖先を垂仁天皇の附会・架上したものであった（拙著『息長氏』を参照）。だから、谷川健一氏が、「垂仁帝の皇子たちはそろってふしぎに金属と縁由がある。息速別命（池速別命）、鐸石別命、五十瓊敷命、誉津別皇子と、四皇子までが金属に関係を有している」と受けとめても（『青銅の神の足跡』の第一章「垂仁帝の皇子たち」）、息長氏同族なのだから、なんら不思議なことではない。白鳥を追いかけた伝承のある誉津別皇子（品遅別王）とは、若き日の応神天皇のことであり、品遅部（品治部）はその御名代である。谷川氏は、八岐大蛇、石成・石上や鉄・銅鐸・銅鉱などを手懸かりにして、備前の和気郷（磐梨）から「播磨へ、そして大和へと鉄や銅の製錬に従事した人たちの移動の足跡をたどることができる」と判断しており、これが「備前・播磨・大和

—鐸石別の末裔の足跡」という項目で述べられる。この辺の結論には、私としても異存がない。ところで、磐梨別君の同族には、備前に石野連もいた。石野連の賜姓記事は『続紀』神護景雲三年（七六九）六月条に見え、備前の藤野郡・赤坂郡及び美作の勝田郡の母止里部（水取部）及び家部を名乗る六人がこの姓氏を賜与されている。

併せて附言しておくと、北九州の筑後川中流域に「石成」の地名があり（福岡県朝倉市石成）、当地の日吉神社は大山咋命を主祭神とする。東側近隣には、物部・三上氏系統に関係深い大庭の地（太刀八幡宮が鎮座）があり、日吉神社と久留米市東部の田主丸地徳（もと浮羽郡で、耳納山地北麓）の井樋神社を結ぶ線で、上座郡（上朝倉）と下座郡（下朝倉）を分ける境界線になると言われる。井樋神社は天穂日命を祀るというから、このあたりに天津彦根命（天若日子）系統の故地があるのかもしれない。しかも、「石成」は「石動」とも同義で、後者は佐賀県神埼郡吉野ヶ里町石動（いしなり）の地が発祥とされ、平安時代から記録のある地名であるという。井樋神社の東南方にも、石動の東方近隣にも、ともに同名の鷹取山がある。これら辺りも、天孫族分派の移遷を示唆するものか。筑後には、御原郡に御勢大霊石神社（福岡県小郡市大保）という霊石を祀る式内社もある。

磐梨別君氏とその同族の巨石祭祀

吉備の磐梨別君氏は、本拠が磐梨県で、祖・弟彦王が応神天皇擁立に活躍し、忍熊王方の軍を吉備・針間の境に関を造って防いだ功で、ここに封地を与えられたという（『姓氏録』右京皇別・和気朝臣）。ここが元からの居地とみられ、吉井川中流域（現岡山県和気郡和気町の本・和気・藤野あたりが主で、現・和気郡・備前市・赤磐市の一部）であり、和気氏政庁跡伝承地、白鳳期創建の藤野廃寺や石生天皇たたら遺跡（同町本《ほん》。二基の製鉄炉や鉄滓が確認）が残る。

この地域には、巨石に関わる祭祀や遺跡が顕著に見られる。和気氏の発祥・本拠の和気町藤野にある県社和気神社（護王大明神）は、主祭神を鐸石別命として、弟彦王・和気清麻呂などが後に追加されたという。社格は県社で、社家の小森家は清麻呂末裔というが、どうも創祀は新しく、古い祭祀・習俗は伝えない模様であり、他社を見る必要がある。

和気町の原には**石根依立《いわねよりたて》神社**という古社（「備前国内神名帳」にも掲載。祭神の岩根依立神は水波能売命かともいう）があり、背後の明神山山頂にある巨岩の磐座・イモリ（飯守）岩を祀る。当社は和気郡の国魂とされ、境内に奇霊石、境外に石御神・夫婦石等がある。当社から西方近隣に径三メートルほどの大石もあり、その傍に長方形の自然石があって、石神という。和気町の原、本のほか、氏子地域に赤磐市の光木、畑も含まれる。明治四三年、村の東端にあった箱崎大明神を合祀した。和気町岩戸には天石門別神社もある。

備前国和気郡の式内社は唯一、神根《こうね》神社とされ、備前国三ノ宮とされる。これが、和気町の東隣の備前市吉永町神根本の神根神社に比定されるが、和気氏本拠からの距離がすこし遠く、疑問がないでもない。なん

石根依立神社（岡山県和気町）

らかの形で入れ替わって、石根依立社が延喜当時の式社にあたる可能性もあろう（現在の比定社は、鎌倉期の建久年中に現在地への遷座と伝える）。

いまは神根神社の祭神を木花咲耶姫とするが、元来、和気氏の遠祖神を祀ったものと考えられる。江戸期の寛政年間の『吉備温故秘録』に拠れば祭神は鐸石別命というが、この神でない場合には、「神根」を「鴨根」の意とみれば、少彦名神かその子の賀茂別雷神（玉依彦命）あたりが「神根神」にあたるものか。

現在の鎮座地の北西方後ろの山は高く、山上近くに磐座があって、水神・竜王神・山の神を祀った跡があり、「神道山」と呼ばれる事情に留意される。なお、和気町の西隣、赤磐市大苅田には神根歳彦神社があって、「備前国総社神名帳」に見える（その末社に貴船神社があるから、鴨神社との関連を思わせる）。

平安時代に和気氏の総鎮守として建てられたと伝えるのが和気町大田原で竜王山の南麓に鎮座の**由加神社**（国帳に正五位下由加ノ明神と掲載）である。同社は和気氏本拠に近く、初め宮山にあって、素盞嗚命・豊受大神を祀ったという。延暦年間に和気清麻呂が八幡宮を合祀して本社殿を再建、併せて氏祖の弟彦王も配祀して由加八幡宮と称したというから、和気氏の氏神的色彩が濃い。同名社で元は瑜珈権現と称した社が、倉敷市南部の児島の由加山にあって太古より磐座信仰が行われており、岡山市の北区・中区にもある同名社の本宮と称する。

「由加」は「悠紀」と同義で、斎食の意ともいう（『神道大辞典』。由貴御倉神が伊勢神宮にあって、御饌津神に坐すという）。そうであるならば、鴨県主の祭祀に関係する山城鞍馬の由岐神社や食膳奉仕にも関係するものか。同社は鞍馬寺の鎮守社で、大己貴命と少彦名命を主祭神として「由岐大明神」

と総称する。八所大明神を相殿に祀り、末社に三宝荒神社・岩上社・八幡宮社がある。鞍馬寺の奥の院魔王殿は磐座信仰の地で、周りに磐座の残骸が存在しており、古代から鞍馬山を神体に祭祀が行われていたことが示される。

「瑜伽」という名をもつ神社は奈良市高畑町にもあり、社伝では飛鳥神奈備が平城奠都とともにこの地に移り、平城の飛鳥山と呼んだという。宇迦御魂神を祀るから、食膳奉仕に関係があろう。境内社に飛鳥神並社があり、瑜伽大神の和魂を祀る。徳島県吉野川市鴨島町麻植塚にも俗に瑜伽神社と呼ばれる五所神社があり、阿波忌部一族の祖を祀るという。

巨石の遺跡では、**加三方《かみがた》磐座遺跡**が代表的である。磐梨別君一族の本拠の和気町の加三方にあって、金子山中腹の尾根端に巨石を置き、それを中心に長大な自然石を環状列石状に配置した磐座（地元では「太一墓」と言う）がある。この付近には、磐座山古墳（径一五メートルの円墳）など古墳時代後期の山地帯群集墳があり、和気氏の祖先一族の墳墓とされよう。

和気郡には朱丹の産地もあり、これが支流の稲木丹生公（稲木壬生公）に関わるようなので、併せて触れておく。『続日本紀』によると、文武二年（六九八）九月に伊勢・備前などが朱沙を献上し

瑜伽《ゆうが》神社（奈良市高畑町）

ており、辰砂の一種とみられる（『日本考古学事典』）。和気町の日笠下にはかつて丹生神社（祭神は丹生都姫命）があったが、江戸中期に不祥の淫祠として神捨てにあい（上記の飛鳥の石造物も参照）、現存しない。この日笠鉱山は和気金山ともいい、中国地方で唯一、近現代にも稼行した。和気（藤野）水銀鉱山も備前市吉永町にあった。息長氏族がこれら鉱山に関与したことで、支族に朱丹を扱う息長丹生真人氏を出したものか。

和気町の西隣の赤磐市では、東軽部に大石箱畳神社（巨岩の神殿、四段重ねの巨大磐座）があり、先に触れた。同じく赤磐市の惣分北浦には**岩神神社**があり、その神体が「ゆるぎ岩」（一番上の岩が船岩と称）と呼ばれる巨石で、岩神山の尾根に鎮座する。ゆるぎ岩もこの地域の巨石群の一つで、神岩やその後ろに巨大な石組の八畳岩と畳岩もある（県内では加西市、県外では香川県坂出市に同名のゆるぎ岩がある）。

和気郡の東隣の播磨国西端部の赤穂郡でも、八野郷に属した相生市矢野町森（金出地の南東近隣）に鎮座する**磐座神社**（石蔵明神、近世に岩倉権現）に留意される。その祭神は、磐座神を主祭神とし

大石箱畳神社の磐座（岡山県赤磐市）

（大国主命とする見方は疑問）、倉稲魂命・事解男神などを配祠する（江戸時代に熊野三所権現を合祀）。同社の裏山で北東方にある矢野神山（権現山）の頂近くに巨石・天狗岩があり、そこに神が降臨して転がり落ち、同社神体で本殿横あたりにある座光石などの磐境となったとも伝える。「磐座」は「岩さか」（磐境）とも呼ばれるから、鐸石別命の子に見える「磐坂命」の名も、この辺に由来したものか。同名の神が『出雲国風土記』（秋鹿郡恵曇郷条）に見えるが、そこでは須佐能乎命の御子として「磐坂日子命」と記され、ここでは五十猛神にあたるか、或いは「御子」ではなく、後裔神のことか。

権現山の嶺続きで北東方の高巌山《たかいわやま》（とんがり山。標高二七八メートル）の南岩も磐座とされる。権現山の南側をすこし下った龍王山には、磐座神社の奥の院があり、巨岩（神の降座石）の下の東側の岩陰に阿弥陀三尊像など祀られるが、同じ巨岩の南西側には龍王社（水の神の少童神。雨乞いの神）もある。なお、岡山県の和気町にある竜王山については先に触れたが、その東隣の備前市には龍泉山があって、兵庫県境につながる事情もある（これら「龍」関連が河内国石川郡の龍泉寺と何らかの関連があったか）。このほか、赤穂市東部で千種川下流東岸の高野には、尼子山の山頂に祠と巨岩を含む巨石群がある。

磐座神社の座光石（兵庫県相生市）

式内社の石神社

前項に併せて触れておくと、河内国大県郡に式内社の鐸比古《ぬでひこ》神社、鐸比売神社（大阪府柏原市大県に鐸比古鐸比売神社として鎮座）がある。祭神の鐸比古命を垂仁天皇の皇子・沼滞別《ぬたらしわけ》命（鐸石別命）とする縁起があり、当社の分霊を祀るのが岡山県の和気神社だという。神奈備が東北方背後の高尾山で、山頂には平坦な巨岩の露出など磐座群があり、そこから少し南へ下った地から畿内で珍しい多紐細文鏡が出土した。鐸比売のほうは、もとは東南の山麓、姫山にある磐座に祀られ、分水の地にあって、ともに雨乞いの神と伝えられる。

鐸比古・鐸比売神社（大阪府柏原市大県）

鐸比古神社の社地の変遷は何度かあって、高尾山と関連が深い。磐梨別君後裔の和気氏の本拠、備前国和気郡の東境に同名の高尾山（現・備前市三石）があり、その京都の氏寺は「高尾山神護寺」であり、境内に清麻呂の霊社（護王神社）が祀られる。鐸比古神社の祭神が鐸石別命であれば、それが息長氏の系譜にいう河俣仲彦命にあたり、その族裔が大阪市域の平野・杭全に居住した鍛冶部族たる息長氏一族であった。

当社の参道沿いで南方一キロ弱という近隣の同市太平寺町には、式内社の**石神社**（俗に熊野観音）もある。ともに同一氏族による奉斎とみられ、具体的には明らかではないが（凡河内氏族説、物部氏族説などもある）、石神祭祀や次に記す鍛冶遺跡に注目したい。延喜式内社の石神社の分布を見ると、畿内では河内の石神社が唯一であり、ほかには伊勢に二社（員弁・鈴鹿郡にある。前者の近隣には、式内社の鴨神社・賀毛神社〔三社とも、現・いなべ市域に鎮座〕があることに留意される）、能登に二社（能登郡に宿那彦神像石神社、羽咋郡に大穴持像石神社）、陸奥に三社あるだけである。能登の「宿那彦神＝少彦名神」にも留意される。

高尾山の周辺山麓に存在する「大県遺跡」は、古墳時代の大製鉄遺跡で、最近までの発掘調査で、古墳時代中・後期の五世紀代から七世紀半ば頃まで、鍛冶技術集団の集落遺跡と示す鍛冶炉や建物跡・井戸のほか、多数の韓式土器や鉄滓・鞴《ふいご》羽口・砥石なども出土した。この遺跡に関係したのが河内の上記息長氏だとしたら、鐸比古・鐸比売両社も奉祀したものかもしれない（鐸比古神社や大県遺跡については、既刊の拙著『息長氏』で詳説したから、ご参照されたい）。

針間国造関係の巨石祭祀

和気氏の祖・鐸石別命の兄・稲背彦命から応神天皇や針間国造・息長氏などが出たが、この系統でも巨石祭祀・鍛冶が顕著である。伊許自別命の流れとなる針間国造の主領域は、播磨西部の飾磨郡・揖保郡で、現在の兵庫県西南部の姫路市あたりをその中心域とした。

姫路市では、西端部の西脇に**破磐《はばん》神社**があり、現社地から西南二キロ弱離れた旧社地に大磐石（われ岩）の磐座がある。その所伝では、神功皇后が三韓征討の後に日本に凱旋したときに起きた忍熊王らの乱に備え、近くの麻生山で戦勝祈願をしたら、すぐに麻が生え、これで作った弓で皇后が天に向かい試射をしたところ、矢のうち第三の矢が巨岩に当たって岩が三つに割れたが、その巨岩が当該大磐石だという。同社の祭神は、八幡関係三神と須佐之男命とされる。

市内の今宿にある**高岳《たかおか》神社**は、飾磨郡式内社で応神天皇や水分神・宇賀魂神などを祀るという。『播磨国風土記』飾磨郡因達里の記事から、五十猛命が祭神という推定もなされる。社伝では、始めは東北方近隣の八丈岩山（因達神山。姫路市西新在家本町六丁目で、JR姫路駅の北西約三キロに位置）にあったのを、天長三年（八二六）に現社地の蛤山に遷座したという。この蛤山に巨大な磐座が屹立しており、境内には巨大なる岩石が多く、ことに社殿背後の岩が最も怪奇とされて、古くからの聖地を窺わせる。この遷座の是非はともかく、八丈岩山の山頂あたりにも磐座の巨岩が露出しており、神山にふさわしい。八丈岩山のごく近隣西北方にも、田寺高岡神社がある。八丈岩山から長畝川が流れ出るが、この流域の安相里（姫路市南畝町から土山・今宿かけての地域で、JR姫路駅の西方近隣の市街地）に石作連が居住したと風土記に見える。

破磐神社の「われ石」の磐座（兵庫県姫路市）

姫路市内ではほかにも巨石祭祀が多く見られ、①井ノ口の荒川神社（当初は加茂明神と称）の宮山東麓の磐座、②苫編《とまみ》の苫道国主神社の旧地・神様石の磐座、③八家の岩大神社（巨石の前に本殿）や④砥堀の小玉神社（巨岩の横に拝殿。倉稲魂命が祭神とし、もと地森神社）、⑤同じ砥堀の春川神社（社殿裏の峯瀧稲荷大神祠の裏に多数の巨石）、⑥山畑新田の大御岩神社（神体の石のほか、境内に多くの立石）などがあり、⑦市東南端部で海岸べりの木庭神社周辺にも巨石の磐座がある。

飾磨郡苫編（姫路市苫編で、英賀保駅の北東近隣の地）に居た苫編首は、その遠祖・大仲子が讃容郡中川里（佐用郡の旧・三日月町域〔現・佐用町域〕か）の人で、苫を編んで家を造ったことに因んで姓氏を賜うと『播磨国風土記』の神功皇后伝承で見える。この「大仲子」とは和気氏の祖・大中津日子（鐸石別命）と同人とみられ、当地の鎮守神が苫道国主神社である。苫道国主神の実体が「大仲子」なのであろう（とすれば、蘇我氏の遠祖となる）。

大御岩神社は、姫路の神丘の一つという琴神丘（今の薬師山）の山頂に星が落下して霊石（神体の岩力大神）に化して祀られたと伝えられ、それが現在地に遷座したとされる。祭神を大己貴命・少彦名命とするが、前者は余分か。能勢妙見には星が降りてきた伝承があり、大阪府交野市の星田妙見宮にも「星降り祭」という祭事があって巨石もあることから考えて、妙見信仰に通じるものがある。岐阜県中津川市駒場の巨石群には星ヶ見岩の名があり、妙見大菩薩の石碑があるなど、妙見信仰には巨石がつきまとう（妙見信仰については、後でも触れる）。姫路の神丘には「匣丘《くしげおか》」もあり、比定候補が下手野の船越山とされるが、その古名を岩船山という。

上記の諸社は、息長氏同族の針間国造の主要域にあって、姫路市の手柄山付近から西南にかけての地域にほぼまとまり、この一帯が『和名抄』の餝磨郡伊和郷、近世では岩郷と呼ばれた事情からみて、苫道国主神社を除く諸社は針間国造族関係の奉祀と考えられよう。

姫路市北部に位置する神前郡的部里（同市香寺町域）には、山頂に石を戴く石坐の神山があると風土記に見える。これは、同市香寺町須加院の式内社・田川神社（息長足姫命・大年神を祀る）より北へ五百㍍にある弥高山（鷹の山）とされる。この地も姫路市街地からさほど遠くなく、針間国造の領域とみられる。

印南郡の「石の宝殿」

播磨東部のほうでは、兵庫県高砂市の伊保山の北東麓に「石の宝殿」と言われる巨岩（推定で五百トン超）の遺溝があり、生石《おおしこ》神社（式外。高砂市阿弥陀町生石）の神体として祀られる。天の浮石とも呼ばれる。

これについては『播磨国風土記』の印南郡大国里条に記事があり、そこでは、作り石があり、形が家屋のようで、弓削大連（物部守屋のこと）の造った石だと見える。この築造者の記述は疑問で、風土記編纂の時点で既に来歴・目的が不明になっていた。この神社の縁起に、大己貴命・少彦名命の二神が御心を合わせて造った（両神が同社の祭神とされる）というのも、神話伝承にすぎず、疑問である。

風土記の大国里条には、この巨石の記事の前に、息長帯日女（神功皇后）が石作連大来を率いてきて墓の石材を求めたという記事があるから、その伝承に関連づけるほうがまだ自然であろう。「石の宝殿」は竜山石の岩盤を掘り込んだ遺構であり、この地質事情をよく知った当地の古代豪族が造ったものか（七世紀のものかは不明で、それ以前の可能性もある。印南郡のほうは、近隣に住む息長氏

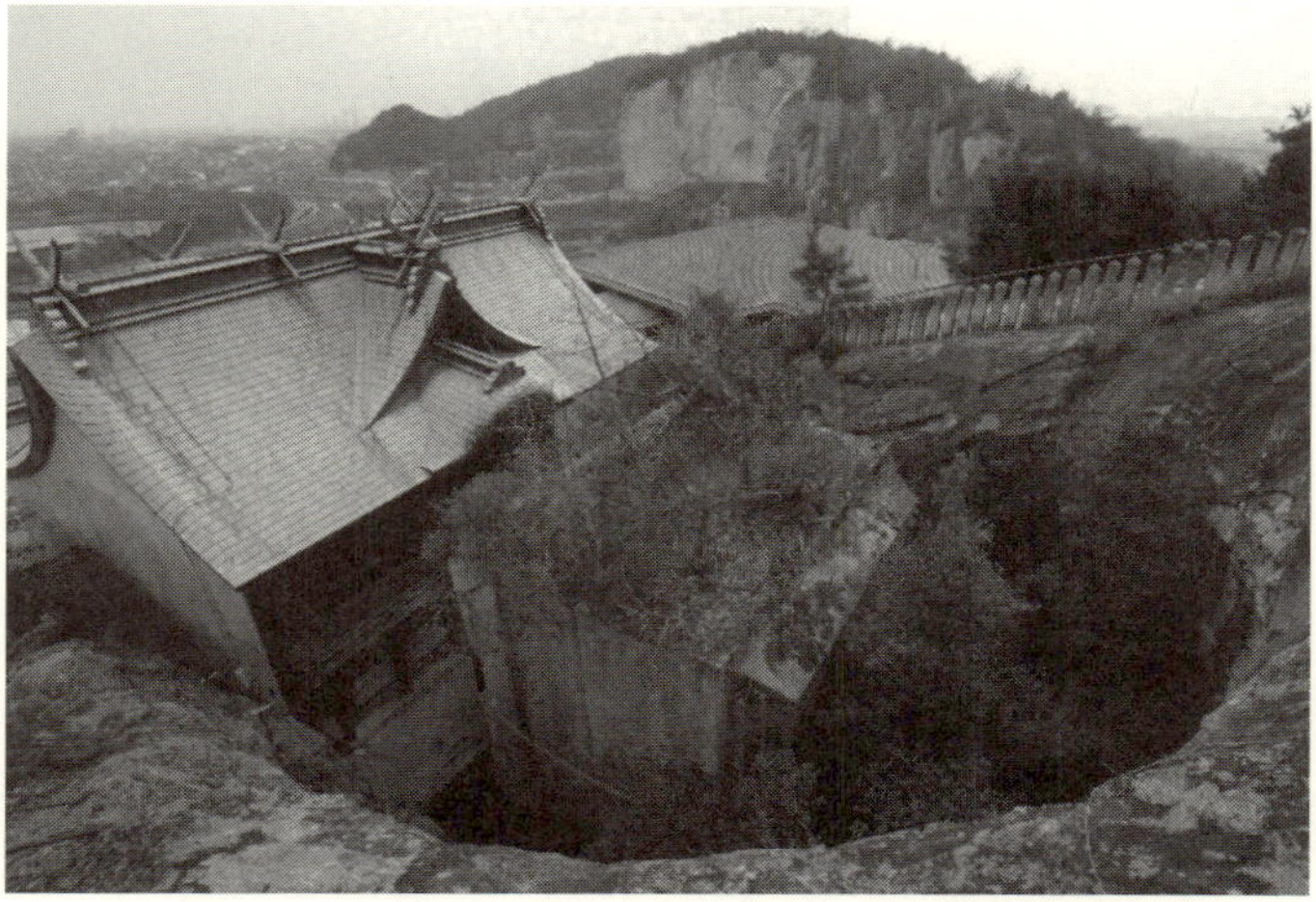

石の宝殿（兵庫県高砂市）

族の播磨直関連か。石作連は石作技能者であろう）。播磨国飾磨郡の壇場山古墳は、中播磨・西播磨地方では最大の前方後円墳メートルで針間国造が被葬者とみられるが、この長持形石棺は畿内の大王墓によく見られる型式で、竜山石が使われる。

石棺石材に詳しい間壁忠彦氏によると、蘇我氏は播磨の竜山石を好んで使い、葛城地方の二上石製の石棺は使わない、とされるが、これもその出自と関係するものか。奥田尚氏は、伊保山付近に分布する石材を蘇我氏が使い、橿原市五条野町の菖蒲池古墳・丸山古墳や小谷古墳（貝吹山東北麓で一辺約三五メートルの方墳）などの棺材になったとし、生石神社の所には石材採石地という神体を祀る御堂のような石造物を造ったのだろうとみる（『古代飛鳥「石」の謎』）。

松本清張が著書『火の路』で、奈良県橿原市にある巨石・益田岩船との関連を指摘するので、この辺も考えてみる。生石神社の氏子から出た山片蟠桃《ばんとう》が石棺説を唱えて以来、諸説があるが、岩船が石棺・石槨ではないとしても、墳墓造営との関連でみるのが割合、自然そうである。益田岩船が飛鳥の石造物のなかでみられるので、蘇我氏の移動経路のなかで捉えるとしたら、清張説は魅力があり、その場合、河内国石川郡平石の磐船大神社（磐船明神）との関連も考えられよう。

大和飛鳥の多くの石造遺物、益田岩船や石人像なども蘇我氏関連とみる向きがあり、北九州に多く見られる石人石馬（火国造・筑紫国造とその同族に関連するものか）にも通じて、築造者の同族関係も推される。もう一つ留意されるのは、伊保山と竜山との中間点あたりに加茂御祖神社（賀茂神社。高砂市竜山一丁目で、賀茂建角身命と玉依姫命を祀る）が鎮座することである。同社から更に登った地に「加茂山」と呼ばれる大きな岩があって、「観濤処（かんとうしょ）」と刻まれている。

　このほか、**播磨西部**には、まだ留意すべき神社・巨石がある。まず、宍粟市山崎町下町（旧宍粟郡石作郷の南隣の高家郷の郷域）に巨大な巖を拝殿の背後に有する**巖石神社**がある。高さ十メートルほどもある巨大な岩塊で、磐座とも神体ともされる。主祭神が大己貴命、配祀が火産霊命などとするのは疑問であろう。その東南四キロ余の同市山崎町須賀沢には石作神社があって、祭神を素戔嗚尊・火産霊命などとする。その東南三キロほどで因幡街道沿いに安志加茂神社（姫路市安富町安志）もあり、京都の賀茂別雷神社（上賀茂社）の分霊を奉祀し、安志荘の荘園鎮守として崇敬されたという。その南方近隣の安富町長野にも賀茂神社がある。須賀沢も安志・長野も、往時は宍粟郡安志郷の郷域にあった。

　安志の南方近隣に位置する揖保郡林田の里（姫路市域）は、本の名はイハナシ（談奈志）というから（風土記）、石成・磐梨に通じる。林田里には、上構に式内社の祝田神社（水神の罔象女《みずはのめ》神が祭神。後に勧請した神社により貴船社ともいう）があり、これと同名の式内社が大和国山辺郡にある（現・天理市田部町〔石上町の西側近隣〕に鎮座し、豊受神を祀る）。この祝田神社を取り上げても、磐梨別君と山辺公との同族性がしられる。同里の口佐見には大避神社があるから、赤穂郡にもつながる。上構の西隣に曽我井という地名も見える（たつの市新宮町曽我

巌石神社（兵庫県宍粟市）

井)。林田町の南方近隣にある峰相山の南、トンガリ山の斜面には亀岩という磐座が存在する。林田の伊勢山からトンガリ山にかけての巨岩・奇岩が地域の信仰を集めた模様である。

揖保郡域では、揖保里(現・たつの市揖保町一帯)と出水里(同市揖西町清水一帯)の付近、揖保川中流域のあたりに「神山」があり、「この山に石神が在す」と風土記に記載される。この遺称地がないとされるが、たつの市街地の北方に聳え、旧龍野市北境に位置する亀山(標高四五八メートル)にあたるものか。この山には多くの巨石・磐座があって、方位石や奥宮の巨岩、亀岩・蛙岩などがあげられるから、これら巨石群が石神とされて不思議ない。亀山を含む山地の南方にあたる、たつの市揖保川町神戸北山(JR竜野駅の北側近隣)の神戸神社には、石神とされる巨石があり、神社北側の神戸山が上記「神山」ともいわれる。

こうした吉備東部・播磨西部あたりから畿内へと続く岩石祭祀に着目した系譜であれば、息長氏系統の諸氏は、讃岐あたりから吉備・播磨を経由し畿内に移遷してきたという経緯が知られる。その過程のなかで、石造技術も獲得・強化していたのだろう。初めて「息長」を名乗る息長田別命なる者とは、讃岐国造・綾君の祖としては武貝児命(武卵王)と名乗り、倭建命の子と称される者と同人であった。

たつの市揖保川町の神戸神社の石神

讃岐の綾君一族の巨石祭祀

讃岐では、讃岐富士の異名をもつ**飯野山**（丸亀市と坂出市の境に位置）の山頂付近に、飯野山山頂巨石群があって著名である。すなわち、鏡岩と左右の立岩（石門）からなる磐座、と烏帽子岩（竜神の小祠あり）・天蓋岩・鷹岩などの巨石がいわれる。山の西南麓には、飯依比古（讃岐の国魂神で食物神）・少彦名命を祭る鵜足郡式内社の飯神社（丸亀市飯野町）があって、その磐座にあたるとされる。同社の境内社に荒神社もある。

讃岐富士の異名をもつ飯野山

坂出市南東部にある**城山**は、飯野山の東北方近隣に位置し、古代の朝鮮式山城（神籠石系山城。七世紀代の築造とするのは疑問）のような遺跡がで、この山頂の東側副峰に**明神原遺跡**があり、中心部に巨石の磐座（烏帽子岩）がある。その東麓に阿野郡式内名神大社の城山《きやま》神社があり、もとは明神山頂あたりに鎮座したと伝える。

讃岐国司の菅原道真は城山神社で降雨祈願を行なったが、この地が明神原かともいう。境内に雨請天満宮、境外末社に須佐之男社などがあり、鞍馬の貴船神社が祈雨・止雨の神として崇敬を集めたことが想起される。城山神社の祭神は、讃岐国造の始祖「神櫛別命」とされており、これは綾君の祖・武殻王と同人である。ホロソ石・まな板石と呼ばれる巨石が城山山中にあり、西麗には黒い巨岩のある黒岩天満宮がある。城山城を造ったといわれるのが、讃留霊王こと武殼王である。

坂出市と宇多津町の境にある聖通寺山の中腹の南に、ゆるぎ石という大石があり、巨石群のほぼ中央に位置する。重さは十トンと推定され、県指定の天然記念物とされる。近くに荒神社（坂出市域）もある。

坂出市東部、白峰山の麓に鎮座する式内社、神谷《かんだに》神社の社殿裏手にある影向石は、岩上で天神地祇を祭祀したという磐座である。三間社流造りの本殿は国宝に指定されており、摂社に荒神社がある。本社の祭神は、いまは火神の火結命と奥津彦命・奥津姫命（両神は竈神）というが、由来は不明も、「三宝荒神」の意味か。『三代実録』には「神谷天神」と見えるから、天孫族系の神のほうが妥当性があろう。志賀剛氏は天神立命とするが、それなら少彦名神かその父神あたりにあたるか。

阿野郡の式内社には鴨神社もあり、鴨部郷に鎮座する。後の綾歌郡加茂村鴨の地（現・坂出市加茂町）である。東・西の鴨神社で二社あり、烏帽子山の西麓に東鴨社があって一言主神を祭神とし、その西南近隣に西鴨社があって別雷神を祀り、境内には大岩がある。二社が鎮座の加茂町には、松尾神社や松井荒神社もある。葛城山の一言主神が鴨族の祖・賀茂建津身命と同神であることは、この神が「大倭の葛木山の峯に宿りまし」と『山城国風土記』逸文に見えることで分かる。

綾歌郡宇多津町の宇夫階神社の社殿奥には、鎮座する高さ五・五メートル、重さ三百トンという巨石磐境があり、その北東の一回り小さな巨石・御膳石では秋に神饌を供える祭儀もある。この主神が大己貴命、配祀が豊受大御神というものの、境内社の貴船神社・山王神社・粟島神社から見て、主神には疑問もあり、綾君の祖・武殼王を導いた**小烏大神**という伝承の観点からは鴨大神や八咫烏に通じるし、次ぎにあげる祓戸神にも関係しよう。同社は、宇夫志奈神として『三代実録』に見える国史見在社だが、鵜足郡式内社の宇閉神社に比定されるべきものか（綾歌町の二社に比定するのが多い）。

那珂郡の式内社で仲多度郡琴平町下櫛梨にある櫛梨神社は、讃岐国造の祖・神櫛王（讃留霊王）を祭神としている。この者の怪魚退治伝承に因む聖跡が船磐で、祓戸神（一般には水神の瀬織津比売など四神をいうが、ここでは除厄の素戔嗚神かその後裔神にあたるか）が転化した霊石と伝え、これを祀って船磐大明神という。いまも神社近くに船形の大岩が残る。多度郡域にあった善通寺市下吉田には、吉田八幡神社の北側に石神神社があり、少彦名神を祀る。

これら巨石祭祀は、息長氏同族で綾君・讃岐国造の一族諸氏にかかるものとされよう。

備前和気氏一族の山辺之別の流れ

磐梨別君の一派に山辺之別があり、大和で山辺県主となり、姓氏が後に山辺公（録・右京、摂津の皇別として、大鐸石和居命の後、和気朝臣と同祖と記載）、山辺宿祢となるが、山辺郡あたりの巨石祭祀は先に見たところである。

その同族には阿太之別（大和国宇智郡阿陀郷か）、飛鳥君、許呂母之別（三川之衣君。三河国賀茂郡挙母郷（鴨郡衣郷）で現・豊田市域）、高巣鹿之別（居地は三河国渥美郡の高蘆郷かというが、同国額田郡高須かがあると伝える。『古事記』の系譜上では、垂仁天皇の皇子・大中津日子命（実体は鐸石別命と同人）の後裔とされるが、備前和気氏を出す鐸石別命の系譜原型は、垂仁天皇の皇子の後裔ではなく、息長氏一族から出ていた。

山辺公の氏人としては、壬申の乱の時に天武の子・大津皇子の大津宮からの脱出に随行した一行のなかに山辺君安摩呂がおり、小墾田猪手らとともに行動したと『書紀』に見える。奈良時代、天平・天平勝宝年間頃の経師として正八位上山辺君諸公がおり（公、無姓でも史料に見える。『大日本古文書』）、また、位子山辺君忍熊が神亀五年（七二八）九月付けの平城宮出土木簡に見える。六国史には、山辺公姓の清野、主税助真雄、直講従七位上善直が平安前期に見えて、叙爵（三人はいずれも外位の外従五位下）をうけており、平安中期の長徳四年（九九八）には正六位上山辺宿祢正兼が和泉掾に任じている（『除目大成抄』）。

その族裔は端的には知られないが、太田亮博士は、大和国宇陀郡の山辺、檜牧氏は、源三位頼政の後と称するも、山辺県主の後なるべしという（『姓氏家系大辞典』）。宇陀郡は山辺郡に隣接しており、檜牧《ひのまき》は肥伊里の地の肥伊牧が起こりで、檜牧庄は県清理が開発した私領といわれ（「東寺百合文書」）、当地（現・宇陀市榛原檜牧）には御井神社（式内社で食井明神、気比明神とも称）がある。その論社は、皇太神社本殿の左の境内社に石神神社と共に合祀される三井明神がいわれるから、妥当な指摘かもしれない。

山辺郡の中世土豪の豊田氏も、山辺県主後裔ではないかと思われる。この氏の起った豊田邑の地が、山辺御県神社が鎮座の別所町の東隣にあり、かつ、天三降命の後裔と伝える事情にある。『国民郷士記』には、十五世紀後半の豊田頼英（下野公）について天三降命苗裔と見えるが（太田亮博士）、この神は「天神本紀」に豊国宇佐国造等の祖、すなわち宇佐氏の祖と伝え、宇佐氏の系図では高皇産霊尊の子（子孫）におかれるからである。

宇佐国造一族から阿蘇国造・火国造が出て、その族流から息長氏・磐梨別君が出て、その支族に山辺県主・山辺君が出たという系譜である。天理市豊田町に鎮座の豊田神社は、祭神を蛭子命・宇賀御魂神・高良玉垂命とし、旧豊田村の村社で、もとは俊成社と称したが、大正末年に御霊社と須賀社を合祀して、現在の豊田神社に改称されている。

ところで、大和に御手代首《みてしろ》という姓氏（直姓もあり、後には連・宿祢姓）があり、『姓氏録』に「天御中主命十世孫天諸神命の後」という系譜が見える。太田亮博士は長門の住吉荒魂社大宮司家の系譜に「天諸神命、一名天三降命、宇佐宿祢、御手代首等祖」という記事があることを指摘して、豊田氏は大倭御手代氏の苗裔ならんと考えた。『姓氏録』では天御中主命は服部連の祖ともされるが、服部連は饗速日命や少彦名神の後裔でもある。饗速日神の子が熯速日神とも、この両神が同時に誕生したともいう。

こうした神統譜・系譜を考えると、山辺県主・山辺君と御手代首とは同族で、これらの後裔が山辺郡の豊田氏かと推される。これまで不可解であった御手代首や豊田氏の系譜が、山辺県主・山辺君の系譜を通じて明らかになったと言えよう。

この山辺氏と同族ではないかとみられる山辺氏が、平安中期の赤穂郡有年荘（赤穂市北東部の有年あたり）にあった。長和四年（一〇一五）十一月の同荘の庄司寄人として、山辺市正・重正・重則の名が、秦時正など秦一族などとならんで見える（『朝野群載』巻廿二）。矢野川下流域となる有年地区でも、有年原・有年横尾などに須賀神社が六社もある。

吉備東部の和気氏本拠の東側近隣に播磨西部の赤穂郡があり、その郡内に飛鳥郷の地名（『和名抄』。現在地が不明も、下郡町域か）もあった。磐梨別君同族の飛鳥君がどこの飛鳥に居たかは不明だが、それが大和飛鳥であったのなら、飛鳥坐神社祠官家の飛鳥直氏（現在の名字が飛鳥という。系譜は中臣氏族とされる）につながるのかもしれない。飛鳥坐神社には顕著な巨石祭祀が見られる。

同社の祭神たる「飛鳥神」の実体は不明だが、紀州牟婁郡（和歌山県熊野地方）では飛鳥神社・阿須賀神社がかなり分布しており、その祭神が事解之男神とされて、葛城の一言主神や事代主神（この場合は三輪氏の祖神のほうではなく、天事代主神か）と同一神する見方がある。これは妥当な見方でありそうでもある。『姓氏録』大和神別には、天事代主命の後が飛鳥直だと記される。『古事記』には一言主神の別名として、「言離神」（コトサカの神）をあげ、これが事解之男神に通じよう。

三河の衣君一族の巨石祭祀

併せて、三河国賀茂郡の衣君《ころも》（許呂母之別）一族の巨石祭祀にも触れておく。同郡の式内社は七座と多いが、そのなかの中心は狭投《さなげ》神社である。豊田市猿投町大城に鎮座して、いまは猿投神社と表記される。三河三ノ宮で旧県社という高い社格をもつから（一宮砥鹿神は三河東部の穂国造一族、二宮知立神は西部の参河国造一族が奉斎）、古代・中世の同社祭祀は、衣君一族後裔が担ったことは想像に難くない。

同社は豊田市の北端に位置する鷲取山（猿投山。標高六二九メートル）の南麓に位置するが、神体とされる同山の中に天然記念物「菊石」があるほか、御船石、蛙岩、屏風岩、御鞍石等の伝説豊かな巨岩もある。時代は遅いが、南北朝期の成立と推定される「足助八幡宮縁起」に拠ると、天智朝に宝飯郡の本宮山にいた猿形の怪異者が石舟で飛行し高橋庄猿投大明神となったという。ここでも、石舟の伝承があることに留意される。

「猿投神」は、その実体についての所伝を失って、いまは倭建命の兄とされる大碓命が祭神とされるが、当地に縁のない者に比定するのは誤りである。当社の末社十五祠は白鳳年中の勧請で、各々が大碓尊之兄弟なりとして、櫛角別王・稚武王・武鼓王・武養蚕命・息長田別命などが祭神であげられる事情があり、このことや上記伝承、衣君の遠祖系譜を考えると、原型の祭神としては、讃留霊王（サル霊王が猿に通じる）たる櫛角別王が妥当とみられる。摂社に同郡式内社の広沢神社があり、少彦名神を祭神とする事情も、これを傍証しよう。塞神社・建速神社・御嶽社も境内外にあって、かつては猿田彦命なども祭神とみられており、大碓命が祭神という由来は新しい。

同社神主四家のうちの三宅氏は、一族が賀茂郡伊保城にあって（庵君の後裔か）、これが幕藩大名三宅氏（三河田原藩主）につながるが、この家では祖先系譜を仮冒して、備前の児島高徳の子の三宅三郎高貞の後裔という三宅氏と称した。『姓氏家系大辞典』でも、「ある説に伊久米入彦命（註：垂仁天皇のこと）を以て祖とすと見えたり」と記されており、備前の和気氏同族の流れを示唆する伝承も残る。いまは、「配祀が景行天皇、垂仁天皇」とされる。伊保郷の射穂神社も式内社で、もと蔵王権現とか伊保天神と呼ばれたというから、少彦名神に通じる。

賀茂郡の足助郷、岩戸山の風天洞（豊田市大蔵町横手山）に巨大な磐座もあり、同市上高町には巨石・鷹見岩を祭る上鷹見の八幡神社もある。

蘇我氏の葬礼儀式における鳥トーテミズム

天孫族にあっては、天皇氏族や少彦名神後裔氏族に鳥トーテミズムが色濃く見られた。このことは拙著『天皇氏族』でも種々詳述したが、蘇我氏において当該習俗が見られると平林章仁氏は指摘するので（『蘇我氏の実像と葛城氏』）、ここに紹介させていただく。

具体的には、殯宮儀礼などのなかで蘇我氏の鳥霊信仰という表現をされるが、具体例としては、次のような記事・伝承をあげる。

①敏達天皇崩御のとき広瀬殯宮において馬子の行った「雀の跳ねるような所作」について、狩猟の矢に当てられた雀鳥のようだという物部守屋の揶揄があった（『書紀』敏達十四年八月条）。これが、『古事記』に見える天若日子の喪儀に多くの鳥たちが奉仕したことに類似し通じるもので、鳥霊信仰に基づくものとみる。蘇我氏の従前の信仰や所作を伴う喪儀のなかに、古代中国の踊りを取り入れたか真似たものではなかったかと考える。

たしかに、古代中国でも春秋時代に魯の付属国として東夷族の郯子国があり（山東省郯城県に位置）、多くの鳥名をつけた官職があったと伝える（『春秋左氏伝』昭公十七年条）。その遠祖を少昊とする嬴姓の国で、秦や趙などと同姓であって、鳥トーテミズムが見られた。

②入鹿の少年従者が白雀の子を獲たが、同日同時刻に白雀を蝦夷に贈る人もいて（『書紀』皇極元年七月条）、二羽の白雀は繁栄を予告するめでたい祥瑞であった。

③蝦夷の大津宅の倉にフクロウ（休留《いいどよ》）が子を産んだ（同、皇極三年三月条）。これに関連して、平群氏の祖・木菟宿祢と仁徳天皇の誕生譚で、木菟（フクロウ）と鷦鷯が誕生時に産屋に入ったことを奇瑞として、名前を取り換えて命名した（同、仁徳元年正月条）、という所伝も引く。

平林氏は、「蘇我氏が鳥にまつわる呪的信仰（鳥霊信仰）に強い関心や知識をもち、伝えられるような宗教的儀礼を行っていたことは、ほぼ確かなことと考えられる」と総括する。こうした見解は高く評価するが、その一方、併せて「蘇我氏は鳥霊信仰にもとづく殯宮儀礼や、鳥の祥瑞にかかわる儀礼などを行なっていたが、そのもとは海外からもたらされた可能性が大きい」「武内宿祢の所伝を知悉のうえで、それを真似てこうした儀礼を催していた節がある」との見解を示すのは疑問が大きい。

わが国の天孫族は鳥トーテミズムを強くもっており（この辺は、拙著『天皇氏族』で詳述）、それが東アジアの習俗にも通じるが、蘇我氏が海外からもってきたものではない。その遠い祖先以来のものである。武内宿祢が天皇家から出たのだから、天孫族に共通した習俗・祭祀であった。ともあれ、前半の部分は、蘇我氏が天孫族の流れだと示唆する卓見である（本書で述べるように、天若日子・「鳥神」たる少彦名神の親子の後裔というのが蘇我氏の系譜であった。一方、同じ天孫族の流れでも、少彦名神の兄の天目一箇命の末流となる物部氏には鳥トーテミズムはあまり伝えられなかった模様である）。

天孫族の流れを汲み、少彦名神後裔の息長氏から出た応神王統にあっても同様である。『記・紀』などに見える大雀・隼・根鳥・雌鳥・鷺などを名にもつ応神・仁徳近親の王族にも、鳥トーテミズムの現れとみられるものがあり、たんに瑞祥だけによるものではなかった。『春秋左氏伝』（昭公十七年条）に見える山東省南部の夷系の国、郯子《たんし》国の多くの鳥の名を付ける官名にも通じる。水上静夫氏も、中国の中原東方には郯子国など鳥トーテムをもつ諸氏族があり、殷族がこれらと一群の種族だとみる（『中国古代王朝消滅の謎』、一九九二年刊）。白川静氏も、金天少昊氏と山東の郯子とは同じ系列に属するとみる。これら内外の鳥トーテミズムに関しては、詳しくは拙著『天皇氏族』を参照されたい。

トーテムに関連して併せて言うと、実体が少彦名神たる葛城山の一言主神は、巨大な猪の姿で雄略天皇の前に現れたと伝える。また、備前の和気清麻呂が猪の大群に救われて宇佐に参拝ができたと伝えて、清麻呂を祀る京都の護王神社には、狛犬の代わりに狛イノシシが建てられるなど、この一統は猪に関係が深い。この事情を踏まえて見ると、蘇我馬子による崇峻天皇弑逆の背景も明確になる。

『書紀』崇峻天皇五年十月条の記事に拠ると、山猪を献上された天皇が、これを指さして、いつの日にか、この猪の頸を斬るように、朕が嫌う人を斬りたいと言われたので、それを聞いた馬子が天皇の真意を知り、徒党を集めて天皇の弑逆を謀ると見える。雄略天皇の前に猪の姿で現れた葛城一言主神の末裔となる馬子は、このときまさに猪に喩えられていたわけである。

ここまで、蘇我氏の遠い祖系とその同族について、巨石などの祭祀や習俗、鳥・猪のトーテムを中心に種々考察を加えてきた。本書では四国地方まで巨石を追いかけたが、それより先に遡る北九州の巨石の祭祀・遺構関連については、主に拙著『息長氏』『天皇氏族』で詳しく取り上げたから、これらをご覧いただくとして、それでもまだ考察が足りない面がある。それは、蘇我氏族と近い同族関係にあるとみられる氏族の検討であり、それが主に波多臣氏の関係である。それを次の章で試みるものである。

八　祖系探求における波多臣氏の意味

蘇我同族と河内国石川郡の位置づけ

蘇我氏研究を改めて行うなか、河内国石川郡という地域の重要性を更に感じるようになった。この地域に本拠をもった蘇我氏一族では高向臣が知られるが、川辺臣も石川郡川野辺が本拠だと佐伯有清博士がみており、たしかに石川郡にも川辺朝臣氏の居住が知られる。『続日本紀』慶雲三年（七〇六）五月条には、河内国石川郡人の河辺朝臣乙麻呂が白鳩を献じた記事が見え、宝亀元年（七七〇）にも河内国人川辺朝臣宅麻呂の子の杖男・勝麻呂兄弟が見える。太田亮博士もこの氏の本貫が河内ならんかとして、丹比郡に川辺邑ありと記すが、川辺氏が居たのは石川郡川野辺のほうである。桜井臣の本拠についても、石川郡桜井という見方があり、現実に平安後期・鎌倉期には東河内に桜井氏が居た（渡来系の桜井氏もあるから、蘇我同族とは言い切れないが）。

これらのほか、波多臣に通じる波多郷が石川郡にあり、これは重要であると思われる。また、同郡山代郷が現在の河南町山城あたりで、これも山背臣の起源地かとみられる。これら蘇我氏の初期分岐に近いのではないかとみられる一族・同族の諸氏が、石川郡に多く居住した事情は無視しがたい。

河内の石川郡波多郷の具体的な比定地は現在不明だが、当地に「八多寺」があって、阿弥陀の画像を保有すると『日本霊異記』上三三巻に見える。寺の近辺にいた賢婦（氏名不詳）の願いを聞き入れて画師が発心して画像をつくったものだという。この波多郷（波太郷）には山代直や嶋首氏の居住が知られる（正倉院丹裏文書など）。大和国高市郡式内社の波多神社が明日香村畑の近隣に鎮座し、山辺郡山添村の波多が畑とも表記されることを考えると、南河内郡太子町の畑が一須賀の東北方近隣に位置する事情から、このあたりが石川郡波多郷であろう。

同地近隣には、鍛冶につながりそうな科長神社（太子町山田にあり、風神を祀る）がある。同社本殿の裏側に八精水と呼ばれる湧水があって、これを使って当麻の刀鍛冶が刀剣を鍛えたと伝える。「科長」が音の通じそうな息長氏に関係するとの見方もあるが、その場合でも、息長氏本宗（若野毛二俣命・大郎子の系統）ではなく、支流・支族のほうであったことになる。

鉄に関連して、遠く山陰の出雲に飛ぶが、『出雲国風土記』飯石郡の条に、波多小川・飯石小川が共に「鉄（まがね）あり」記される。波多小川は、現在の飯石郡の西部を北方へ流れ、上流の波多郷あたりから須佐郷（製鉄神たるスサノ

科長神社（大阪府太子町山田）

オ神信仰の中心地。現・島根県出雲市〔旧・簸川郡〕佐田町須佐の一帯）を経由して須佐川（神門川の上流）に合流する。ここの波多郷の地に波多都美命が天降った（雲南市掛合町波多の一帯で、志許斐山〔現・野田山〕に降りたか）、と風土記に見える。当地の波多神社に祀られる波多都美命という神の実体は確認しがたいが、三上祝関係の系図には天津彦根命（天目一箇命・少彦名神の父神）の別名と見えており、これら父子神三神のいずれかに当たるとみられる。

さて、河内国石川郡には波多臣氏の同族、山口朝臣も居た。『大同類聚方』巻四六の大国薬には、「河内国石川郡大国山口朝臣東雄乃家爾所伝其元波武内宿祢乃薬也」と記される。この山口氏は、大和国磯城県泊瀬山尾に起ったとされるが（『紀氏家牒』）、そこから父祖縁由の地たる石川流域に遷住したものか。

山背臣（山代臣）は、天武十三年に朝臣賜姓五二氏のなかにあげられるほどの大族であるが、出自・来歴が唯一、不明である。史料には、推古十年紀（山背臣日立が方術を学ぶ記事）や延喜の周防国玖珂郷戸籍（戸主忍海有根の戸口に山代臣秋成）に見えるのみで、賜姓後の朝臣姓の者は国史にも『姓氏録』にも見えない。その系譜は、おそらくは蘇我氏・波多氏の初期分岐の一族であって、河内国石川郡山代郷を起源の地として、実際には蘇我臣に近い系譜をもったのではなかろうか。

河内国石川郡にも住む嶋首（録・未定雑姓摂津。嶋毘登）や石川郡佐備に居住の草原首などは、早くに分れた蘇我氏同族の可能性もあろう。石河股合首については、武内宿祢後裔と称するようで、その場合には蘇我臣の初期に分かれた一族だったか。

石河楯が『書紀』雄略二年秋七月に見えており、百済から天皇の妃として渡来してきた池津媛を、天皇が娶ろうとする矢先に、石河楯と姦淫したとのことで、二人が天皇の怒りをかって焼き殺されている。この者は、古本に石河股合首の祖とあるから、河内国石川郡に居住したものか（「股合」には、「またあひ」と「こむら」の訓みがあるようだが、股合首はほかに見ない）。『百済新撰』には、「慕尼夫人の所生で適稽女郎という女性が、天皇に貢進された」と見えるから、これが池津媛に当たるものか。

『姓氏録』には、具体的な系譜が不明な次の臣姓二氏も見えるが、この辺も蘇我氏とも多少関連するものかもしれない。

①池後臣（録・大和）……録・未定雑姓河内にも天彦麻須命の後という池後臣を掲げ、同族であろう。「天彦麻須命」なる者は、ほかに見ないが、天津彦根命とか天稚彦に通じる神名かもしれない。この氏が河内国丹比郡池尻の地名に因むとすれば、蘇我臣か波多臣の族か。丹比の野中寺は渡来系の船氏の氏寺であり、馬子が建立したとの伝承をもつ。船氏は大化前には蘇我氏の配下で活動が見える。池後臣が神別で臣姓ということに留意される。

②葛野臣（録・左京未定雑姓）……孝元天皇の子の彦布都意斯麻己止命（彦太忍信命で、武内宿祢の祖父）の後とされる。葛野は山城国葛野郡葛野郷や丹波国氷上郡葛野郷もあるが、筑後国上妻郡葛野郷に先祖の起源ありか。そうすると、巨勢臣に近い系譜か。

波多氏とその一族諸氏の動向

先に見たように、武内宿祢後裔のなかで、石川宿祢と同母兄弟と伝えるのが波多（羽田）八代宿祢であり、その後裔が波多臣、道守臣、林臣、山口連、長谷部君、星川臣とされる。この波多臣氏の概要を見ると、次のようなものである。

初祖を武内宿祢の男の波多八代宿祢（『書紀』に羽田矢代宿祢）として、姓は臣で、のち天武十三年（六八四）の八色の姓で朝臣となる。氏の名の表記は、八太、八多、羽田とも見え、大和国高市郡波多郷（奈良県高市郡高取町南部の市尾・羽内あたり）を本拠とし、同郡の延喜式内社の波多神社（高市郡明日香村冬野）や波多甕井神社（高取町羽内に鎮座。石神の甕速日命が祭神か）を氏神として奉斎した。

波多甕井《みかい》神社（高取町羽内）

波多八代宿祢は、神功皇后による三韓征伐に従ったというが、これは疑問だとしても、『書紀』によると、応神天皇三年（三九二年頃か）には、百済の辰斯王が天皇に対し礼を失することがあったため、兄弟という紀角宿祢・石川宿祢らと共に百済に遣わされ、それを詰問する。百済は王を殺して謝罪したので、阿莘王を次の王に擁立し帰国したという。第十七代履中天皇の妃である黒媛は、八代宿祢の娘とする伝があり（『書紀』履中即位前紀）、これは次項で記す。後者の記事のほうは信頼性がありそうで、この年代から推すに、その父が神功皇后・応神両朝で活動することは無理があり、八代宿祢は仁徳朝頃の活動が考えられる。

七世紀以降では、推古天皇卅一年（六二三）に蘇我馬子が境部雄摩侶らを大将軍とする数万の軍を新羅に送ったとき、小徳波多臣広庭は副将軍の一人に任じたと見える。天武朝に制定の八色の姓では、五二氏のなかにあげられ朝臣姓を賜与された。

奈良時代の官人では『続日本紀』に叙爵者が多数見えるが、あまり顕著な活動をした者はいない。七世紀後葉に羽田朝臣斉《むこへ》（牟後閉・牟胡閉）が撰善言司に任じ（その作業は日本書紀編纂の基礎になる）、氏の先祖の墓記を上進したとみられ、八世紀初頭には周防総領、薬師寺建造の司となった。このほか主なところでは、波多朝臣の余射（山陰道を巡視）、広足（右少弁を経て、大宝三年に遣新羅大使）、広麻呂、僧麻呂、安麻呂、古麻呂、孫足、足人（宮内少輔、備後守）、男足、百足、及び百嶋（八多朝臣姓で表記）がいる。

これらの者の官位は直広参や、従五位下への叙爵記事が主であって（最高位は正五位上）、奈良時代の表記の多くは波多朝臣とされる。波多朝臣百足は、『続紀』によると、宝亀八年（七七七）に正六位上から従五位下に叙せられており、平城宮宮域東南隅地区から出土した木簡に「波多朝臣百□」と見える者か。

氏の表記は、天平頃以降ではほぼ「八多」に変わる。天平五年の「右京計帳」では、戸主八多朝臣虫麻呂の家族が嫡子八多朝臣牛養など大勢記載されており、平城宮出土木簡でも天平八年八月付で八多徳足が見える。『姓氏録』では八多朝臣が右京皇別に掲載も、同族諸氏の記事にはみな「波多朝臣」と記載され、八多・波多が記事に混用される。

平安前期に入っても、九世紀後葉の元慶・仁和まで六国史に氏人の叙爵が見えるが、この辺は省略する。平安中期になると氏の衰勢が明らかで、『平安遺文』を見ると族人が中央の官人では殆ど見えなくなり、「高良山文書」に斉衡三年（八五六）の掾八多朝臣湊□が見え、平安中期では延喜十三年（九一三）の豊前国権掾八多有臣（「石清水文書」の太政官符）や十世紀中葉、康保・安和頃の博士八多貞純（『類聚符宣抄』）、長保二年（一〇〇〇）の大和国高市郡南郷の八多弟子丸（「東大寺文書」。その二日後に見える八多常茂も、同人か近親）、寛治七年（一〇八八）の「権介八多」（「宇佐神領大鏡」）くらいになってしまう。

なお、息長氏族から出た近江の羽田君の後裔が、八色之姓以降は波多真人で記されて、紛らわしいところもある。こちらの氏人には、奈良時代に与射（余射）、足嶋、継手、唐名（八多真人姓）などがいたが、平安期に入ると衰え、承和期の清雄くらいになる。

『姓氏録』の波多祝（未定雑姓大和）についても、紀臣一族に紀祝がいたことに留意すれば、早くに分かれた一族で、高市郡の波多神社の祝の職にあった氏とみられる。その系譜は、神別（天神）で高皇産霊神の孫である「治身」（誰に当たるかは他書にも知見がない）の後裔とするが、この天孫族の流れを引くという系譜が波多臣氏の原型、実態か。

波多臣氏の後裔や支流

波多臣氏の後裔は平安時代中期には姿を消したが、大和の高市郡の本拠には平安末期まで子孫が残ったという所伝もある。真偽のほどは不明だが、筑後国生葉郡山春村（現・福岡県うきは市浮羽町山北）を本拠とした波多氏の一族があり、熊懐《くまだき》を名乗り、当地で賀茂神社の祠官として続いたという。その所伝では、新羅征討の副将軍小徳波多臣広庭の後裔で、勘解由次官波多次郎救家《すけいえ》の男・久家が源義朝・頼朝更には大友能直に仕えて、和州波多から筑後の生葉郡山北に遷居し山北佐源次と号し、日吉神社を建立した。その後裔の波多行景が笠置山で宮方に加わったとき、熊退治して後醍醐天皇から熊懐の名字を賜り、後に正平元年（一三四六）に山城から賀茂神社を勧請して初代宮司となり、その子の熊懐大炊助懐朝以降も祠官家で長く続いたという。

一方、「山北村賀茂神社縁起」には、三毛入野命の後胤が山北四郎大蔵永高といい、その寄付状を社司熊懐氏に伝えるとある（『姓氏家系大辞典』）。南北朝期の日田郡司日田出羽守大蔵永敏の目代が山北四郎大蔵永高というから、この山北氏は日田一族で、大蔵姓とはいえ、実際には宇佐宿祢の支流であった。この子孫が楠森河北家（その在宅主屋が国指定の登録有形文化財）といわれ、相撲の神として名高い大蔵永季を先祖と伝え、美術評論家の河北倫明を出した。「三毛入野命」とは、宇佐国造の祖・天三降命の転訛であろう。この宇佐国造家は鴨同族だから、日吉社・賀茂社の奉斎は自然であるが、波多氏も同じ神の奉斎に関与したことに留意される。この山北永高が奉行して、熊懐平右馬太夫波多宿祢行景が斎主となって創祀し初代宮司となったという。山北三社とされる残り一社が三次神社であり、賀茂神社の摂社で河北家の裏側に位置し、起源が景行天皇の九州巡狩にあるといい、境内にあって雨乞いに霊験著しい「三次石」（磐境）から起こったともいう。

波多氏支流から出た**長谷部君**の流れが武家として長く続いたことから、この一族の系図がいまに伝わる。これが、高倉天皇の子の以仁王の侍で勇名を馳せた左兵衛尉長谷部信連の流れで、平家滅亡後に将軍源頼朝に引き立てられ能登国珠洲郡大家荘の地頭職に補され、子孫は能登の豪族長氏となって室町・戦国時代を生き抜き、江戸時代には加賀前田家の重臣となった。初期の波多臣の系譜は、『紀氏家牒』にも見えて、長谷部氏に伝える系図と符合するから、相互に信頼性があると言えよう。

長谷部氏が能登の穴水（石川県鳳珠郡穴水町中居南）に在城中、御祈願所として崇敬していたのが大山咋命を祭神とする日吉神社であった。ここにも鴨族の祭祀が見られる。

なお、波多臣の支流から近江の淡海臣（近江臣）・波美臣・脚身臣の一族も出たと称される。この一族では、継体朝の征新羅将軍の近江臣毛野が著名であるが、任那で暴政をしき召還されている。これら諸氏は、実際には和邇氏族の出で、近淡海国造一族とみられる。『古事記』孝昭天皇段には和珥氏同族として近淡海国造があげられ、淡海臣は同国造の姓氏とみられるからである。ただ、「波美（ハミ）」は波弥、播美とも書き、「食み」の意味であって食膳奉仕の諸氏のなかにも波弥臣が見え、『続紀』に食朝臣と見えることから、その縁由で武内宿祢後裔氏族のなかに付加されたものかもしれない。近淡海国造の跡に養子で入った可能性は、当時は考え難いのであろう。

住吉仲皇子の叛乱に見える黒媛

履中天皇の妃として黒媛が見えるが、問題はその系譜であって、波多氏との関係の有無である。この妃が登場するのが五世紀中葉頃の住吉仲皇子の叛乱事件で、記紀では仁徳天皇崩御後にこの叛乱事件が起きたと見える（履中即位前紀など）。この事件は、応神王統に頻発した王位継承の争乱の一つであり、詳しくは拙著『葛城氏』で取り上げたからご参照いただきたいが、ここでは概略を記す。

仁徳天皇と葛城氏磐之媛との間の子として、記紀には共通して履中天皇（大兄去来穂別《おおえのいざほわけ》）、住吉仲皇子（『古事記』では墨江中王）、反正天皇（瑞歯別）、允恭天皇（雄朝津間稚子《おあわづまのわくご》宿祢）の順序で四柱の皇子があげられる。ここに住吉仲皇子の叛乱事件が起きたのだから、その原因を皇位（大王位）継承から排除された者が獲得のため起こした事件とみざるをえない。

すなわち、反正天皇は、仁徳と皇后矢田皇女の間の「嫡子」というのが実態であって、本来なら仁徳の正式後継者たる位置にあったが、仁徳崩御時には幼かったので、長兄の去来穂別皇子がまず皇位を継承して、その皇太子に立てられた。履中の死後になって、瑞歯別（反正）の庶兄という位置にある住吉仲皇子が叛乱を起こし皇位継承を狙ったが、結局、瑞歯別が住吉仲皇子を倒して反正天皇として即位した、というのが原型の話ではないかとみられる。この叛乱によって「太子」（一般に履中と解されているが、反正ではないか）が宮都からいったん大和石上まで逃げたが、乱の鎮圧にも反正が当たって、住吉仲皇子近習の隼人を使って同皇子を殺させており、履中はなんら関与していない、と記事に見える。

現在、反正天皇の陵墓とされるのが百舌鳥《もず》耳原北陵で、それが、大阪府堺市の北三国ヶ丘町にある田出井山古墳に治定されている。しかし、同古墳は全長一四八メートルの前方後円墳で、帝王級とするには規模が小さすぎて疑問が大きい。反正の真の陵墓にあたるのが、大和の佐紀古墳群にあるヒシアゲ古墳（全長二二〇メートルほど。現治定では磐之媛陵）とみられ、この古墳は矢田皇后の陵墓とみられるウワナベ古墳（全長二五五メートルほど）の近隣に位置する。なお、反正陵について、巨大な土師ニサンザイ古墳（全長二九〇メートルほど）に比定する見方もあるが、こちらは治世期間に比べ巨大すぎて、やはり疑問が大きく、おそらく允恭天皇の真陵とみられる（この辺の諸事情は、拙著『巨大古墳と古代王統譜』を参照されたい）。

反正天皇崩御後に、允恭天皇が登極するのを固辞した話が『書紀』に見えるが、これは、允恭が同母兄の住吉仲皇子の叛乱に連座して、謹慎的な状態に置かれていた事情を推定させる。たんに重病で病弱とか、身体的な問題があったわけではなかろう。反正天皇が在位五年弱で若くして死去したと伝えられ、その結果、再び葛城氏系の皇子に大王位が巡ってきたことになる。反正の崩御がどのような事情であったか不明であるが、その殯《もがり》（貴人の埋葬まで遺体を安置すること、その期間）が五年もあったと『書紀』に見えるから、この紀年が二倍年暦だとしても異常に長く、そこには何らかの不自然な事情もあったことを窺わせる（反正崩御には何らかの事件もあったのかもしれないが、この間の事情は史料からはまったく不明）。

上記叛乱事件は仁徳天皇崩御後に起きたように記紀に記されるが、実際には履中の崩御後に起きたとみられる。それを傍証するのが、履中の妃である黒媛を住吉仲皇子が確保して（この妃と通じて）、行動を起こしたと『書紀』に見える記事である。治世としては比較的短期間で崩御した履中は当初、皇后がなかったようであり（後に幡梭《はたひ》皇女が皇后となる）、長子の市辺押羽皇子や飯豊郎女などを生んだ黒媛は、なかでも有力な妃で、次期の皇位継承の大きな手がかりであった。この事件後に履中が即位したとすると、住吉仲皇子と姦通したとされる黒媛がそのまま履中の妃であり続けることは、おかしな事態だといえよう。

ちなみに、『書紀』では、住吉仲皇子と姦通したのが羽田矢代宿祢の娘の黒媛で、履中の妃となったのが葛城氏の葦田宿祢の娘・黒媛だと記され、同じ「黒媛」の名前でも別人とされるが、これも不自然であって、一般にも両者は同人とみられている。

それでは、「黒媛」の出自は葛城氏だったのか、羽田氏だったのか、という問題になる。『書紀』にわざわざ羽田氏と記され、また履中五年九月条には履中の妃として「羽田の汝妹」という名が見える霊異伝承があげられること、この黒媛の墳墓とみられるのが黒姫山古墳（全長一一四メートルで二段築成の前方後円墳。周庭帯部分をもつ）であって、葛城氏の領域たる大和の葛城郡から離れた場所、河内国丹比郡、現在の堺市美原区黒山にあること（平林章仁氏のいうように、黒媛が羽田の谷間に埋葬されたのだとしても）などの事情から見て、羽田氏出自説のほうが妥当であろう（大和岩雄氏もほぼ同説）。そうすると、葛城氏一族出身の后妃が一人減ることにもなる。

黒姫山古墳について言うと、現履中陵古墳と同じ古墳型式（上田宏範氏の型式分類ではC型式）であって、多量の鉄製武器・武具が出たことで著名である。その築造時期は五世紀中頃とみられており、年代的にも適合する。前方部の竪穴式石室（通常の前方後円墳では考えられない）から出土した廿四領という甲冑の数は、一つの古墳の単一埋納施設の出土としては、これまでわが国最多である。鉄刀十四、鉄剣十、鉄鉾九、鉄鏃五十六、刀子五なども、前方部主体から出た。これら多量の鉄製武器は、女性被葬者には相応しいとは必ずしも言えないが、同墳の被葬者が埋葬されたとみられる後円部墳頂は既に盗乱掘されており、滑石製紡錘車や須恵器がわずかに残るが、副葬品の全体像がつかめないから、これだけで否定はできない。

以上の諸事情で、一応、築造年代と現履中陵との対応などから、黒媛が被葬者としてよかろう（ないしは近親な

黒姫山古墳。発掘された石室と埴輪の復元模型が展示されている（堺市美原区黒山）

ど関係者の埋葬も併せてあったか。周辺にはかって六基の陪塚があったとされる。地域から、被葬者を丹比氏とする見方もあるが、規模的に考え難い）。黒姫山北遺跡からは子持勾玉の出土もある。堺市の百舌鳥古墳群と羽曳野市などの古市古墳群との中間に位置することにも留意される。

波多臣氏の秦氏への転訛

波多は地名では「畑」の表示も見えるが、氏族の姓氏関係では音の「ハタ」が通じる秦の表記にも転訛した例があるので記しておく。

筑前国糟屋郡の筥崎宮は、『延喜式』神名帳には八幡大菩薩筥崎宮とあって、名神大社に列した。この大宮司田村氏は、羽田八代宿祢の裔で波多朝臣の後というと『姓氏家系大辞典』（三六三八頁）に記される。これに相応する系図も、『筥崎大宮司系譜』として東大史料編纂所に所蔵される。

田村家の記録では、波多隼男宿祢の後胤、遠範が醍醐天皇に仕えて延喜年中に始めて秦宿祢姓を賜り正四位に叙せられたもので、これが筥崎大宮司の始祖とされる。波多隼男宿祢は武内宿祢の八代の子孫で、その十余代の後胤が遠範だと系譜にいうが、歴代の名前に疑問が大き

筥崎宮（福岡市東区）

い。遠範なる始祖の事績や系譜も裏付けるものがなく、その子孫も名前はともかく、「筥崎朝臣秦仲丸宿祢」とかデタラメな記事がある。

ちなみに、筥崎宮は、延喜廿一年（九二一）に八幡大菩薩の託宣があって創建され、延長元年（九二三）に筑前国穂波郡の大分宮から遷座があった。神職は、天元二年（九七九）の太政官符に「所の貫主を以て大宮司と為す」と見え、これを初見に神主・宮司として秦氏の名前が見える。渡来系の秦氏は神社祭祀にあまり関わらないから、現在まで続く大宮司田村氏が波多臣氏から出た可能性はあろう。

次ぎに、讃岐国香川郡の唯一の式内社で名神大社、**田村神社**（高松市一宮町）の大宮司秦氏（後に田村氏という）について、『全讃史』は、讃留霊王の後裔の秦人部だとみている。すなわち、『続日本後紀』（承和九年六月条）に香川郡戸主の秦人部春世らが姓を酒部を賜うとあり、『姓氏録』に神櫛王の後に酒部公が出たことを記すので、讃岐朝臣の支流であるが、「後人、人部の二字を略し、遂に秦氏と為り、竟に秦河勝の裔と為す也。蒙なる矣夫」と記す。たしかに、当社周辺に湧水がかなりあり、境内には西に「花泉」、東に「袂井」があって、奥殿の下には龍（あるいは、神使の蛇）の棲む深い淵があると伝えて、田村神については定水《さだみず》大明神として水神の性格をもち、

田村神社・本社拝殿（高松市一宮町）

水に関する信仰を起源としていた。神社の東方近隣には「休石」もある。

『大同類聚方』によれば、「讃岐国香川郡田村神社伝方之者猿田彦神剤」とあり、道祖神たる猿田彦神（実は塞神の性格をもつ五十猛神か）との関連も示される。『全讃史』の言うように、讃岐の秦人部は讃岐国造の流れとしてよさそうである。同社の祭神は、百襲姫・五十狭芹彦命（吉備津彦命）や猿田彦神などをあげるが、これらは皆、疑問である。ただ、吉備との関連とか塞神との結び付きは感じられ、本社の東側には、素婆倶羅社（少名毘古那神や塞神・大水上神などを祀る）が鎮座する事情にも留意される。吉備津彦は讃岐国造家の女系の祖になるものか。上記の二つの田村氏に関係するかどうかは不明だが、播磨国揖保郡に秦田村公氏がおり、正倉院文書の天平勝宝元年（七四九）に秦田村公蟻礒《ありそ》が見えるが、赤穂郡の秦氏と同族の可能性もある。

岩屋妙見宮の巨石（香川県三豊市）

讃岐国一ノ宮の田村神社に次ぐ二ノ宮とされるのが三野郡の大水上神社（香川県三豊市高瀬町羽方）で、境内には巨石や淵（うなぎ淵あるいは竜王淵と呼ばれるものもある）が散在する。主祭神は三嶋龍王など諸説あるが、水神であることに違いがなく、讃岐国造の祖・武殻王が崇敬したと伝える。本殿後方には巨大な夫婦岩がある。三野郡には旧・三野町北東部（現・三豊市域）に竜王山があり、その東方近隣に貴峰山があって、山頂に巨石があり、山麓には緑がかった巨大な岩がある。

これらに関連して言えば、同じ三野郡に**岩屋妙見宮の巨石群**もある（三豊市仁尾町仁尾戌）。妙見山の中腹より山頂部にかけての地域には、重畳石、岩屋石、明星来石、千貫岩など二十ほどの巨石があり、屋根石・天蓋石と呼ばれる巨岩の下に本堂があって、北辰妙見大菩薩が祀られる。弘法大師の開基という社伝もあるが、もっと古い時期のものか。

妙見は和気氏と縁由が深く、北九州市小倉北区の妙見神社は、宝亀元年（七七〇）に和気清麻呂が創祀したと伝える全国唯一の神社（足立山妙見宮、御祖神社）であり、全国妙見神社の総本宮とされる。ここには、猪の大群の神助により救われたという清麻呂伝説もあり、豊前国企救郡には「磐梨」の苗字があり、小倉北区妙見町に少数だが現存する。巨大な猪は葛城山の主たる一言主神の化身だと『古事記』に見え、この獣形で葛城山に登った雄略天皇に対峙したとある。式内名神大社として葛城坐一言主神社がある（御所市森脇に鎮座）。

白猪は、『古事記』に拠ると滋賀県伊吹山の神使でもあり、奥多摩にある武蔵御嶽神社（東京都青梅市御岳山）の神域を含む御嶽山の神の神使でもあった。「御嶽・御嵩・御岳」の山名は、中国中原の嵩山（殷族が崇拝した聖山五嶽の中で、中央の中獄）に通じ、天孫族の祭祀に関係深いことを拙著『天皇氏族』で記したが、九州では宗像大社中津宮のある筑前大島にも同名山があって、祭祀の場とされる（御嶽神社があり、中津宮の奥院とされる）。

「妙見山」という山の地名は岡山県に最も多く、次いで兵庫県も多いが、和気町あたりでも①父井原地区（旧・和気郡佐伯町）、及び②同町と美作市の境、の二山があって、後者の山頂に天津神社（旧妙見神宮）の跡碑がある。

日本三大妙見といわれるのが、能勢妙見（大阪府）、相馬妙見（福島県）、八代妙見（熊本県）だが、これら妙見はみな少彦名神後裔の氏族が奉祀に関係したものとみられる（詳細は省略するが、能勢は服部氏、相馬は知々夫国造流の称桓武平氏の千葉・相馬一族、八代は火国造が本来の奉斎者とみられる）。飛騨下呂の妙見神社には巨石がある。

妙見山南麓の仁尾町仁尾丁の地には賀茂神社もあって、随神門を入ると巨大な二本の巨石柱が注連石《しめいし》とされる（この巨石は、元は隣の詫間町鴨之越の入江にあったのを明治期に運んで神前に建立したという）。この賀茂神社から参道を北へ一キロほど登ると妙見宮があるから、二つは関連が深いとみられる。ただ、仁尾賀茂神社は平安後期の白河天皇朝に京の上賀茂社から勧請というが、その元に何らかの縁があるのだろう。仁尾社の文書には、弘安五年（一二八二）に地頭・藤原資治が社領を寄進したと伝えるが、この者は武貝児命後裔の綾朝臣姓香西氏一族だから、ここでも綾君と賀茂神社との縁由が窺われる。

仁尾賀茂神社（香川県三豊市仁尾）

本題に戻って、更に、赤穂郡の西隣の備前国和気郡に香止郷《かがと》があったが（天平神護二年五月まで邑久郡に属。現・備前市西南部の香登一帯）、この地の出身とみられる侏儒で備前国人の秦大兄が香登臣を賜姓した。これが『続紀』文武二年（六九八）四月条に見える。渡来系の弓月君後裔には臣姓の氏族が出ていないことで、奇異に思われる当該賜姓も、素戔嗚尊系のハタ氏の出自と考えれば説明がつく。いま備前市香登本の小字大酒殿には秦酒公を祀るという大酒神社がある（本来、大避神が祭神か。現在は香登本の大内神社境内に遷座）という事情も考えれば、近隣の赤穂郡の秦氏と同系統ではないかと推される。

竜神・水神の影

蘇我氏の祖系に関連して息長氏・和気氏系統の祭祀・習俗を追いかけると、岩石と竜神・水神、そして鴨族とがつきまとうことを感じざるを得ない。岩石についてはここまで十分に見てきたので、併せて竜神・水神についても触れておく。

竜神・水神については、讃岐の田村明神の例に見るばかりではなく、ほかでも随分出てきて、その影がこの系統につきまとうとでも言えそうである。これらの例としては、蘇我氏同族が関連したと思われる河内国石川郡の龍泉寺、石川朝臣垣守の竜淵居士という称、美濃国の飛鳥田神社に関連して御井池龍神神社、山城国の飛鳥田神社の祭神が賀茂別雷神、備前国赤坂郡の竜天山・龍王宮、備前国和気郡神根神社における水神・竜王神祭祀の痕跡、和気氏本拠の和気町で竜王山南麓に由加神社が鎮座、播磨国赤穂郡の磐座神社奥の院がある龍王山、等々を本書でここまであげてきた（この後にも、伊勢国一志郡の波多神社の別称・竜王宮、竜天宮などに触れる）。

さらに、三河の衣君の同族には、近江国栗太郡の小槻山君がある（垂仁記）。その奉斎した式内社・小槻神社（滋賀県草津市青地町）は池宮大明神と呼ばれ、境内左手に龍王池があって龍王社が祀られ、旱魃には雨乞いがなされた。小槻神社の境内社には、ほかに日吉社・貴布祢社・八幡社などがある。同郡には別途、小槻大社という式内社（小杖宮。栗東市下戸山に鎮座）もあり、境内の後期古墳の上に龍王社の小祠があり、本殿の左右に山王社と祇園社の小祠も祀られる。

こうした竜神・水神がなぜこの系統に多く現れるかについては、息長氏族の始祖ともいうべき建緒組命の父神が、阿蘇国造の祖として知られる「建磐龍命」で、岩と龍の二要素を名前にもつ事情があげられる。

と言って、この名がこのとき突然現れたのではなく、その更なる遠祖が賀茂別雷神（天羽槌雄命）とも称される者であって、竜神・水神の性格をもった。別雷神の父系はもちろん天孫系だが、母が水神の娘とも海神族の娘ともいうし、その父神の大山咋神たる少彦名神が、海神族の祖・大己貴命の女、下照姫（高照姫）の産んだ神という事情がある。こうした母系の影響をうけて、賀茂別雷神の後裔にあたる広義の鴨族では竜神・水神の性格を長く受け継いだと考えられる。わが国天孫族の祖系の母方に、水神の罔象女神がおかれる事情もあろう。

京都の鴨県主一族には、山城国愛宕郡、現・左京区鞍馬の**貴船神社**という水神奉祀があったことも著名である。同社は長く上賀茂社の摂社で上賀茂祠官が社務をつとめたが、その祭神を高龗神・磐長姫とするのは、すなわち竜神・水神と岩石祭祀の象徴であり、遠祖の神名の転訛と考えられる。同社の奥宮境内に「御船形石」があって、玉依姫命が乗ってきた船が小石に覆われたものと伝える。

この玉依姫は、神武天皇の母ではなく、別雷神の母神のことである。同社は河上神とも呼ばれ、北山時雨をつかさどる雷神、雨乞いの神とされる。本殿の北側にある龍王滝など、数条の滝が境内外にある。

貴船神社は、備前東部では瀬戸内市邑久町山田庄にあり、播磨では多可郡多可町八千代に鎮座する。前者の社殿の背後の石組みは磐座だという（八木敏乗著『岡山の祭祀遺跡』）。

蘇我臣氏と波多臣氏とを結ぶ川辺臣氏

大和で波多臣・波多祝が奉斎した波多神社や波多甕井神社は、いま祭神が不明になり、それについて諸説あるが、原型としては少彦名神かその祖先神（角凝命〔五十猛神〕など）を祀ったものであろう。

関連して同名の波多神社について見ると、和泉国日根郡で鳥取造が奉斎したのが式内社の①波太神社（泉南郡東鳥取村、現・阪南市石田に鎮座。同地に鳥取神社もある）であり、弓削連支流の吉備弓削部が美作で奉斎したのが②波多神社（畑三社権現。久米郡弓削町、現・久米郡久米南町羽出木に鎮座）であった事情がこれを傍証しよう。鳥取造も弓削連も、共に少彦名神（異名が天日鷲翔矢命）の後

波太神社（大阪府阪南市石田）

裔であった。伊勢国一志郡にも式内社の③波多神社があり、論社のうち庄村のほうは少名毘古那命を配祀する。これら①～③という合計三社の波多神社が『神道大辞典』に掲載される。

このほか、和泉国和泉郡にも式内社の波多神社があり、大阪府岸和田市畑町に鎮座する。江戸時代は「牛頭天王」と称し、波多八代宿祢を祀るという（『特選神名牒』など）。近隣の八田町には式内社の矢代寸《やしろき》神社があり、これも同じ祭神といい、ともに波多臣氏が祀ったものとされる。信濃の松本市波田にも波多神社があり、家津御子大神など熊野権現六柱の神を祀るとみられている。八太神社が相模の川崎市高津区蟹ケ谷にあり、祭神を天太玉命（実体は少彦名神の父神）とする。

ところで、気になるのが伊勢国一志郡式内社の波多神社で、論社が三重県津市一志町八太とその近隣の同市一志町庄村に鎮座する。前者は壱師君が奉祀したという所伝もあるようだが、これは信じがたく、多くは波多氏祖神とされる。いま、この八太を起源とする名字の人は、全国で三重県津市あたりが最も多いとされる。八太のほうの神社は水分神を主神とするといい、「竜王宮」とも「竜天宮」とも称えられた。

八太の近隣には、同郡式内社に須加神社（須賀神社。松阪市嬉野権現前にある。道主貴を祀るというが、本来は御食津神か道祖神、素戔嗚尊が祭神か。須賀里の産土神で境内に「天の真名井」と呼ぶ天然の井戸がある）があり、日置郷の地名（『和名抄』。太陽神祭祀につながる）もある事情から考えて、また、後者の祭神が大日霊命という事情もあるから、蘇我氏や波多氏に近い天孫族系の氏族の奉斎ではなかろうか。

伊勢からは遠く離れた日本海側の但馬国二方郡に、同名の須加神社（兵庫県美方郡新温泉町宮脇）が式内社としてある。祭神を道中貴命といい、鎮座する岸田川上流域は、『和名抄』但馬国二方郡八太（波多）郷に比定されるというから、但馬でも須加神社と八太（波多）とが、何らかの縁由をもっていた。

須加（須賀）神社の祭神については、大阪府枚方市枚方や栃木県小山市宮本町などのように「牛頭天王」を祀るものもある。

話をまた伊勢国一志郡の波多神社に戻すと、前者の津市一志町八太には八太氏の一族が古代にこの地に勢力を張り、一族の氏神として祀られたと諸書に見えるとの説明もある。その飛地境内社として小山熊野神社が今もあるという事情もある。この波多神社の奉斎氏族の候補を種々探すなか、一志郡の隣の奄芸郡の式内社に石積《いしだて》神社があり、その鎮座地が津市河辺町にあることに留意される。古くから巨岩を祀つて、俗に「石立明神」と称していた。その配祀神のなかに健速須佐之男命や少毘古那神があげられる点にも留意される。

伊勢に川辺氏があったことは、度会郡川辺に起こる大中臣氏一族の河辺家（伊勢皇大神宮の大宮司などの神官、明治に男爵家）で知られ、度会神主一族にも川辺氏があった。これらは異系統で中世に起った苗字であるものの、度会郡には高向郷・高向大社（素戔嗚命などを祀るという。伊勢市御薗町高向に鎮座）があるから、同郡には元々は蘇我氏初期分流が居たのかもしれない。伊勢市では、外宮の北東近隣に河辺七種神社（古くから「天王さん」の呼称があり、須佐之男神等を祀る）が鎮座する河崎の地（河辺の里）があり、その北西方近隣に高向の地が位置する。

この神官河辺家を除くと、太田亮博士が、『西宮記』巻二三に「河邉延江、伊勢国人、天暦八年」「天暦八年、高向恒松」（同年は九五四年にあたる）と見えることで、高向郷は氏の名に因るとみる。この河邉延江のカバネや系譜は不明だが、上記の津市河辺町あたりに居住したのであれば、石積神社の奉斎にも関係し、蘇我氏の族流なのではなかろうか。畿内の蘇我氏・波多氏の流れで伊勢にあったものは具体的に知られないが、蘇我氏の初期分岐で奈良時代まで中・下級の官人を多く出した川辺臣・朝臣氏であれば、伊勢に支流が出たのかもしれない。

川辺臣氏は蘇我氏の初期分岐だけあって、波多臣氏に近い活動があっても不思議がないと考えられる。河内国石川郡でも、川辺朝臣と波多臣とは近隣に居住していた。

『続紀』の慶雲三年五月条には、「河内国石川郡人河辺朝臣乙麻呂」が見え、白鳩を献上したと見える。天平十二年にも、河内国人の川邊朝臣宅麻呂の男に枚男・勝麻呂がいたと同書に記される。奈良時代の川辺朝臣はこのほかにも史料に見えるが（天平十年の大宰史生従八位上川辺朝臣白足や、同十七年の正六位上守亮勲十二等川辺朝臣薬など）、平城宮木簡にも、川辺朝臣大年や八位下川辺薬、天平八年三月に従五位上川辺朝臣知万呂が見える。

氏の名の川邊の地名は、河内国丹比郡の川邊邑かと太田亮博士はいうが、河内では、石川郡の川野辺の地が妥当であった。ともあれ、丹比郡川邊邑（大阪市平野区長吉川辺あたり）や丹南郡黒山郷河辺里（現・堺市美原区の真福寺あたり）も川辺臣の縁由地なのであろう。川邊邑の近隣に式内社の志紀長吉神社があり、波多氏一族の林臣（志紀郡拝志郷に起る）や山口朝臣が志紀郡に居住していた（『続紀』神護景雲元年九月条）。上記で見たように、丹比郡に波多臣氏から出た履中天皇妃の黒媛の墳墓があるということは、ここでも川辺臣氏は波多臣氏に近いことになる。

こうして見ていけば、伊勢国一志・奄芸郡あたりの川辺氏とは、蘇我氏一族の川辺臣氏の可能性があり、その関連で巨石祭祀と波多神社奉斎があったことになる。また一志郡の波多神社のうち八太所在のほうが「竜王宮」とも「竜天宮」ともいう冠名（ないし異称）は、河内国石川郡の「龍泉寺」にもつながりそうな感じもあり、そうすると龍泉寺開設の関係者は、石川氏や宗岡氏そのものではなく、蘇我一族の川辺臣氏になるのかもしれない。伊勢に関する諸事情は不明なことが多いが、示唆されるものが多そうである。

蘇我氏遠祖系譜の探求

ここまで見てきたところで、そろそろ蘇我氏の遠祖について具体的に考えて、整理して行こう。

蘇我氏が波多氏と親密な関係を有して居たことは、これまでの記述で分かった。蘇我氏の始祖という石川宿祢と、波多氏の始祖という羽太矢代宿祢とが兄弟であるという所伝は信頼してよさそうである。その場合、両者が属した世代は、履中妃黒媛の存在によって、その父は仁徳天皇と同じ世代と推される。それより前の祖系はどうなのか、歴代の名前と系譜が解明できるのか、という問題の検討である。

蘇我氏の先祖は史料になんら見えないが、波多臣の先祖が『旧事本紀』天皇本紀の成務天皇段に見える。そこには、日本武尊の子のなかに武養蠶《かいこ》命をあげ、「**波多臣等ノ祖**」としては記される。武養蠶命とは武貝児命とも書かれる者で、讃岐国造・綾君などの祖であった。その実際の父は建緒組命（肥・筑紫など九州の諸国造の祖）であり、記紀のなかで「ヤマトタケル」の名であらわれる景行皇子以外の同じ通称の人物であった。

この辺は拙著『息長氏』に詳しいので、これをご参照いただくのがよいが、そこでの結論を言うと、息長氏も少彦名神後裔の建緒組命を遠祖とする流れであり、武貝児命（息長田別命）の長子の稲背彦命から応神天皇や息長氏・針間国造が出て、次子の鐸石別命（大中津日子命、神櫛命）から吉備磐梨別君（和気朝臣氏）や波多臣などが出ており、更にその弟の千摩大別命から讃岐国造・綾君が出たという系譜である。なお、近江に定着した後の息長氏からは、栗太郡の羽田君（波多君。後に真人姓）も出た。

鐸石別命なる者は和気氏の祖先であげられるが（垂仁天皇の皇子とされる大中津日子命や沼帯別命とも同人にあたる）、なぜか阿倍臣氏の系譜のなかにも見えて（筑紫国造の系譜に関連するものか）、その子の磐坂命が境部首の祖とある。阿倍氏一族の系図（鈴木真年編『百家系図稿』巻五の阿倍系図や栗原信充自筆の『玉簾』）にある境部首というのが、蘇我氏の別姓とも言える境部臣と同族であった。鐸石別命は成務天皇と同世代で、その子の磐坂命が応神天皇と同世代だから、仁徳天皇と同世代であった石川宿祢は磐坂命の子の位置に納まることになる。命名にも「鐸石―磐坂―石川」と歴代が続いて、「石、磐」の表記が続くから、石川宿祢の本来の訓みは「イハカハ」なのであろう。これは、石川朝臣石足が「イハタリ」と読むことにも通じる。

ちなみに阿倍氏の系図（『備後福山　阿部家譜』で内題が「阿部家系」）には、武渟川別命の子の豊韓別命の子に鐸石命を置き、その子に「磐坂―加都麻―許登」と続けて、許登が允恭天皇御宇に境部首となると見えており、この世代配置でも、鐸石命が成務朝、許登が允恭朝という世代配置となっており、年代的にも鐸石命が上記の鐸石別命と同人で問題がない。『姓氏録』では大和皇別に坂合部首（摂津国川辺郡坂合郷にも居住）があげられて、「阿倍朝臣同祖。大彦命の後なり」と記されるから、この系統は阿倍臣のほうに付けられたということになろう。蘇我氏一族のなかで摩理勢などの境部臣氏が重視されたのは、本来の姓氏を名乗ったことでも分る。

同書・摂津皇別には久々智、坂合部と続けて記載され、ここでもともに「阿倍朝臣同祖。大彦命の後なり」「同大彦命の後なり」と記されるが、久々智は河辺郡久々知（尼崎市東部）に居住したとしても、菊池・掬池の意であって肥後国菊池郡に由来するとみられるから、火国造の同族諸氏が阿倍氏族のなかに混入していた。本来は火国造の同族の筑紫国造も、『古事記』には大彦命後裔として阿倍氏族のなかに混入した例が同様にある。摂津の久々知の東隣には坂部の地があり（現在は同じ市域で、上・下の坂部）、ここが摂津の坂合部の居地とみられるから、久々智と坂合部とは近い同族とみられよう。火国造や阿蘇国造は、『古事記』神武段には神八井耳命後裔の多氏族のなかに入れられるが、その同族のなかに坂合部連もあげられており、上記の阿倍氏族とされる坂合部首や坂合部と同族であったのだろう（ちなみに、サカヒ部は、当初は境部と表記し、奈良時代以降は坂合部と表記される）。

古代氏族の「標準世代」で考えていくと、磐坂命は応神天皇と同世代ではないかとみられ、その子の世代に波多八代宿祢・石川宿祢が置かれる。磐坂命は、同じ天孫族系の物部連一族の建新川命（大売布命とも同人で、垂仁・景行朝に活動）の娘・大矢刀自を娶って両者を生んだことになろう。建新川命は大和の志紀県主などの祖でもあったから、これと縁由がありそうな河内の志紀県主・紺口県主（ともに、『姓氏録』河内皇別に同族として続けて掲載）の縁由で、波多・蘇我両氏の祖先が、河内で生まれたか河内に移遷してきたのだろう。

磐坂命が播磨国赤穂郡あたりに遺してきた男児もいたことが考えられ、その場合、この系統は初め波多君を名乗り、おそらく庚午年籍作成のときまでに秦君と表記したので、後に秦造となったものかもしれない（この辺りの記事はいずれも推測であるが）。『本朝皇胤紹運録』には、武養葦命に「波多君の祖」と記すのは、息長君氏一族の波多君ではなく、播磨居住の波多君だったものか。同国揖保郡の秦田村君氏もおそらく同族であろう。

石川宿祢の子が満智宿祢で、その兄弟ないし従兄弟が境部首の祖の許豆宿祢とみられよう（その場合、「加都麻」は石川宿祢の別名か、あるいは兄弟の名か）。前者は河内から大和国高市郡石川村～曽我の一帯に進出して、履中～雄略朝に活動した時期に初めて蘇我氏を称し、後者は允恭朝に境部首を称したと伝える。これらの兄弟（ないし従兄弟）におかれる可能性があるのが、飛鳥君の祖の稚狭古である（どこまで古い地名かが不明だが、若狭野という地名が赤穂郡にあり、現・相生市西部に位置する）。

関連して、允恭天皇の宮都は、遠飛鳥宮と『古事記』に見えるのみで、『書紀』には記載がないから、遠飛鳥宮について疑問視する見解もないではないが、飛鳥部がその御名代とみられるので、この宮の存在は否定し難い。允恭皇后の忍坂大中姫の居地が大和の城上郡忍坂で、その皇子たちが高市郡軽、城上郡穴穂、城上郡長谷、高市郡坂合、高市郡八釣（坂合・八釣の実母は同后の妹・田井中姫か）と高市郡飛鳥の近隣に居住した事情もある。

このように考えると、蘇我氏・波多氏及び息長氏の祖系は、武貝児命から建緒組命に遡り、その先祖は、拙著『息長氏』で記載したように、宇佐国造や葛城国造・鴨県主と同族であって、遠祖神が少彦名神（神武先導の「八咫烏」の祖）、高皇産霊尊や、更に八幡大神たる五十猛神まで遡る。五十猛神が韓地の伽耶から渡来したわが国天孫族の始祖であることも、同書に記した。蘇我氏に関係する河内国石川郡でも、大和飛鳥の地でも、ともに鴨氏関係の祭祀や巨石祭祀が共通して見られるが、これも、こうした長く広い系譜の流れと符合する。

上記の『旧事本紀』天皇本紀の波多臣の記事は決して誤りではなく（息長氏も出ているから、「波多君」も誤りではない）、こうした消された系譜の断片をよくぞ記録し残してくれたものと思わざるを得ない。蘇我氏に由縁のある葛城氏とは、襲津彦の葛城臣氏ではなく、神別の葛城国造家（これも少彦名神後裔）であった。ともに、葛城高宮に本拠をおいた。

息長氏の流れを引くことで、讃岐国造家では太姫郎姫・高鶴郎姫の姉妹を履中妃に納れ（『書紀』履中六年二月条）、その同族の波多臣氏からは履中妃の黒媛を出した。息長氏本宗からは、允恭天皇に皇后忍坂大中姫及び妃の田井中姫、衣通姫の通称をもつ弟姫こと藤原琴節郎女の三姉妹を納れた。継体天皇の妃となった三尾君氏出の稚子媛（倭媛）及び坂田大跨王の女・広媛（黒比売）も各々が息長氏支流の出であった。巨勢氏からも、男人の娘二人が宣化天皇の妃に入っている。

これら息長氏系統から出た后妃は、古くは仲哀天皇の皇后「息長足姫」（神功皇后とは別人であることに注意。応神天皇の姉妹に当たる仲哀皇后の大中姫命（香坂・忍熊両王の母）のこと）に起源し、その後もこれに由来する后妃を同族諸氏から輩出した。蘇我氏が欽明朝以降に多くの后妃を輩出できたのは、息長氏支流という血統上の縁に起因するものである。

鴨族とその同族

蘇我氏の祖系探索のなか、習俗・祭祀に関連して「鴨族」にずいぶん触れてきたが、この関係は拙著『葛城氏』で記述したものの、ここで若干の補足説明をしておく。

「鴨族」とは、少彦名神たる鴨健角身命の子の賀茂別雷神の後裔の流れであり、山城の鴨県主を代表に、葛城国造などを含むが、賀茂別雷神は天羽槌雄命（天羽雷命）という別名をもち、大和葛城の猪石丘（葛城山の山神の化身が猪とされる事情から、一言主神が鎮座する「葛城高宮」に相当するとみられる）に天降りする前に、九州の宇佐国造・宇佐津彦の祖も残しており（宇佐津彦自体は、出雲から宇佐へ移遷したものか）、この初期分流の一族が北九州で広く繁衍した事情にある。

天羽槌雄命の子の生玉兄彦命（神武の大和侵攻の道案内「八咫烏」にあたる者）の流れが山城国葛野郡に移遷して鴨県主となるが、大和にも支族を残した。それが、玉祖連・忌部首となり、支流には倭文連などもあった。その弟の剣根命は葛城郡の地に残って葛城国造の祖となる。葛城国造の後裔一族は、蘇我氏が力をいれた吉備の白猪屯倉に関与して、当地に移住し田使首の姓氏を負うが、これが中世の大族、難波氏（備前国津高郡駅家郷に起る。平家の郎等難波経遠が著名）の一族を出して、吉備地方に戦国末期まで長く繁衍した。その末裔には、秀吉の高松城水攻めを受けたことで名高い清水宗治もいる。

大和葛城地方

ところで、山城の鴨と大和の鴨は、様々な面で混同が著しかった。前者は天孫族の出で、後者は海神族の出であって、天神・地祇という姓氏の峻別を要するが、両系統は神統譜の時代から通婚を重ねていた事情もある（このため、天孫の鴨族は主トーテムの鳥類のほか、竜神に関係が深い）。前者の祖・少彦名神は、後者の祖・大国主神の国造りに協力したといい、更にそれぞれの先代にあたる天押立命（天津彦根命、「天若日子」にもあたり、妻は味鉏高彦根命の妹・下照媛）と、三輪山麓を拠点とした大物主神一族の祖で「賀茂大神」ともされる味鉏《あじすき》高彦根命とは、混同が著しかった模様である。

鴨族が崇神朝前代に山城へ遷住した後に、当地葛城に入ってその旧域を占めたのが海神族の三輪氏族から分岐した鴨君氏である。こちらは崇神朝の大鴨積命を始祖として、同地に鴨都波《かもつわ》八重事代主命神社・高鴨阿治須岐託彦根命神社（ともに名神大社）や大穴持神社などを奉斎し、後の鴨君・賀茂朝臣等の祖となった。後に、鴨君蝦夷（後に賀茂朝臣を賜姓）の女、正四位上賀茂朝臣比売は、藤原不比等の妻として産んだ宮子が文武天皇の夫人となったが、官位は聖武天皇の母となった事情に因る昇叙である。平安期から見える陰陽道の賀茂朝臣氏はその後裔である。

山城・カモ氏は、男系としては大和・カモ氏とは截然と区分され（女系としては、山城・カモ氏一族の娘が三輪氏族と通婚し生んだのが、大和・カモ氏の祖となる）、『姓氏録』や『令義解』では、山城の鴨が天神に位置づけられる一方、これと区別して、地祇に大和葛城の鴨（海神族で大己貴神後裔の鴨君・賀茂朝臣らの一族）があげられる。

さて、山城鴨の支流、生玉兄彦命の後裔に玉祖連・忌部首が出た。高市郡曽我町には五、六世紀代とされる**曽我玉作遺跡**があり、その当時は全国最大規模の玉作り地とされるので、蘇我氏が近隣の忌部氏を指揮して玉作をさせたとの見方もだされるが、これは疑問である。忌部氏は神祇・祭祀にあずかる氏族であり、主に玉作を行ったのは、その同族の玉作造・玉祖連とみられる。祭祀物具を管掌する忌部氏との共同作業か。これら両氏の祖・天太玉命（玉祖命、天明玉命）は、西隣の忌部町に高市郡式内社の太玉命神社四座（名神大社）として鎮座する。この神は天若日子の別名だから（『古語拾遺』や『姓氏録』では、高皇産霊神の子とするが、実際には孫である）、遠い同族の住む近隣の地・曽我に、そうした縁由があって蘇我氏の先祖が河内から移遷したことも考えられる。

曽我町には、曽我玉作遺跡のすぐ南に式内社の天高市神社がある（宗我都比古神社の東南近隣に位置する）。同社は往古より素戔嗚命を祀ってきて、高市八幡と称した（今は祭神を事代主命とするが、これは三輪氏の遠祖のほうではなく、「天事代主命」すなわち少彦名神の意味か）。末社に高良玉垂神を祀る高良神社などもある。この神社を本来、奉斎したのが忌部氏か蘇我氏などかは不明なものの、地域的、勢力的に見て蘇我氏とするのが割合、自然であろう。

天太玉神社（橿原市忌部町）

ちなみに玉作跡は出雲に多く検出されており、玉材の産出地として有名な花仙山（玉作山で、瑪瑙や碧玉岩を産出）の南西裾、宍道湖の南岸に遺跡が多い。とくに意宇郡の「忌部の神戸」（『和名抄』の忌部郷の地）が松江市の玉湯町・東忌部町・西忌部町にかかる一帯をいい、松江市の東忌部町の玉神谷・後原・中島・一丁田・千本、西忌部町の平松・小城口・一崎・垣ヶ尻・砂子原・片田・堂廻や、玉湯町玉造の宮垣・玉ノ宮・小丸山・廻原・波止などに玉作の遺跡が著しく、玉湯町の一帯三万平米弱の地域が「出雲玉作跡」として国の史跡に指定される。『延喜式』には、毎年調物として出雲国より玉を貢進したとある。

ここ出雲でも忌部と玉作が近隣し、「忌玉作」という姓氏も『姓氏録』右京神別にあげられて、玉祖連（玉作連）の同族とされる。こうした事情から、これらの祖神・天羽槌雄命は出雲を経て、大和に来たという経路が窺われる。意宇郡には舎人郷に賀茂神戸もあり、能義郡にも賀茂郷があって（『和名抄』）、この地に賀茂神社がある（安来市の安来町や利弘町。後者の近隣に貴布禰神社も鎮座）。

意宇郡の式内社・玉作湯神社は玉造温泉にあって、櫛明玉神・大名持神・少毘古那神を祀り、相殿に韓国伊太氏神社も祀られる。玉作湯神社の境内社には、素鵞神社と記加羅志《きがらし》神社があり、ともに素盞鳴尊・熊野坐大神などを祀る。同郡式内社には磐坂神社（松江市八雲町西岩坂）もあって、須《す》作《さ》能《の》乎《お》命の御子（子孫の意か）、磐坂日子命を祀るという。

九　近縁の巨勢氏とその一族

蘇我氏や波多氏からは系譜的に若干離れるが、遠い同族であった巨勢氏の系譜や動向も、蘇我氏研究には無視しがたいものがある。そこで併せて、参考・補論として概略的に取り上げる。この巨勢氏については、従来あまり研究されてこなかったが、以下に記述するように、蘇我氏の広い意味での同族としてみれば、総合的に十分に検討する必要があり、蘇我氏に関連する内容もいくつか見える。

巨勢氏の動きの概要

蘇我氏と同じ大和国高市郡に居住した巨勢臣氏は、本拠地あたりで式内社の許世都比古命神社（明日香村大字越字宮坂に鎮座。五老神、五郎社ともいう。論社か）及

許世都比古命神社（明日香村越）

び巨勢山坐石椋孫神社（巨勢山座岩椋神社。橿原市鳥屋町に鎮座ともいうが、現在は所在不明か）を奉斎したようだから、やはり石神祭祀が見られる。この氏族の概要も、ここで簡単に触れておく。

氏の本拠は高市郡巨勢郷で、同地は現在の奈良県高市郡高取町西部あたりとみられ、そこから西方の御所市古瀬・奉膳《ぶんぜ》のあたりまでが勢力圏とみられる。古瀬には巨勢寺塔跡があり、古瀬の宮ノ谷には巨勢山口神社もあり、巨勢寺の付近を巨勢川が流れる。古瀬の西部にある巨勢山（標高二九六メートル）は『万葉集』の歌の名所となったが、高市・葛上両郡の境界をなした。巨勢山に葛上郡式内大社の巨勢山口神社が鎮座する。

「巨勢」の表記は、許勢・許世・居勢・己西・既洒にも作り、当初は許勢と表記されるが、ここでは原表記に基づくもの以外は主に巨勢と記す。姓は初め臣であり、天武天皇十三年（六八四）の八色の姓制定に伴い朝臣へ改姓したが、元の姓を雀部とも伝える。

巨勢氏の実質的な史料初見は、六世紀前葉の継体天皇元年に突然登場して大臣となった巨勢（許勢）

巨勢寺塔跡（御所市古瀬）

男人臣であり、これ以降、巨勢氏の活動が活発化しており、韓地との外交・軍事に活躍することによってこの氏が台頭してきた。男人臣は、継体天皇を迎えるという大伴金村大連の提案に賛意を表して、即位後は大臣となり、娘二人（紗手媛・香々有媛）が安閑天皇の妃となっている事情から、継体の登場とともに、その支持勢力の一つとして巨勢氏が力を伸ばしたことになろう。

欽明朝には欠名の「許勢臣」が任那日本府の卿となり、この時期には男人の弟・稲持も活動した。男人の孫くらいの世代になる比良夫臣が用明二年（五八七）に物部守屋大連を滅ぼす際の丁未の乱に参陣しており、その同世代の許勢臣猿が崇峻朝に任那再興の将軍となる。推古天皇朝の大海、大摩呂（大麻呂）や『上宮法王帝説』に見える巨勢三杖大夫などが大夫クラス（議政官級に相当か）の人物として史料に見えて、大化時の徳陀古につながっていく。これらの者の系譜関係については、『皇胤志』に一部が見えるも、必ずしも明確でなく、男人と徳陀古との間の現伝系譜には数代の欠落があって、その間の許勢氏本宗の歴代や動向は不明である。

大化の改新では徳太（徳陀）が左大臣となり、奈良朝から平安初期にかけて参議以上となった者を輩出した。天智天皇朝の御史大夫の人（比等とも書く）は壬申の乱のときに近江方につき流刑となったが、その子・奈弖麻呂は大納言従二位に昇り、その後も一族から中納言の邑治《おおじ》・麻呂や参議堺麻呂（関麻呂）などを輩出した。

平安前期の嵯峨天皇朝、弘仁元年（八一〇）に藤原冬嗣とともに初代の蔵人頭に補任され、後に中納言正三位まで累進した巨勢朝臣野足（参議堺麻呂の孫）も出たが、この辺までは顕官として巨勢氏は朝廷にあった。その後の官人は中下級で低迷し、公卿に昇った者はいない。九世紀後葉には左京権亮従五位下巨勢朝臣河守が見え、味酒首文雄の賜姓にあたり奏言している。ほぼ同じ頃に、宮廷画家で大和絵巨勢派の開祖として著名な巨勢金岡が出て、野足の曾孫ないし玄孫とされており、その後の巨勢氏は殆どが金岡後裔と称した。十世紀前半頃には、巨勢廣貴（弘高。采女正で当代一の絵師といわれる）の活動が見えるが、この頃には一族は諸国の掾程度の官職と六位ほどの位階にとどまる。

なお、平安前期の期末、九世紀後葉頃から別系統で巨勢朝臣を名乗る一派がある。これは、本来は平群氏支族で伊勢出身の味酒首の流れであって、文雄・文宗らの兄弟が紀伝道を学んで立身し、文雄は大内記や右中弁・大学頭などを経て、修理大夫兼勘解由長官従四位下を極位とし、弟の文宗は大外記外従五位下、河内介になったが、その立身過程で貞観三年（八六一）に賜姓したものである。平安中期の陰陽頭、主税頭の巨勢孝秀や儒者の巨勢為時もこの系統であろう。

こうした称武内宿祢後裔氏族間での改賜姓の動きは、平安時代にかなり見られ、先にも田口氏から紀氏への改姓の例をあげたが、巨勢支族の雀部氏から紀朝臣氏への改姓の例もある（斉衡元年〔八五四〕の雀部朝臣春枝の改姓。このとき同時に、波多支族の林朝臣並人も同じ紀姓に改姓）。武内宿祢を共通の祖と認識するような同族系譜は、『古事記』や平安前期の『新撰姓氏録』（八一五年に成立）の頃までにほぼ出来上がり、これらの過程を経て、九世紀半ば頃から更に強固に形成されたことを物語るものか。こうした「同族系譜」が、六世紀後半以降の蘇我氏の主導によるものという見方は、時期的にやや早すぎるように思われる。

いま高取町西部の市尾駅北方近隣にある**市尾墓山古墳**（全長六六メートルで二段築成の前方後円墳）は馬具などを含む豪華な副葬品、埴輪V式、木製埴輪などを出して六世紀前半の古墳とされ、巨勢男人の墳墓とする見方（河上邦彦氏など）がある。その南西近隣には、国際色豊かな副葬品をもつ宮塚古墳（全長約五〇メートル）もある。これら両墳を、地域的に波多臣氏関係かとか蘇我氏かみる説もあるが、当時の勢力の規模や所在地・波多郷の勢力圏などから考えると、波多・巨勢両氏が近隣に居住して、巨勢氏のほうかとみられる。巨勢男人の実在性にはなんら問題はないし（実在性否定説まであるが、恣意的で論拠不足）、蘇我氏に葛城地方やその周辺域との所縁を考えるのは疑問だ、と先に述べたところでもある。

　巨勢山麓にある巨勢寺塔跡は国の史跡とされる。現在も残る子院の一つ、阿吽寺縁起によれば、巨勢寺は聖徳太子の創建とも伝えられるが、詳しい創建時期と理由は不明である。出土した瓦は、飛鳥時代後期のものとみられ、巨勢氏の氏寺として大伽藍の寺院が創建された。『書紀』にも「朱鳥元年（六八六）八月、巨勢寺封二百戸」と寺名が見える。平安時代には興福寺の末寺となり、鎌倉時代後期に所有財産を春日大社に寄進し、徳治三年（一三〇八）七月付けの寄進状が残る。その頃から荒廃し廃寺となったようである。

市尾墓山古墳（高取町市尾）

　巨勢氏一族の中世以降への流れにも触れると、巨勢金岡の後裔は興福寺大乗院絵仏師、東寺絵所職として活動した。大神神社の有力な祠官・越（巨勢）氏や京都大工の棟梁の中井氏は金岡の末流とされる。『今昔物語集』には絵師巨勢広高の話も見え、「地獄変相図」を描いたことで知られるが、絵所職の祖と伝える。将軍吉宗の生母・浄円院は巨勢利清の娘で、この一族には中井氏傍流らしい所伝もある。浄円院の兄弟という巨勢忠善の子孫が大身旗本にある。

橿原市飛騨町あたりは支族の巨勢斐太臣（巨勢械田臣。録・右京、大和）の居住地とも考えられるが、この西方二キロほどの地、畝傍山西北麓の慈明寺にあった中世の地侍、慈明寺氏は『和州国民郷士記』に巨勢氏の苗裔と伝える。慈明寺氏へは大族筒井氏から入嗣があり、慈明寺左門藤原順国は筒井順慶の姉を娶っており、その子の四郎定次は順慶の後嗣となった。

巨勢氏の本姓は雀部

巨勢氏の祖系・起源関係を検討してみると、その本姓が雀部だとする分かりにくい記事が六国史のなかにある。この辺を念頭に置いて考えてみる。

初祖とされる許勢雄柄（小柄）宿祢の母は、葛城襲津彦と同じ葛城国造荒田彦の娘・葛比売ともいうから、これが本当なら、葛城本宗に最も近い姓氏ともいえそうだが、その傍証もふくめ、こうした系譜を裏付けるものが何もなく、疑問が大きい。この辺は、紀・平群（筑前国の志摩・早良郡の出か）、的（筑後国生葉郡に関係か）などの諸氏と同様で、おそらく系譜仮冒が考えられ、小柄の父を武内宿祢とするのも後世の系譜附会であって、北九州の筑肥地域に本来の出自をもつものとみられる。大和でも、神武侵攻時に和珥坂下土酋として居勢祝が見えるが、神武軍により誅されたといい、後世にその流れが残るとは思われないから、巨勢氏は大和土着の流れではなかった。

こう考えていけば、巨勢氏の出自も難解であるが、地名や祭祀関係から考えると、実際には筑紫国造・肥国造（火国造）の同族の佐賀県主家の一族に出たのではないかと推される。巨勢氏の本姓は雀部であって、祖の雄柄宿祢は、その子に置かれる星川建日子と同人の可能性が濃い。その場合、神八井耳命の後と称する雀部臣・雀部造とも同族ではないかとみられる。『古事記』では、肥国造後裔の系譜が多氏族、筑紫国造後裔のそれが阿倍氏族のなかに混入されている事情もある。

系譜所伝によると、巨勢小柄の後は、その子の「乎利―河上―男人」と続くとされるから、この系譜が正しければ、世代的に遡って考えると、始祖の小柄は仁徳朝頃の人となる。同族には雀部（さざべ・さざきべ）臣・軽部臣があったと伝えるが、奈良時代に雀部氏のほうから巨勢氏の系譜に異議が出された。

すなわち、『続日本紀』天平勝宝三年（七五一）二月己卯条に、内膳司典膳で正六位下の雀部朝臣真人は、「継体・安閑天皇の御世に大臣となって仕えた雀部朝臣男人は、誤って同祖である巨勢の名をとり、治部省管理の系譜には誤って巨勢男人大臣と記されるから、それを雀部大臣と改め、名を長き代に伝えたい」と奏言し、当時の巨勢朝臣氏の氏上たる大納言従二位の奈弖麻呂《なてまろ》もこれを認めたことから、この願いは許された。これが史実原型であれば、巨勢臣を名乗る前の本姓は雀部臣だった（なお、この記事などを基礎に巨勢男人の大臣就任まで否定する直木孝次郎氏らの見解もあるが、明らかに行き過ぎである）。

『姓氏録』左京皇別の雀部朝臣の条では、祖の星河建彦宿祢が、応神朝に皇太子の大雀命に代わって御膳に奉仕し監督をしたので、その姓氏・雀部を負ったといい、子孫は雀部の伴造であって大膳職や内膳司の膳部《かしわで》に任じた者が多かったというから、雀部朝臣真人の上記奏上に巨勢男柄の子と見える星川建日子（星河建彦宿祢）は、年代的に考えると、実際には始祖とされる巨勢小柄の親か本人であった可能性がある。この伝承での食膳奉仕にも注目され、他の武内宿祢後裔氏族と同様な性格をもつことに留意される。巨勢氏領域と考えられる御所市古瀬の東隣に奉膳の地名があるのは、食膳奉仕に因む地名か。

なお、上記の系譜と符合しないが、『紀氏家牒』には、「建彦宿祢―巨勢川辺宿祢（亦曰く軽部宿祢）―巨勢川上宿祢―巨勢男人宿祢」という内容の記事が見えており、この系譜だと、世代的に「巨勢小柄＝建彦宿祢」ということで同一人になりそうでもあって、判断が困難である。ここで、巨勢氏の祖は巨勢小柄と同人かその父となる建彦宿祢まで遡ったが、それより先を具体的に探ることはできない状態となっている。

雀部は仁徳天皇（大雀命）の御名代であるが、全国的に多く分布するので、管掌氏族の姓氏・系譜は一概には言えず、かつ、不明なことが多い。『古事記』神武段には神八井耳命の後裔に雀部臣・雀部造があるといい、『姓氏録』でも和泉皇別の雀部臣について、「多朝臣同祖。神八井耳命の後」と記される。これら「雀部臣」が、仮に皆が同族であったとすれば（君、連、直は別系統）、本来は、神八井耳命の後裔で多臣の同族を称した肥君・阿蘇君一族であったという系譜が考えられる（そうすると、和泉のほうは初期の分岐か）。

その場合には、北九州の筑肥に広く繁衍した建緒組命一族の流れを引き、筑紫国造・火国造や息長氏と同族ということになる。

コセの北九州における分布

巨勢氏関係では、北九州の筑・肥における地名や氏族の分布に注目される。この辺について気のついたところをあげておく。

(1)北九州に「巨勢」に関する地名を求めると、筑後の浮羽郡に巨勢川（巨瀬川、九十瀬川）があって九十瀬《こせ》入道の伝承（福岡県うきは市〔もと浮羽郡〕浮羽町妹川の大山祇神社内にある御神体の敷板に記載）がある。肥前国佐嘉郡には巨勢郷・巨勢神社（佐賀市巨勢町牛島に鎮座）があり、ここにも巨勢川がある。

コセの部民も、筑前には正倉院文書の大宝二年（七〇二）嶋郡川辺郷戸籍に「己西部酒津売、己西部㔟麻売、戸主己西部直酒手とその子女たる己西部直五百猪・同与利売・同若津売」「許西部直多豆売、許西部直犬手売、許西部直秦売」が見えており、許西部直が己西部の管掌者とみられる。同じ戸籍には、大族の肥君猪手が同郡大領かつ戸主追正八位上勲十等で、その大家族・一族とともに見える。コセ部の分布は、山陽道・南海道・西海道に多いとされ、これは韓地出兵が多かったこの氏の特性によるという見方がある（『日本古代氏族人名辞典』）。上記の市尾墓山古墳も、韓地関連を思わせる豊富な副葬品が出た。

筑後には、『続紀』慶雲四年（七〇七）五月条に筑後国山門郡の許勢部形見が見える。形見は、百済救援の白村江戦に参加して捕虜になり、四十余年もの長期間、唐にいて、遣唐使粟田朝臣真人に随行して帰国したので、その苦労に対して衣・塩・穀を賜ったとある。同じく捕虜となって帰国した人々のなかに筑紫君薩野馬などもいた。

なお、関連は不明であるが、伯耆国西部の会見郡に巨勢郷・星川郷があり、全国でもう一個所、巨勢神社が鎮座する。現在の鳥取県米子市八幡の地で、この社名はもと祇園天王社と称したのを、明治元年（一八六八）に神社改正の際、鎮座側近の旧地名により現社号に改称したと伝える。

(2)火国造と同族とみられる筑後の水間君について、その祖を国背別命とする記事が『旧事本紀』天皇本紀の景行段に見える。この者がその兄弟にあげられる同書に見える伊与宇和別の祖・国乳別命と同人とみられ、景行紀には国乳別皇子が水沼別の始祖と見える。その実体は確認しがたいが、建緒組命かその子弟ではないかと推される。

国乳別命以下の水沼別の系譜が、中田憲信編『皇胤志』に見えており、「国乳別命―伊波狭賀命―倶低比古命―石尾命―赤目別直―田島直―古麻見直」と記される。伊波狭賀命を「石佐賀命」の意と解すれば、この者は肥前の佐賀（佐嘉）県主・佐賀君の祖ともみられる。佐賀郡に巨勢郷があったことは先に述べたから、巨勢・雀部両氏の祖の星川建日子は石佐賀命の子孫にあたるものであろう。なお、景行紀十八年条には景行巡狩のときの「水沼県主猿大海」が見えるが、上記系譜の誰に当たるのかは不明である。

水間・水沼は三潴とも書き、もとは筑後国三潴郡三潴郷の地で、いま久留米市西部の三潴町（佐賀利の地名もある）一帯であるから、筑後川を渡って肥前に入り、西に行くと巨勢・佐賀に至り、川の北には三根郡（雄略紀に嶺県主泥麻呂が見える）が位置するから、筑後川下流域の一帯を押さえる諸県主はみな同祖同族ではないかとみられる。

(3)巨勢臣氏の支族に巨勢神前臣があり、天智紀に巨勢神前臣譯語《おさ》が見える。その起源の地を太田亮博士は近江国神崎郡とするが、肥前国神埼郡との関係が考えられよう。神埼郡には神埼郷の隣に三根郷もある。

(4)佐賀郡には竜神（海童神）を祀る五龍神社（佐賀市鍋島町八戸）がある。与賀神社（主祭神は与止日女《よどひめ》神）の境外摂社で二の宮とも呼ばれていた。佐賀市大和町大字梅野の川上峡の近くにある公園が巨石パークで、巨石群をテーマとする。これが、肥前国一宮とされる式内社・与止日女神社（河上宮）の神体とみられる下田石神群（造化大明神のほか、道祖神石、御船石、龍ノ石、神頭石、御座石、烏帽子石など多数）の入口となっている。これが、『肥前国風土記』佐嘉郡の佐嘉川（嘉瀬川のこと）に関して、川上に「世田姫という名の石神」がいるとして記され、金敷城山の中腹にある。近くの大字久池井には妙見神社大明神もある。

川上峡の東北方近隣の金立山には金立神社（佐賀市金立町大字金立）があり、本殿がすべて石でできており、本殿の裏には湧出御宝石と称される巨石など多くの巨石がある。雨乞いに霊験のある神とされ、保食神・罔象売女命などを祀る。金立山あたりから巨勢川が流れ、ほぼ南方にあたる佐嘉郡巨勢郷の地を潤した。

肥前国の式内四社のうち唯一の大社が、松浦郡の田島坐《たじまにます》神社（佐賀県唐津市呼子町加部島）である。元の肥前一の宮で、火国造同族の奉祀が考えられるが、本殿裏の山林内に磐境とみられる場所があって三個の巨大立石と二個の平石が現存し、太閤祈念石という巨石もある。

このほか、佐賀県では三養基郡上峰町の船石天神社付近に船石遺跡があり、この辺りでは船石・鼻血石・亀石と呼ばれる花崗岩の巨石や古墳の存在が知られる。佐賀県主の同族、嶺（三根）県主に関連した遺跡なのかもしれない。

以上に見てきた食膳奉仕等の職掌からも、巨勢氏はスサノヲ神の後裔とみられ、地名や同族・巨勢部の分布、巨石等の祭祀などからみて、筑紫・肥国造の同族という系譜をもつとみてよさそうである。

巨勢臣氏の故地

巨勢臣氏の故地の候補では、とくに肥前国佐嘉郡巨勢郷が浮上する。この地は、佐賀市の東部、巨勢川流域で、いま佐賀市の大字で巨勢町を冠した牛島・修理田・高尾・東西の地域となっている。巨勢は往時、古勢、古瀬とも書き、当地の**巨勢神社**は、巨勢大連、老松大明神などが祭神とされる。

ここで奉斎したという「巨勢大連」は名前を欠くが、七世紀中葉の孝徳朝に壱岐・対馬の異賊を退治し、ここに留まり開拓につとめた者という(『県神社誌要』)。『佐賀郡誌』には巨勢徳太古として、新羅征伐の提言が容れられず、秘かに筑紫に下って当地に居を構えたとしており、巨勢氏ないしその部民の巨勢部に縁由がある神社なのであろう(『神道大辞典』にほぼ同旨)。巨勢郷の東隣は、神埼郡の贄田里であり、いまは神埼郡千代田町下西の小字で、仁戸田となっている。老松神は筑後川流域に多く分布しており、スサノヲ神をさすものとみられる。

神埼郡に属した仁比山《にいやま》村(現・神埼市神埼町的字仁比山)も、贄山に由来するものであろう。同村には仁比山神社(旧県社)があり、祭神は大山咋神で、もと日吉神社、山王社などと称したが、明治末期に近隣の朝日の白角折神社や的の厳島神社などを合祀して、現社号になった。大山咋神は鴨氏族遠祖の少彦名神にも通じる。白角折神社は、西側近隣の神埼町城原にも鎮座して、日本武尊が祭神と言い、熊襲征伐の伝承があるが、実体は天孫族の祖・五十猛神を祀るとみられる。

肥前の佐嘉郡巨勢郷や神埼郡について見てきたが、神埼郡から起ったのが巨勢臣氏支流の巨勢神前臣氏なのであろう。この氏は『姓氏録』に記載がなく、その氏人も『書紀』天智二年三月条に巨勢神前臣譯語が見えるのみである。この譯語なる者は、三輪君根麻呂とともに征新羅の中将軍にあげられるから、相当有力な家柄であった。巨勢神前臣の起源の地については、近江の伊香郡に神前神社があり、同国には神崎郡があることや、和泉国日根郡にも神前神社があることから、太田亮博士の指摘以来、近江国神崎郡に起るとみる説が多い。しかし、近江の神崎郡に巨勢一族が居住したとの傍証は何ら示されず、地名と氏名の合致にすぎない。それよりは、巨勢氏族に関係深い肥前国神埼郡のほうが妥当である。

上記の『佐賀郡誌』に見える巨勢徳太古とは、新羅征伐将軍の巨勢神前臣譯語の名前が転訛したものか。肥前国神埼郡の近隣の筑後にも許勢部の存在が知られる。それは、筑後国山門郡の許勢部形見であり、韓地の白村江戦等での捕虜だったのであろう。

以上の諸事情から、巨勢臣氏の具体的な系譜を考えると、肥国造の同族で、筑後の水沼県主、肥前の佐賀県主などの一族から出たとみるのが自然であろう。景行天皇の妃・襲武媛は、国乳別皇子（水沼別の始祖）、国背別皇子や豊戸別皇子（火国別の始祖）を生んだと『書紀』景行四年条に見えるが、これらの皇子はほぼ同人ないし近親とみられよう。ただし、景行天皇の後裔という皇別ではなく、景行の九州巡狩のときに八女県で水沼県主猿大海に会っているから、この当時に先祖は既に存在していた。

巨勢氏先祖の星川建日子は、年代・名前からみて水沼県主系譜では、伊波狭賀命の子、倶低比古命の兄弟あたりに位置づけられるのかもしれないが、そうした場合には、具体的に系がつながることなる（伊波狭賀が「石＋佐賀」の意で、倶低比古命の子にも石尾命と「石」の名をもつ関係者の存在に留意される）。白角折神社は、筑後の久留米にも鎮座し、シラトリ神社と訓ん、日本武尊・中筒男神や応神天皇を祀るといい、白角折神の実体は九州の日本武尊こと肥国造の祖・建緒組命を指すものであろう。

水沼別・水間君の系譜について、もうすこし『旧事本紀』天皇本紀の記事を紹介しておくと、景行段には次のように関係記事が見える。

武国凝別命……筑紫水間君の祖

国背別命……水間君の祖

国乳別命……伊与宇和別の祖

豊門別命……三嶋水間君、奄智首や筑紫火別君などの祖

これら諸皇子はみな景行天皇の皇子にあげられるが、その実態は、同人や先祖・近親が混乱して記載されており、いずれも畿内の天皇家とは異なる系統の人々で、当時、北九州にあった息長氏の一族で建緒組命の流れを汲む関係者であった（垂仁・景行両天皇の後裔系譜のなかに息長氏一族諸氏がずいぶん多く組み入れられており、これらの関係を推定すると、「武国凝別＝豊門別」「建緒組＝国背別・国乳別」というところかとみられ、名前に重複がある）。

建緒組命の後裔となる流れでは、石関係の技術にすぐれ、石神・巨石の信仰が顕著に見え、その一族の人々の名に「石」が付けられた別名をもつ傾向があったことに留意される。

巨勢氏の出自・移遷についての推論

巨勢氏族が畿内に来住したのは、雀部朝臣の上記伝承にあるように、雀部として朝廷に仕えて食膳奉仕をしたことに因るものか。息長同族の畿内進出と軌を一にした面もあろうが、すこし遅れた模様である。ただ、それにしては男人以降の進出が目覚ましい。

畿内で当初段階の居住地は、摂津国兎原郡の佐才郷（佐才が雀に通じ、神戸市東灘区の雀の松原が遺称とみられている）や和泉国和泉郡の小瀬・作才（貝塚市から岸和田市にかけての一帯）、紀伊国名草郡小勢田郷（和歌山市の南端部、亀の川中流右岸で、中世は巨勢多村とも書いた。同市大字の小瀬田・仁井辺〔贄部に由来か〕あたり）、が考えられる。『日本霊異記』下卅四には、天平宝字五年頃に紀伊国名草郡埴里の巨勢呰女の伝承が記される。これらは、食膳奉仕にふさわしい地名と言えよう。

雀部氏は、『姓氏録』では左京の雀部朝臣と摂津の雀部臣が記載される。摂津国兎原郡が雀部臣の本貫の模様で、この地に起った雀部氏は、京の雀部氏（近衛府下級官人として平安中期に見える）との具体的な系譜関係は不明であるが、大島雀部荘（尼崎付近）の土豪として戦国期に細川氏に属しており、十六世紀前・中葉の畿内の戦乱を細川京兆家を中心に描いた軍記物『細川両家記』（『群書類従』所収）に活動が見える。同書には、永正十六年（一五一九）、細川高国と同族細川澄元との合戦で、摂津国大島住人の雀部与一郎・次郎太郎の兄弟が高国方にあって、澄元方の田井蔵人（堅頼）の首を取るも、雀部兄弟も傷を負い、後日に死亡したと見える。

その後裔とみられるのが、河内国高屋城主三好康長の配下にあった雀部玄蕃充重政（生没が一五五九～九五）であり、のち豊臣秀次に仕えて馬廻組頭となり、従五位下淡路守に叙位任官して豊臣姓も許されたが、文禄四年（一五九五）には主君秀次を介錯したうえで、これに殉じて自殺した。

その子・重良は徳川家康に小姓として召し出されて旗本となり、近江国内に八百石を賜り、子孫は旗本に残った（『寛政重修諸家譜』）。

京には、衛府官人の一族のほか、かなり早い時期に分かれた流れで外記・算師という官職で現れる雀部宿祢姓の一派があり、十世紀代に大外記になった是連・有方親子が史料に見える。この系統の子孫は平安後期頃まで系譜に見えるが、それ以降は不明となっている。

以上に見るように、巨勢臣氏の同族諸氏も難解だが、氏の名に「部」（職掌部、名代・子代）をもつ雀部から巨勢臣氏が出たとすると、遠祖を同じくする蘇我臣氏が境部から出たとして問題がないと考える。蘇我氏の故地・本貫を論ずる場合でも、武内宿祢後裔氏族の他の諸氏の移遷も併せて考慮すべきである。すなわち、紀・平群両氏が筑前から紀伊北部に来て、和泉南部の地域も併せてを本拠としつつも、大和国平群郡に移遷したという事情がある。巨勢氏に関して見た上記経路も、肥前→摂津→和泉→（紀伊）→大和として捉えられよう。

蘇我氏が高市郡曽我に起ったとみる説では、いったいどのような系譜や基盤のもとで蘇我氏が起り、それが発展したのかを論究しないのでは、極めて不十分なものとなる。古代の日本では、その後の歴史と同様に、素性・得体の知れない氏族（祖先系譜が不分明な氏族）が勃興したり、后妃を輩出するような社会では決してなかった。この辺を古代氏族の研究にあたっては、銘記すべきである。

まとめ

主要問題についての一応の要点

ここまでに記してきた要点を列挙してあげると、主に次のようなものとなろう。今回、本書の著述に取りかかったところで、改めて先人達の研究を読み返し考えてみたが、太田亮博士・佐伯有清博士という系図研究の巨人たちにあっても、蘇我氏について大きな誤解をしていたことを知り、愕然となった。その大きな要因は、習俗や祭祀などを総合的に考えなかったところにある。この辺までを視野にいれた結果、巨石祭祀や鴨族・息長氏の研究まで及ぶことにもなった。

本書で記してきた蘇我氏祖系の主要点について、アトランダムにあげると次のようなものとなろう。要は、蘇我氏の先祖は、さほど有力ではない土豪でも、上古葛城氏の末流でも、韓地から渡来してきた勢力でもなかった。上古日本では、血統の尊貴性を重視しており、このしきたりを無視するような身元不明の出自は考えられないことを銘記すべきであろう。出自・系譜が不明の家が、王権内での立身は難しいうえに、ましてや大王家へ后妃を入れるのは無理であった。

○蘇我氏を含む武内宿祢と称した後裔雄族の諸氏は、葛城臣氏を除き、原型の系譜にあっては、実在の人物としてよい武内宿祢の後裔ではなかった。共通の遠祖としてその位置に座るのは、火国造の祖・建緒組命であり、これがヤマトタケルの一人にも擬せられる。

応神王統の時代以降に朝廷内で大臣・大夫など有力な地位を占めたこれら雄族は、応神天皇の大王権簒奪から始まる新王朝の成立（王統交替論は妥当であると私は考える）とともに、応神天皇の母胎たる息長氏の同族として、吉備・播磨方面から河内・大和などの畿内に応神勢力とともに進出してきて、仁徳朝頃から朝廷内で重要な地位を占めるようになった。

○欽明朝以降に大きく現れる蘇我氏は、その本居だとして「葛城県」の割譲要求などを推古天皇に対して行うが、これが直ちに葛城臣氏との同族性を主張したとみるのは疑問である。この辺の系譜の把握・理解は十分検討する余地があって、葛城臣氏との同族ということなら、史実原型とは合わない。すなわち、蘇我氏の系譜は、実際には当地にあった神別の葛城国造族や鴨族と同祖であって、「葛城高宮に坐す一言主神」こと少彦名神を遠祖神としていた。蘇我氏を渡来系（主に四世紀後半以降に韓地から渡来した氏族）とみる説もあるが、古代氏族の系譜・職掌や習俗などから考えて、これは成立し難い。

○葛城高宮の地は、葛城国造族及び鴨族（両族を含め、広義の鴨族）の畿内における当初の本居であったが、鴨族の主流は崇神前代に山城に遷り、大和王権初期の纏向時代には、その統治確立に向けた列島内の討伐・平定戦にあって、美濃の鴨族は大きな役割を果たした。

○鴨族の遠い祖先からの初期分岐が九州に残り、これが宇佐国造家となったが（移遷経路が筑紫から出て↓出雲↓宇佐という環流も考えられる）、この一族から阿蘇・肥の方面に分岐をし、とくに火国造の祖・建緒組命の後裔は多くの分派を出した。

そのなかの大きな流れが息長氏の流れであって、蘇我・波多両氏の流れもそのうちの一支流だが、この系統は、鴨族の特徴である鳥トーテミズム、巨石祭祀や龍神信仰を長く保持した（本書の検討・著述にあたって、ずいぶんこの辺に調査・整理の時間をさかれた事情もある）。巨石祭祀に関連して「磐船・岩船」も鴨族関係地に多く見えており、これは物部氏族に限られないことに留意される。

○これら関係諸氏の動きをもうすこし詳しく言うと、少彦名神後裔の宇佐国造同族であり、阿蘇・火など九州諸国造の祖・建緒組命の子となる武貝児命が東へ海を渡って四国方面に展開し、その息子たちの代には更に讃岐北岸から吉備・播磨に勢力を伸ばした。この辺ごろから息長氏が始まる。
息長氏初代ともいうべき「息長田別命」、すなわち武貝児命の長子の稲背彦命は播磨に本拠をおいて、後裔に息長氏や針間国造などを出し、その子の応神天皇は姉妹婿の仲哀天皇の遺児たちを倒して大和の大王権を簒奪した。稲背彦の弟・鐸石別命（大中津日子命。垂仁天皇の子ではない）は吉備東部の磐梨県とその周辺近隣を本拠として、磐梨別君のほか、稲木別など多くの支族諸氏を出し、蘇我氏・波多氏はこの支流の境部の流れである。鐸石別の子の磐坂命が応神朝頃の人で、蘇我臣・波多臣らの祖となるとみられる。

○蘇我氏・波多氏の系統は、吉備の磐梨県に東隣する播磨国赤穂郡にまず展開し、その郡域の飛鳥郷を含む千種川の本支流域にいったん拠点をおき、そこから河内国石川郡に進出した。更に、東方の大和国の高市郡の曽我・軽（境）・波多・飛鳥の地域に次第に移遷して、それぞれの地名に因り氏の名を名乗った。河内及び大和への展開は、仁徳・履中朝の石川宿祢・満智の時代とみられる。
※ネット上には、蘇我氏の出自について様々な議論があり、なかには「蘇我氏は素戔嗚尊の後裔として出雲から大和の曽我にやってきた可能性が高い」とみる小嶋浩毅氏の説もある。これは、上記の拙論と大きな荒筋では同様だが、「出雲から大和」というのは直接ではなく、その間の経路にずいぶん多くの経過地があったことが異なる。

○石川宿祢以降の蘇我氏歴代の系図は、命名・通称はともかくとして、実在した者たちの系図として、現在に伝わるもので基本的に特に問題がない。
蘇我氏が欽明朝の稲目の世代のときに、突然重職につき活動が顕著になる。稲目の大臣就任、娘の后妃輩出や兄弟の支族分岐などの動きは、広く息長氏族の一員として、息長同族諸氏（息長、讃岐、波多、巨勢など）からの后妃輩出の先例や、先行する平群氏・巨勢氏の政治活動事績などを踏まえたものであって、葛城臣氏の政治的地位の後継者とか後裔氏族とかを自称した故ではない。

○五世紀代の葛城臣氏全盛期には、蘇我氏は既に朝廷内にあって三蔵管掌などの任務を担っていた。履中〜雄略朝における活動をした蘇我満智が「蘇我」の氏を名乗る初めとみられ（従って、その父の石川宿祢に「蘇我」を冠する表記は妥当ではない）、その満智の活動事績も氏族発展の基礎にあったが、五世紀代当時では蘇我氏まだ有力といえるほどではなく、大夫級諸氏とともに韓地征討などの任務に当たっている。

○蘇我氏の躍進は宣化朝の稲目からであり、継体天皇の王権簒奪などの事情で古い雄族が力を失うなか、着実に力をつけてきた結果とみられる。その結果、娘たちを諸天皇の后妃に送り込むこともでき、更に勢力を高めた。

蘇我氏が継体擁立に関与したなどとして、それら功績の結果とみる見方もあろうが、そうした活動の裏付けはなく、具体的な背景事情は史料からまったく知られない。稲目より前の系譜についても、記紀などの記事・事績伝承を否定する根拠はない（ただ、稲目を含め、それ以前の墳墓について、巨大古墳を考えるのは妥当ではなく、むしろ蘇我氏墳墓に特色がある方墳を重視すべきであろう）。

○蘇我氏と同族とされる諸氏については、これらがあまり多くなかったこともあり、また具体的な居住地が大和の高市郡あたりに近隣する事情から、いわゆる「擬制血族」という概念で説明されることは、学究の検討でも多くはない（加藤謙吉氏も、「結縁的な絆で結ばれた傍系親族と理解しておくのが妥当であろう」とする）。

私が具体的に検討した結果でも、「擬制血族」とか「系譜仮冒」とかで結びついた氏は、蘇我氏の同族諸氏にはないと考えられる。ただ、同族の波多氏の系統には、和珥氏族の近江国造系統が混入しているとみられる事情もある。

蘇我氏研究に関連する氏族・系譜研究の総括

私の蘇我氏研究は、これまで主に二回なされた。最初が約二五年ほど前であり、このとき数年がかりでやったので、大きな謎は一応解明できたと思ったが、その後に一度見直し、更に今回改めて見直して、視点を変え各種資料を掘り下げて考えてみると、考古学分野での発掘など幾つかの分野での研究が進んできて、事情が明らかになったこともあり、併せて、各種ネット情報もあるが、改めて認識したことが多い。その辺を以下に掲げておく。

(1)河内国石川郡の重要性

その一つが、河内国石川郡という地域の重要性である。門脇氏が蘇我氏祖先の渡来説を出した背景には、漠然と石川郡故地説が主張され、それが具体的な根拠に乏しいという認識があったのだろう。黛弘道氏らが言う初期分岐の同族が石川郡に居住したというのも、これだけでは弱い感じがある。また、同族諸氏や波多臣氏など関連氏族についての祭祀・習俗などを含む総合的な考察も重要さを感じる。平林章仁氏が、「従来の蘇我氏研究では一部を除いて等閑視される傾向にあった仏教以外の蘇我氏の信仰や儀礼について考察をすすめ」ることの必要性を言っており、これもその通りである。その著作には様々に示唆深い記事があるものの、それでも飽き足らないところがあって、本書に書き綴ってみた。要は、蘇我氏一族全体と石川郡に関係する習俗・祭祀が、更に検討されるべきである。

これらの辺りが、これまで多くなされてきた学究たちによる蘇我氏研究にあっては、大きな不満を感じるものである。蘇我氏に関係する各種文献史料の取扱いについても、その吟味がかなり足りないと思われる。これでは、蘇我氏に関する研究がいくら多くても、あまり意味がない。

もちろん、蘇我氏の政治的経済的な役割について、評価見直しという問題もある。それら多くの諸問題を検討する際には、考古遺物だけからの判断で良いはずがない。

(2)蘇我氏の勢力伸張の基盤

四～七世紀のわが国古代の文化は、倭五王などの渉外関係史、蘇我氏と渡来系氏族の研究を基礎にしてこそ、歴史の真実に迫りうると考える小林幹男氏の見方がある。こうした韓地などの対外関係を重視する見方は、まさにその通りであろう。といって、この当時の国内事情をきちんと把握しないでは、片足歩行にもなりかねず、双方がうまくマッチしバランスがとれた形での古代史研究が望まれる。その意味で、蘇我氏の出自や系譜原型の問題はこの基礎となる。ところが、これまでは史料不足が言われて、これが曖昧なままで検討がなされてきた。本書では、その辺を具体的に検討し、とことん追求して、できうる限り記述したいと考え、対応してきた。

欽明天皇から敏達・皇極天皇までの時代は、蘇我氏が中央政界を主導したが、この際に、東漢氏など渡来系氏族を配下にして、仏教・大陸文化の受容と普及に努め、屯倉経営を推進して民の戸籍編成などを行い、農業生産力の増強を図った時期である。『書紀』では政治的専横ぶりで蘇我氏が悪者扱いされた面もあるが、先進的な文化・技術の受容など開明的であったことで、最近では再評価されている。この辺について、本書ではとくに異議をはさむものではない。

こうした蘇我氏の諸活動や勢力伸張の源泉・基盤は何であったのかという問題意識にもなろう。それが、「渡来系」という出自に因るものとみるには、あまりに単純すぎる思考だし、崇神朝以降に大きく進展してきた日本列島の国内政治事情を無視するものともなろう。葛城氏の政治的立場の継承という表現も目にしたが、蘇我氏にそれがなぜできたのかということに答えるものは殆どないと思われる。

関連して、本書では葛城氏に関してもかなり述べてきた。蘇我氏との関係が、蘇我氏の祖系を考えるうえで欠かせないからである。そして、蘇我氏が「葛城高宮」の地と関係が深いことは認められたが、それは、おおかたの見るところに反して、襲津彦系の葛城臣氏や武内宿祢ではなく、この地に古く鎮座する葛城一言主神と、その後裔で当地に原住した葛城国造一族のほうであった。

(3)上古代のわが国氏族制度の発展過程

戦後の学説のなかには、ウヂ・氏族集団や各種政治制度の成立を無闇に遅らせて考える説もかなり有力に唱えられる。しかし、四世紀前葉頃の崇神朝から大和王権として国家的な組織や征服・民政の活動が具体的に史料に見える。巨大古墳が纏向を中心に大和盆地東南部に多く築造された。同じ四世紀の後葉から五世紀初頭には、倭国は韓地の内部まで進出し大国の高句麗と激しい戦闘を長く行っており、それが好太王碑文にも見える。

葛城一言主神社。付近を「葛城高宮」に比定する見解がある（御所市森脇）

こうした事情なのだから、倭国内において官僚・軍隊の基礎ともなるウヂの組織・制度及び地方制度が整備されてなかったとは、まず考えられない。ウヂの実態がその頃までに十分備わっていなければならないと言うことでもある。五世紀代にはまだウヂ組織が成立していないという見方もずいぶん見られるが、これは思い違いが甚だしい（こうした考え方の基礎で論考を展開しても的外れになろう。少なくとも、祖系の探索には役立たない）。

このことは、上古代の倭地支配階層の多く（主に天孫族系氏族）が北東アジア方面から韓地を経て渡来してきた祖先・出自をもつ事情が、まず考えられる。満鮮地域、とくに高句麗や百済・新羅等の韓地の当時の国家事情からも、容易に判断される。その過程で、文字や鍛冶など各種の文明技術・制度をもって渡来した。四世紀代までの当時のこれら東アジアの地に、氏族や国家組織がなかったとは決していえないし、そうした具体的な氏族と同族関係をもつものから、倭地の支配層も多く出ていた（拙著『天皇氏族』を参照）。

戦後の古代史研究においては、「擬制血族」とか「同族を擬制する系譜」とかいう語がなぜか頻用されるが、この「擬制」も本来、それほど多かったはずがない（吉備氏などにその例が見られることまでは否定しないが）。ほとんどが具体的な根拠・証明なしに、こうした認定が予断的になされてきたのは、遺憾とか学務怠慢としか言いようがない。蘇我氏の主要配下と位置づけられる東漢氏一族についても、「擬制血族」説を裏付けるものはなんらない。渡来系氏族にあっても、各々の先祖の伝承・系譜を大切に伝えていた。

津田博士流のアプローチの「造作史観」では、蘇我氏を含む古代氏族に関する史実原型の探索に適当ではないことを十分認識して、丁寧な史料分析を基礎に総合的な考察を行うことの重要性を感じる次第である。これまでの蘇我氏研究では、その具体的な出自解明にはまるで手がつけられていない。わが国の歴史学界で、武内宿祢という先祖の否定説（通説では武内宿祢の実在が否定されているので、当然これまた通説となる）のうえで、蘇我氏の先祖・系譜について具体的に提示、解明した学説はなかった。

というのは、古代史・考古学の知識はもちろんのこと、古代の大王（天皇）、有力氏族やその系譜、祭祀・習俗についての該博な知識と合理的な思考方法が基礎として必要だからである。その解明のためには、関連する応神天皇自体の系譜解明や神功皇后や日本武尊など天皇家関係の系譜原型の解明も必要なわけであるが、それが、現在に残る貴重な系譜所伝を軽視ないし無視をして、記紀に現れる上古代の人物を粗雑な論理で否定し切り捨てまくる津田亜流の思考方法では、どの問題についても解明できない。

記紀の神武朝以降の人物は、殆どが系譜絡み（先祖・兄弟がおり、後裔がいると言うこと）で出てくるのだから、当該氏族に単独の先祖ではなく、通婚や関与する諸事件を通じて、他の氏族まで影響が様々に及ぶ。こうした人物や系譜を後世になって造作することは、まず無理な話である。得体の知られない者・氏族が、上古のわが国血族社会のなかでのし上がれ得る余地がなかった。そのことを痛切に感じるべきなのである。

(4)多くの異名・通称をもつ人・神たち

注意すべきは、古代の人物（神統譜の神々も同様）は多くの異名・通称をもつことがあるから、その名を伝える系統・氏族によって名前が異なることもあり、また実在する人物同士を系譜仮冒の形でつなぐことはありえた（養猶子関係も多少はあった）。本稿でも、御炊朝臣の先祖の名が種々関係系譜に出てきたことを見たところである。

記紀などの記事について、「実在性が薄い」という研究者の個人的な印象だけで、勝手に切り捨てたり、後世に造作・創作された人物だと判断するのは危険だと言うことである（記紀に見える神武朝以降の人名で、後世の造作だとしてよいと考えられるのは、『古事記』に見える迦邇米雷王などの神功皇后系譜だけで、異世代婚が頻発している記事くらいではなかろうか）。どうして、戦後の古代史研究者は、記紀記事や系譜・人名の造作認定を簡単に頻発するのであろうか。かつ、そのうえで、根拠がなく系譜の妄想をするのだろうか（蘇我氏の先祖系譜について、木梨軽皇子後裔とか、安閑天皇の皇子が稲目だとか、天日槍後裔とかの妄想を今回見てきて、呆気にとられた）。こうした論理やアプローチについて、私にはたいへん疑問なところである。

もう一つ注意すべきことは、記紀には特定の人物が異名で複数に記載されることもある。例えば、堅塩媛が欽明天皇の妃となって十三名もの皇子女を生んだことは、当時の生物学的事情からみて、まずありえず、その子女掲名のなかには複数の重複者が必ずやあった（既述）。記紀に記される十三人の子女は、実際には半数ほどの六人とみられるが、これくらいが現実に女性が子供を産む限界であろう。堅塩媛の同母妹・小姉君の五人の子女も、実際にはすこし少なそうである。継体の后妃についても、『記』が七名、『書紀』が九名とするが、重複（三尾・坂田氏）及び混入（息長氏）などを整理すると実質は合計六名で、彼女らの所生の子女は合計十三名（男六、女七）ではないかとみられる。

これらの例から考えると、推古女帝の生んだという七名（『書紀』。『記』では八名とする）の子女数も多すぎると考えられ、舒明妃となった田眼皇女（『記』に多米王）の同母妹にあげる桜井弓張皇女（同、桜井玄王）は、その姉の小墾田皇女（同、小治田王）と同人ではなかろうか。両者ともに、押坂彦人大兄皇子妃と伝えるが、桜井弓張皇女は田眼皇女の同母妹なのに父のほうの大兄皇子の妃となったとする矛盾は、この辺で解消されよう。

推古の末娘になる田眼皇女が早く亡くなったことで、皇統から遠い、やや高齢の宝女王が再婚で舒明の后候補で迎えられた事情もあり（立后時は三十七歳とされ、舒明との再婚は三十二歳ほどの時か）、これが歴史と皇統の流れを大きく変える基にもなった。堅塩媛所生という十三柱の皇子女を、生物学的に異常な多数と感じないような社会感覚だと、記紀の系譜記事の実態は解明できない。多くの同人異名例が、記紀にはあふれている（その逆の異人同名例も、若干だが見られることに留意される）。

(5) 葛城氏からの呪縛

系譜の関係でもうすこし触れると、これまでの蘇我氏研究は、葛城氏に囚われすぎていたのではないかとも思われる。この辺に、ある種、蘇我氏研究への呪縛とすら感じる。たしかに、武内宿祢をともかくとしても、襲津彦・磐之媛親子の果たした役割は大きかった。しかし、葛城氏の全盛期を築いた基盤の一つの外戚関係は、当時の天皇家系譜の原型・実態を探究すると、この一族から履中・允恭及び清寧の生母を出したにとどまる（反正の実母は皇族で仁徳皇后の八田皇女とみられ、履中妃の黒媛は波多氏の出、顕宗・仁賢の実母は市井庶民の女性というのが原型か。応神王統では、応神・仁徳・履中・雄略・清寧・顕宗・仁賢の皇后はみな皇親で、允恭の皇后が息長氏であった）。

葛城氏が韓地交渉に果たした大きな役割を認めても、襲津彦一族の国内での活動事績や葛城部の分布状況から見て、その国内における政治勢力を過大に評価する傾向は問題が大きい。馬見古墳群をみな葛城氏関係とみるのも疑問である。先にも触れたが、葛城氏から蘇我氏につながる系譜は男系・女系ともにまったく現存史料になく、推測・想像をいくら重ねても実態・原型からほど遠い。

実在した武内宿祢を研究ないし予断で抹殺したあまり、かえって葛城氏に束縛されてしまった自縄自縛としか思われないところである。

おわりに

ここまで見てきた以上のような諸事情を考えると、蘇我氏はもちろん、大化前代の国家基盤・組織や古代氏族系譜についての研究を根本から適正に問い直し、具体的な根拠に基づき総合的合理的に考えねばならない。『書紀』において編纂者たちの改変（改編）が多少あろうとも、それがその当時の理解や歴史把握とみたほうがむしろ自然ではなかろうか。蘇我氏は大化前代における最大の豪族であったが故とは言え、その氏族研究は氏族本宗だけに焦点を当てた狭い範囲のものであってはならない。系譜研究の大家たる太田亮・佐伯有清両博士の研究・判断への疑問もかなり出てきた。こういう認識すら生じたものでもある。

蘇我氏研究は、いわば邪馬台国論争のように、学究・在野研究者ともに百花繚乱の感じすらする。それだけ重要な関心がもたれる大族が、先祖や祖系が不詳で済まされてよいわけがない。

「学究」といわれる方々の論調にも疑問なものが多々あり、それは、社会や人間行動についての常識バランスを欠くところや、習俗・祭祀への考察が欠けることに起因する模様でもある。だから、適宜、在野研究者の検討にも学んで、均衡をもった総合的な合理思考が望まれる。本書はそれらの解決のための試論提示の一つでもある。

もっとも、私自身も、本件執筆に取りかかって、学ぶこと、認識を新たにすることが様々に多かった。というのも、蘇我氏という古代大族を長い年代にわたり追いかけていったところ、最後には巨石祭祀と、広い意味での「鴨族」や息長氏族の探究にまで及んだという、思いも懸けない結果になったからである（本書を最後まで読まれた方なら、同様な感触をもたれるのはないかとも思われる。本書における執筆の順序は異なるが、結局、石神探求になった感もある）。

そうしたなかで、谷川健一氏の『青銅の神の足跡』などの著作、及び吉川宗明氏の『岩石を信仰していた日本人』などの著作に、有益な刺激や示唆を様々に得られたことがあり、それら学恩には深く感謝いたしたい。その他、書籍やネットなどで貴重な教示・示唆をいただいた多くの方々がおられ、個別に掲名はしないが、同様である。

最後に、本書の執筆にあたり、いろいろ励まし・助力をいただいた青垣出版の靍井忠義様にお礼を申し上げます。

資料編

1　蘇我臣氏と主要一族諸氏の系図試案

『皇胤志』などの蘇我氏関係系図や記紀など各種史料を踏まえて本稿で検討したところに基づき、もう少し詳しくした系譜を次ぎにあげておくが、一部に推定を含む一応の試案であることには変わりなく、その辺に留意されたい。

第2図　蘇我氏と同族諸氏の系図（試案）

※一部に推定・試論を含む。兄弟姉妹の順は不同。

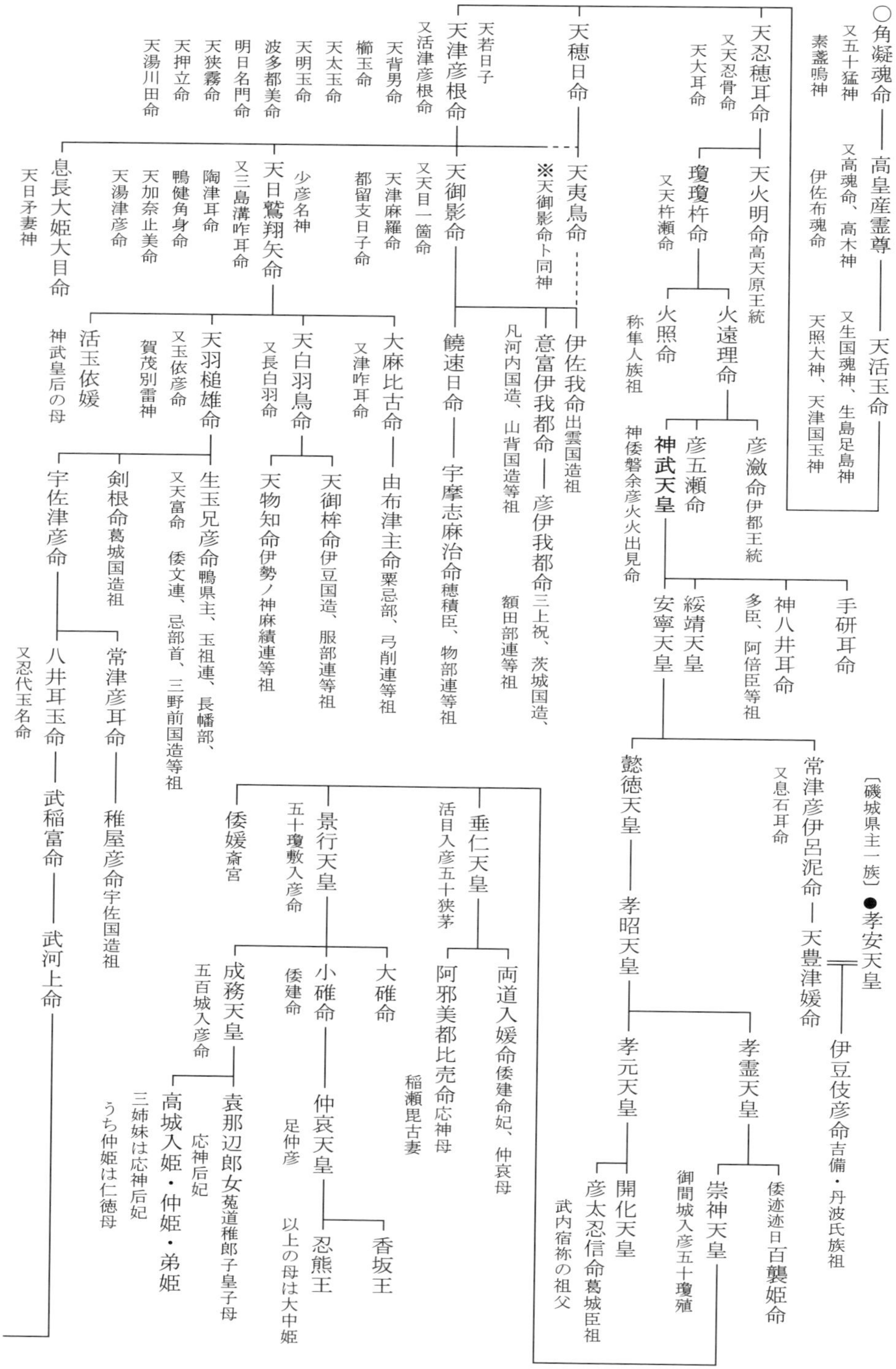

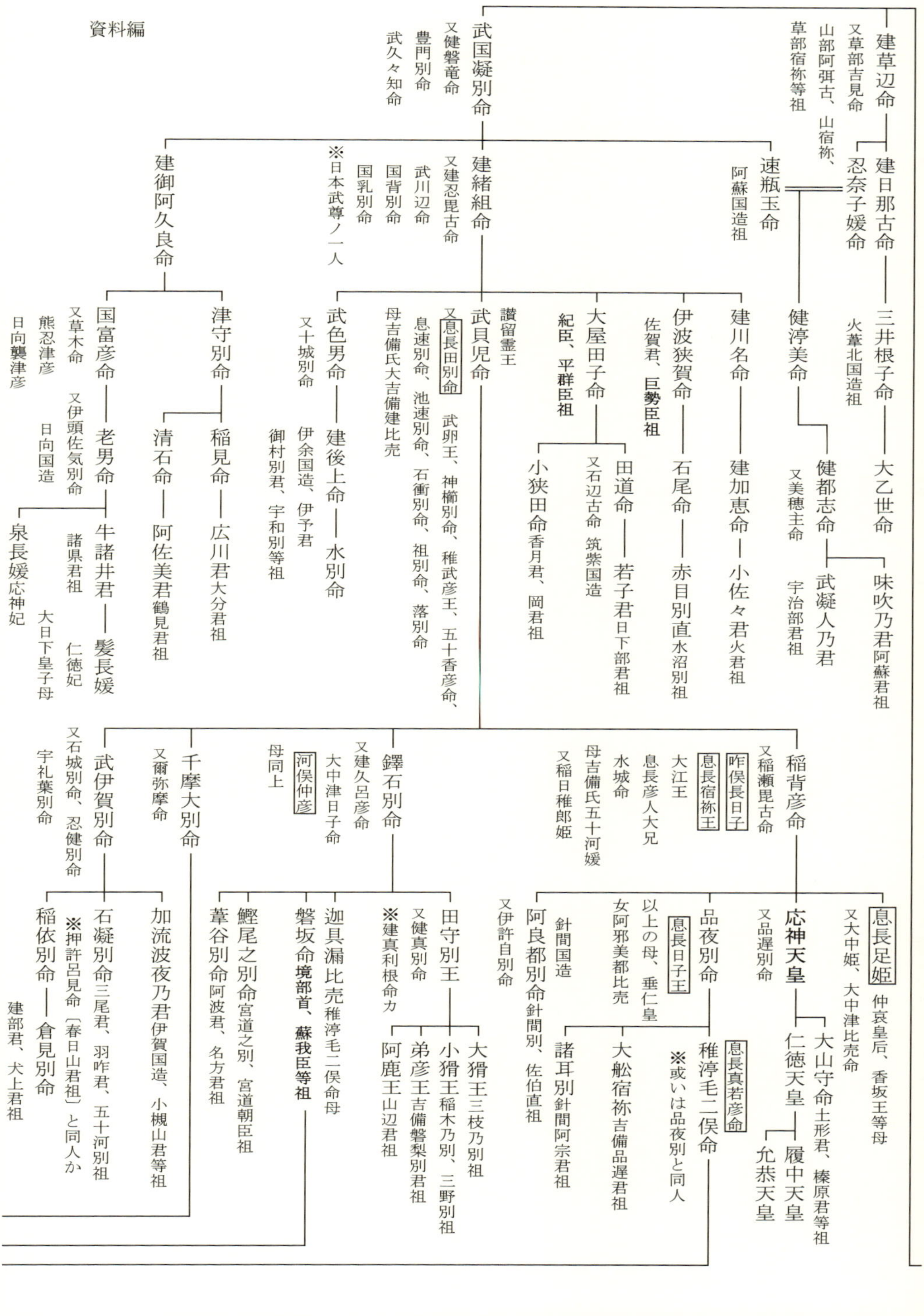
建草辺命
又草部吉見命
山部阿弭古、山宿祢、草部宿祢等祖
武国凝別命
又健磐竜命
豊門別命
武久々知命
建日那古命
忍奈子媛命
速瓶玉命
阿蘇国造祖
建緒組命
又建忍毘古命
武川辺命
国背別命
国乳別命
※日本武尊ノ一人
建御阿久良命
三井根子命
火葦北国造祖
健渟美命
建川名命
伊波狭賀命
佐賀君、巨勢臣祖
大屋田子命
紀臣、平群臣祖
武貝児命
讃留霊王
又息長田別命
息速別命、池速別命、石衝別命、祖別命、落別命
武卵王、神櫛別命、稚武彦王、五十香彦命、
母吉備氏大吉備建比売
武色男命
又十城別命
津守別命
国富彦命
又草木命
熊忍津彦
日向襲津彦
大乙世命
健都志命
又美穂主命
建加恵命
石尾命
田道命
又石辺古命 筑紫国造
小狭田命
香月君、岡君祖
建後上命
伊余国造、伊予君
御村別君、宇和別等祖
稲見命
清石命
老男命
又伊頭佐気別命
日向国造
味吹乃君
阿蘇君祖
武凝人乃君
宇治部君祖
小佐々君
火君祖
赤目別直
水沼別祖
若子君
日下部君祖
水別命
広川君
大分君祖
阿佐美君
鶴見君祖
牛諸井君
諸県君祖
髪長媛
仁徳妃
泉長媛
応神妃
大日下皇子母
息長足姫
仲哀皇后、香坂王等母
又大中姫、大中津比売命
稲背彦命
又稲瀬毘古命
咋俣長日子
息長宿祢王
大江王
息長彦人大兄
水城命
母吉備氏五十河媛
又稲日稚郎姫
鐸石別命
又建久呂彦命
大中津日子命
河俣仲彦
母同上
千摩大別命
又爾弥摩命
武伊賀別命
又石城別命、忍健別命
宇礼葉別命
応神天皇
又品遅別命
品夜別命
以上の母、垂仁皇女阿邪美都比売
息長日子王
針間国造
阿良都別命
針間別、佐伯直祖
又伊許自別命
田守別王
又健真別命
※建真利根命カ
迦具漏比売
稚渟毛二俣命母
磐坂命
境部首、蘇我臣等祖
鰹尾之別命
宮道之別、宮道朝臣祖
葦谷別命
阿波君、名方君祖
加流波夜乃君
伊賀国造、小槻山君等祖
石凝別命
三尾君、羽咋君、五十河別祖
※押許呂見命〔春日山君祖〕と同人か
稲依別命
倉見別命
建部君、犬上君祖
大山守命
土形君、榛原君等祖
仁徳天皇
履中天皇
允恭天皇
息長真若彦命
稚渟毛二俣命
※或いは品夜別と同人
大舩宿祢
吉備品遅君祖
諸耳別
針間阿宗君祖
大猾王
三枝乃別祖
小猾王
稲木乃別、三野別祖
弟彦王
吉備磐梨別君祖
阿鹿王
山辺君祖

- 兄能摩命 又奈鬼爾麻命 綾君祖
  - 竈玉命 — 多富利大別命 — 日向王 綾君祖 雄略朝為綾大領
  - 眞玉命 — 黒丸 酒部君祖。允恭朝醸酒献之
- 須売保礼命 又能美摩命 森葉摩命 応神朝讃岐国造
  - 小枝大別王
    - 鷲住王 履中紀 — 田虫別乃君 讃岐公祖
  - 鯽魚磯別王
    - 太姫郎姫
    - 高鶴郎姫 姉妹ハ履中妃
    - 野根命 阿波ノ脚咋別祖 雄略紀
  - 日田王 — 斯良庭君 寒川君祖

- 大郎子命 又建鷲王、佐芸王 母河岐仲彦女弟媛
  - 私非王 又乎非王 母中斯和命女 兄媛命
    - 彦主人王 又汙斯王 母牟義都国造伊自牟良君女、久留比売 亦阿那爾比売
      - 継体天皇 袁本杼尊 又男大迹 又彦太 母三尾乎波智君女
      - 意富富杼王 — 阿居乃王 息長君
        - 息長真手王
          - 伊多葉王 息長真人祖
          - 神古王 布勢君祖
          - 広媛 又麻績娘子
        - 麻佐良王 息長竹原公祖
    - 鳥見古乃王 三国君、波多君祖
  - 坂中井王 母同上
    - 坂田大跨王
      - 広媛 又黒媛 継体天皇妃
      - 香賜比王 南淵朝臣、酒人真人祖
      - 稚子乃王 山道公祖
    - 鷲取王 又根王 長阪君祖
  - 都紀女加王 母同上、米多君祖
- 忍坂大中姫 允恭皇后 安康、雄略母
  - 木梨軽皇子
  - 安康天皇
  - 雄略天皇
    - 清寧天皇
    - 磐城皇子 — 難波小野王 顕宗皇后
    - 星川皇子
    - 春日大娘皇女 仁賢皇后
      - 手白香皇女 継体皇后、欽明母
      - 橘仲皇女 宣化皇后
      - 武烈天皇
- 田居中姫 允恭妃
- 藤原琴節郎女 又弟姫、登富志郎女 允恭妃
- 迦多遅王 又堅石王 — 久奴王 宇陀ノ御杖君、酒部祖
- 取売王
- 沙祢王

- 広媛＝継体天皇
  - 兎皇子 酒人公祖
  - 耳皇子 坂田公祖
- 継体天皇
  - 安閑天皇
  - 宣化天皇 — 石姫皇女
  - 椀子皇子 三国公祖
  - 欽明天皇

蘇我氏
- ○稲目
  - 馬子
    - 蝦夷 — 入鹿
    - 法提郎媛
  - 小姉君
  - 堅塩媛

- 石姫皇女＝欽明天皇
  - 敏達天皇
- 堅塩媛＝欽明天皇
  - 用明天皇
  - 桜井皇子 — 吉備姫王 皇極・孝徳母
  - 推古天皇
- 小姉君＝欽明天皇
  - 穴穂部間人皇女
  - 崇峻天皇
- 推古天皇＝敏達天皇
  - 竹田皇子
  - 田眼皇女 舒明妃
- 広媛 敏達皇后＝敏達天皇
  - 忍坂彦人皇子
- 敏達天皇 — 糠手姫皇女
- 忍坂彦人皇子＝糠手姫皇女 — 舒明天皇
- 忍坂彦人皇子 — 茅渟王
  - 孝徳天皇 — 有間皇子
  - 皇極・斉明天皇
- 用明天皇＝穴穂部間人皇女 — 厩戸皇子 聖徳太子 — 山背大兄王
- 舒明天皇 田村皇子＝皇極・斉明天皇
  - 天智天皇
  - 天武天皇
- 法提郎媛＝舒明天皇 — 古人大兄皇子

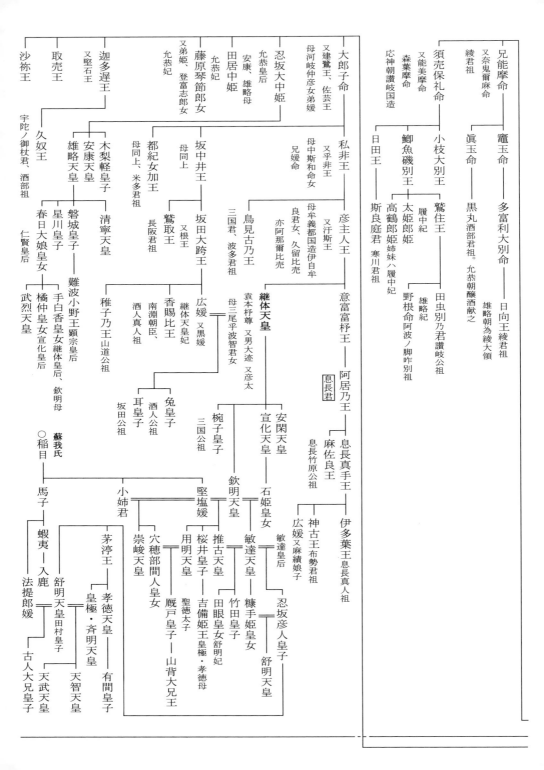

- 波多八代宿祢 又羽田矢代宿祢
  - 星川広目宿祢 又黒川宿祢
    - 大遅宿祢 波多臣祖
      - 石嶋臣 負林臣
    - 林大野宿祢 又羽矢師宿祢 雄略朝
      - 泊瀬部真身宿祢 武烈朝大舎人供奉 因負長谷部君姓
        - 小泊瀬宿祢 欽明朝為 負山口連
        - 武古乃君 帯刀舎人供奉
    - 乙人臣 道守臣
  - 淡海布祢古臣 近江臣、脚身臣、波弥臣祖
  - 黒媛 履中妃
- 石川宿祢
  - 蘇我満智宿祢
    - 韓子宿祢
      - 高麗宿祢 又馬背
        - 稲目宿祢
          - 馬子宿祢 嶋大臣
            - 雄摩侶臣 僧名善徳 又倉麻呂、雄当、雄正子
              - 倉山田石川麻呂
                - 興志
                - 法師
                - 赤猪 又秦
                - 遠智媛 天智妃、持統母
                - 姪娘 天智妃、元明母
                - 乳娘 孝徳妃
              - 連子 又牟羅志
                - 娼子 藤原不比等室。武智麻呂、房前、宇合母
                - 安麻呂 以下は石川朝臣
                  - 石足
                    - 年足
                      - 名足
                        - 浄直
                        - 浄浜
                        - 浄道
                      - 永年
                      - 永成
                    - 豊成
                      - 垣守 ― 女子 藤原雄友室
                      - 真守 ― 真主 ― 貞子
                      - 名主
                      - 清主
                      - 広主
                      - 河主 ― 永津 ― 宗主 ― 宗固 ― 河内石川郡の武家石川氏祖
                    - 公成
                    - 人成
                      - 道益
                      - 道成
                  - 足人 石川朝臣
                - 虫名 ― 女子 長屋王妃
                - 子老
                - 宮麻呂 ― 刀子娘 文武嬪 石川広成、広世母
                - 難波麻呂
                  - 東人
                  - 名人
                  - 豊人 ― 継人
              - 日向 又身刺
              - 赤兄
                - 常陸娘 天智妃
                - 大蕤娘 天武夫人
              - 果安
              - 大炊古 ― 人麻呂 御炊朝臣
            - 蝦夷臣 豊浦大臣、毛人
              - 入鹿臣 又鞍作
              - 畝傍臣 号物部大臣
              - 手杯娘 舒明妃
            - 河上娘 崇峻嬪
            - 刀自古郎女 聖徳太子妃
            - 法提郎媛 舒明妃
          - 堅塩媛 欽明妃 用明・推古母
          - 小姉君 欽明妃、崇峻母
          - 石寸名娘 用明妃
          - 摩理勢 境部臣
            - 毛津臣
            - 阿椰臣
          - 小祚臣 又若弥 箭口朝臣祖
            - 椋毘登臣
              - 耳高 岸田臣
              - □□ ― 音檣 八口朝臣
            - 和慈古臣 桜井臣
            - 荒熊子臣 小治田臣
              - 猪手 小治田朝臣
              - 功麻呂 ― 阿祢娘
              - 麻呂 藤原武智麻呂妻
          - 刀名臣 田中臣
            - 君手臣
              - 足麻呂 田中朝臣
              - 鍛師
            - 薬子臣 久米臣
              - 塩籠 久米朝臣
        - 垣古臣 ― 猪子臣 高向臣 ― 宇摩臣
          - 国押臣 ― 麻呂 高向朝臣
            - 色夫智
            - 大足
            - 人足
          - 真足臣
        - 鳥臣 田口臣 ― 川堀臣
          - 筑紫臣 ― 年足 田口朝臣
          - 島古臣 ― 麻呂 田口朝臣
        - 瓊缶臣 川辺臣
          - 祢受臣
            - 百依臣
            - 磯泊臣
          - 手見臣
      - 弟名子媛 穂積押山臣之妻
  - 志和臣 ― 遠那臣 ― 小開子臣 蘇我部祖
- 加都麻 ※石川宿祢と同人の可能性 ― 許登 允恭朝為境部首

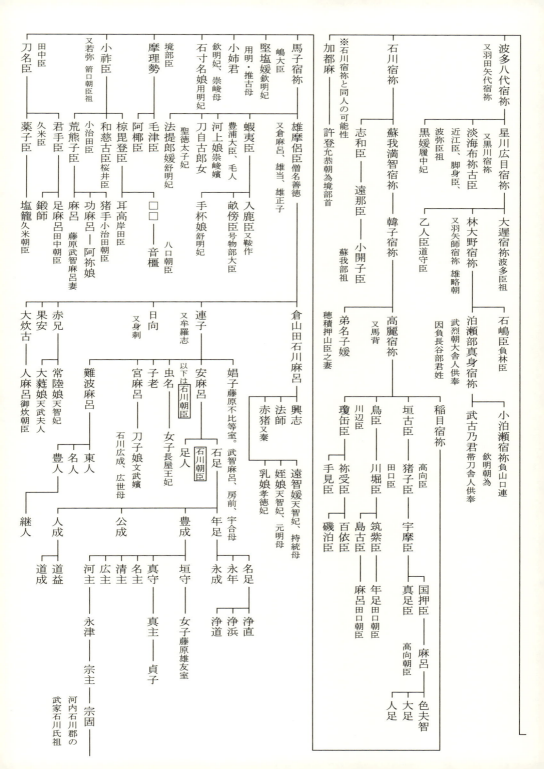

2　蘇我氏の一族・同族から出た姓氏と苗字

蘇我臣氏も含め、武内宿祢後裔氏族の諸氏のそれぞれの世代が、私が多くの古代氏族系図から算出した「標準世代」に割合良く対応しているところなどをみると、これら氏族の系譜を直ちに後世の造作と決めつけるには無理がある。蘇我氏の渡来系説はまず成立し難いが、この場合のわが国古代氏族の「渡来系」ということの否定は、その遠い祖先の大陸ないし朝鮮半島からの列島渡来を否定するものではない。

これら諸氏の実際の出自を考えると、奉斎神や宮廷への食膳奉仕、巨石信仰などがほぼ共通して見られており、これは八幡大神（素盞嗚神、すなわち五十猛命）の後裔に特徴的に見える。武内宿祢の後裔と称した諸氏については、氏の名前と合致する地名が北九州の筑前及び肥前に多く見られる傾向もあり、葛城臣の一族諸氏を除くと、本源地を北九州にもつ息長氏の同族諸氏と考えたほうが妥当であろう。

(1)**蘇我石川宿祢後裔**の諸氏……履中朝ないしは雄略朝に、蘇我満智宿祢が三蔵を検校したと伝え、この頃から次第に勢力を伸ばして、欽明朝以降では稲目・馬子・蝦夷の三代が大臣となって全盛期を迎えたが、蝦夷・入鹿親子の蘇我本宗家は中大兄皇子一派に滅ぼされた。有力支族は石川朝臣として存続し、奈良朝及び平安初期まで上級官人を輩出するが、その後は衰えていき、中世・近世の下級官人などに後裔の宗岡氏がある程度である。

蘇我臣、石川朝臣（録・左京。石川―京、甲斐に分る。竹内―河内国石川郡人、常陸・甲斐に分る。なお、陸奥国会津の堂家、石塚、石部は陸奥大掾石川浄足の後と伝う）、宗岡朝臣（宗岳朝臣。宗岳、青木―京官人、史生・文殿。山口―京官人、のち称源姓・紀姓。三宅―京官人で召使副使。宗岡、岡崎、倉光、中島―備後国品治郡人も、系譜不明）、宗岡宿祢、御炊朝臣（録・右京）、境部臣。

岸田臣、岸田朝臣（録・右京。岸田―大和、摂津に住）、桜井臣、桜井朝臣（録・左京。桜井―河内人）、小墾田臣（小治田臣）、小治田朝臣（録・右京）、田中臣、田中朝臣（録・右京。田中―摂津国河辺郡に住）、来目臣（久米臣）、久米朝臣（録・右京。久米―大和、常陸にあり。丸岡―伊勢神宮社家、飯野郡人）、八口朝臣、箭口朝臣（録・左京。この後にも宗岳朝臣の賜姓がある）。

高向臣、高向朝臣（録・右京。高向―筑前宗像社殿上職〔下註参照〕。高木―河内、越前にあり）、河辺臣（川辺臣）、川辺朝臣（録・右京。河辺―河内国住）、田口臣、田口朝臣、（録・左京。田口、市主、串田、田中、光井―美作国苫田郡人。なお、阿波国名東郡の田口、桜庭〔桜間〕の一族は、粟（阿波）国造か名方君かの末流が冒姓した可能性が大きく、称景行天皇裔氏族を参照のこと）、田口宿祢、紀朝臣（田口朝臣末流）。

蘇何（録・河内）、蘇我部（蘇宜部、宗何部、宗我部、曽我部、宗宜部、宗賀部。なかに異系統も混在か）。

なお、境部首（録・大和皇別の坂合部首及び摂津皇別の坂合部で、ともに阿倍臣同族と称する）、嶋首（録・未定雑姓摂津。嶋毘登。河内国石川郡にも住）、石川股合首や石川郡佐備居住の草原首などは、早くに分れた蘇我一族の可能性もあるかとみられる。

●蘇我部・宗我部・曽我部は、葛城臣一族と称する阿祇奈君の同族にもあり、阿波・土佐に多い。この流れとみられるものに土佐国安芸郡の大族安芸氏（安喜。惟宗朝臣姓また橘姓、あるいは蘇我赤兄後裔と称したが、実際なら宗我部姓か。太田亮博士は土佐国造凡直の後かとみるが、物部文連が妥当か）があり、一族に畑山、中川、佐川、奈比賀、黒岩、山崎、有沢、並川（波川。土佐国高岡郡人）や別府（安芸郡人）などの諸氏。

安芸同族（物部鏡連か）ないし庶流に、安芸郡に起る安岡、安田、成川、室津、有井、神通寺、馬路、江川、吉良川、宮田、宮谷の諸氏や香美郡の五百蔵。安岡以下は桓武平氏平忠正の後と称も仮冒、また一族に惟宗姓や橘姓でも見える。安芸郡の野根、吾川郡の勝賀瀬氏も惟宗朝臣姓といい、安芸同族か。土佐の徳弘・福富、阿波の安芸（名東郡佐那河内）・晝間・片山など、土佐・阿波で橘姓また蘇我姓と称するものが多いが、殆どがこの同族か。土佐・阿波の吉本、阿波の大族大西も同族か。

長岡郡の大族長曽我部氏も、宗我部の流れとみる説もあり、その一族は波多国造関係であろう。長曽我部氏の老臣桑名氏も安芸郡宗我部の後か、秦朝臣姓ともいうが長曽我部氏の縁により称したか。なお、波多国造の系譜は難解であり、三輪君同族の長国造と同系とも言い、土佐国安芸郡の安芸氏と同族であった可能性もあろう。

(2)**波多八代宿祢後裔**の諸氏……祖の八代宿祢は蘇我臣祖の石川宿祢と同母と伝えるが、これは正説で蘇我と同系か。その娘・黒媛（一に葛城氏の出ともいう）は履中天皇の妃となる。高市郡波多郷を本拠とした。

波多臣（熊懐―筑後国生葉郡人）、八多朝臣（波多朝臣、八太朝臣。録・右京。波太―三河国住。筑前の香椎廟下官の本郷氏は羽田八代宿祢後裔と称）、道守臣（録・河内）、道守朝臣（録・左京、河内、和泉。稲川、東流―駿河府中の浅間社祠官家、東流は藤原姓も称）、林臣、林朝臣（録・左京、河内。林―河内人、尾張にもあり。林蔭、西小路、橋小路―尾張の熱田神人）、山口連、山口朝臣（録・河内。山口―大和にあり）。また、波多祝（録・未定雑姓大和）も一族か。筑前の筥崎宮宮司、田村は波多宿祢（秦宿祢）姓と称するが、系譜には疑問。

長谷部君、長谷部宿祢、長谷部朝臣（雲梯―大和国高市郡人。長―能登国鳳至郡住人で、伯耆備後尾張薩摩等に分る、一伝に大和源氏というが、これは称大和源氏の楊梅・太田系統に猶子となったことに因む。此木、上野、宇留地《ウルチ》、阿岸、伊久留《イクル》、山田、仁岸《ニギシ》、川尻、長田〔永田〕、岡本、是清、櫛比、南志見《ナジミ》、河井―能登の長一族。長田〔永田〕―丹波人。大塚―尾張国中島郡人。岡本―備前人。布施―伯耆人。なお、伯耆国日野郡の長谷部・雅楽〔宇田〕や、安芸国賀茂郡の蔵田・岡も長信連の後と称すが、疑問ないし不明）。

星川臣（実は巨勢臣一族か）、星川朝臣（録・大和。星川―大和、伊勢に分る）、岡屋公（実は茨田連一族か）。

●近江に起る次の一族も波多臣同族と称するが、実際には和邇氏族の出で近淡海国造一族とみられる。近江臣（淡海臣）、高生朝臣、波美臣（波弥臣）、播美朝臣（波弥朝臣）、脚身臣（近江国高島郡人）、吉身臣、吉身宿祢。淡海直も以上と同族か。

(3)**巨勢雄柄宿祢後裔**の諸氏……高市郡巨勢郷を本拠とした。祖の雄柄（小柄）宿祢は葛城襲津彦の同母兄弟という所伝もあるが、これは疑問。むしろ紀・平群両氏との関係に近さが感じられ、その出自も難解であるが、実際には筑紫国造・肥国造の同族の佐賀県主家一族の出ではないかと推される。巨勢氏の本姓は雀部で、祖の雄柄宿祢はその子に置かれる星川建日子と同人の可能性が濃い。その場合、神八井耳命の後と称する雀部臣・雀部造と同族ではないかとみられる。

継体朝の大臣巨勢男人以降、巨勢氏の活動が活発化しており、一族に朝鮮半島で活躍した者を出した。大化には徳太が左大臣となり、奈良朝から平安初期にかけて参議以上となった者を輩出した。嵯峨天皇朝に初代蔵人頭となり中納言まで累進した野足の後では、勢力が衰えた。

巨勢臣（許勢臣）、巨勢朝臣（録・右京。巨勢、深田、柳本、中井―大和人。十市、吐田も同上族というが、あるいは中原姓か。越―大和国三輪神社祠官。慈明寺―同高市郡人）、雀部臣（録・和泉皇別の雀部臣とも同族か）、雀部朝臣（録・左京、摂津。雀部―京人又下野にあり）、雀部宿祢、軽部臣、軽部朝臣、斐太朝臣、巨勢斐太臣（巨勢楲田臣。録・右京、大和）、巨勢楲田朝臣（録・右京）、鵜甘部首（録・和泉未定雑姓）、巨勢神前臣、巨勢部。また、星川臣も実際にはこの一族か。

(4)**その他**

●天武十三年に朝臣姓を賜ったほどの大族、山背臣（山代臣）は、推古十年紀や延喜の周防国玖珂郷戸籍に見えるのみで、賜姓の後の朝臣姓の者は国史にも『姓氏録』にも見えない。おそらく蘇我氏同族の出であって、河内国石川郡山代郷を起源の地として、実際には甘美内宿祢の後裔というよりは、蘇我臣に近い系譜をもったのではなかろうか。

【著者】

宝賀　寿男（ほうが・としお）

昭和21年（1946）生まれ。東大法卒。大蔵省を経て、弁護士。古代史、古代氏族の研究に取り組み、日本家系図学会会長、家系研究協議会会長などを務める。

著書に『古代氏族系譜集成』（古代氏族研究会、1986年）、『巨大古墳と古代王統譜』（青垣出版、2005年）、『「神武東征」の原像』（青垣出版、2006年）、『神功皇后と天日矛の伝承』（法令出版、2008年）、『越と出雲の夜明け』（法令出版、2009年）、『豊臣秀吉の系図学』（桃山堂、2014年）など、著作・論考が多数。

「古代氏族の研究」シリーズは『和珥氏―中国江南から来た海神族の流れ』（2012年3月刊）、『葛城氏―武内宿祢後裔の宗族』（2012年10月刊）、『阿倍氏―四道将軍の後裔たち』（2013年3月刊）、『大伴氏―列島原住民の流れを汲む名流武門』（2013年10月刊）、『中臣氏―卜占を担った古代占部の後裔』（2014年5月刊）、『息長氏―大王を輩出した鍛冶氏族』（2014年11月刊）、『三輪氏―大物主神の祭祀者』（2015年8月刊）、『物部氏―剣神奉斎の軍事大族』（2016年3月刊）、『吉備氏―桃太郎伝承をもつ地方大族』（2016年11月刊）、『紀氏・平群氏―韓地・征夷で活躍の大族』（2017年6月刊）、『秦氏・漢氏―渡来系の二大雄族』（2017年12月刊）、『尾張氏―后妃輩出の伝承をもつ東海の雄族』（2018年6月刊）、『天皇氏族―天孫族の来た道』（2018年12月刊）に次いで14作目。

古代氏族の研究⑭
蘇我氏―権勢を誇った謎多き古代大族

２０１９年 6月14日　初版印刷
２０１９年 6月28日　初版発行

著　者　　宝　賀　寿　男
発行者　　靏　井　忠　義

発行所　有限会社　青　垣　出　版
〒636-0246 奈良県磯城郡田原本町千代３８７の６
電話 0744-34-3838　Fax 0744-47-4625
e-mail　wanokuni@nifty.com
http://book.geocities.jp/aogaki_wanokuni/index.html

発売元　株式会社　星　雲　社
〒112-0005 東京都文京区水道１－３－３０
電話 03-3868-3275 Fax 03-3868-6588

印刷所　モリモト印刷株式会社

printed in Japan　ISBN 978-4-434-26171-8

青垣出版の本

「神武東征」の原像〈新装版〉

ISBN978-4-434-23246-6

宝賀 寿男著

神武伝承の合理的解釈。「神話と史実の間」を探究、イワレヒコの実像に迫る。新装版発売

Ａ５判３４０ページ　本体２,０００円

巨大古墳と古代王統譜

ISBN978-4-434-06960-8

宝賀 寿男著

巨大古墳の被葬者が文献に登場していないはずがない。全国各地の巨大古墳の被葬者を徹底解明。

四六判３１２ページ　本体１,９００円

奈良を知る

日本書紀の山辺道《やまのへのみち》

ISBN978-4-434-13771-6

靍井 忠義著

纒向、三輪、布留…。初期ヤマト王権発祥の地の神話と考古学。

四六判１６８ページ　本体１,２００円

奈良を知る

日本書紀の飛鳥

ISBN978-4-434-15561-1

靍井 忠義著

６・７世紀の古代史の舞台は飛鳥にあった。飛鳥ガイド本の決定版。

四六判２８４ページ　本体１,６００円

日本書紀を歩く①

悲劇の皇子たち

ISBN978-4-434-23814-7

靍井 忠義著

皇位継承争い。謀反の疑い—。非業の死を遂げた皇子たち 22 人の列伝。

四六判１６８ページ　本体１,２００円

日本書紀を歩く②

葛城の神話と考古学

ISBN978-4-434-24501-5

靍井 忠義著

葛城は古代史に満ちている。最高格式の名神大社が７社もある。遺跡に満ちている。謎に満ちている。

四六判１６５ページ　本体１,２００円

日本書紀を歩く③

大王権の磐余

ISBN978-4-434-25725-4

靍井 忠義著

多くの大王（天皇）たちが王宮を営んだ。海石榴市（つばきいち）は上ツ道と横大路と寺川が交差するこの磐余にあった？

四六判１６５ページ　本体１,２００円

青垣出版の本

宝賀 寿男著　古代氏族の研究シリーズ

①和珥氏―中国江南から来た海神族の流れ
ISBN978-4-434-16411-8
Ａ５判１４６ページ　本体１,２００円

②葛城氏―武内宿祢後裔の宗族
ISBN978-4-434-17093-5
Ａ５判１３８ページ　本体１,２００円

③阿倍氏―四道将軍の後裔たち
ISBN978-4-434-17675-3
Ａ５判１４６ページ　本体１,２００円

④大伴氏―列島原住民の流れを汲む名流武門
ISBN978-4-434-18341-6
Ａ５判１６８ページ　本体１,２００円

⑤中臣氏―卜占を担った古代占部の後裔
ISBN978-4-434-19116-9
Ａ５判１７８ページ　本体１,２００円

⑥息長氏―大王を輩出した鍛冶氏族
ISBN978-4-434-19823-6
Ａ５判２１２ページ　本体１,４００円

⑦三輪氏―大物主神の祭祀者
ISBN978-4-434-20825-6
Ａ５判２０６ページ　本体１,３００円

⑧物部氏―剣神奉斎の軍事大族
ISBN978-4-434-21768-5
Ａ５判２６４ページ　本体１,６００円

⑨吉備氏―桃太郎伝承をもつ地方大族
ISBN978-4-434-22657-1
Ａ５判２３６ページ　本体１,４００円

⑩紀氏・平群氏―韓地・征夷で活躍の大族
ISBN978-4-434-23368-5
Ａ５判２２６ページ　本体１,４００円

⑪秦氏・漢氏―渡来系の二大雄族
ISBN978-4-434-24020-1
Ａ５判２５８ページ　本体１,６００円

⑫尾張氏―后妃輩出の伝承をもつ東海の雄族
ISBN978-4-434-24663-0
Ａ５判２５０ページ　本体１,６００円

⑬天皇氏族―天孫族の来た道
ISBN978-4-434-25459-8
Ａ５判２９５ページ　本体２,０００円